LH한국토지주택공사

직업기초능력평가

봉투모의고사

1회

제1회 직업기초능력평가

(40문항 / 60분)

[01~02] 다음 글을 읽고 이어지는 물음에 답하시오.

최근의 3D 애니메이션은 섬세한 입체 영상을 구현하여 실물을 촬영한 것 같은 느낌을 준다. 실물을 촬영하여 얻은 자연 영상을 그대로 화면에 표시할 때와 달리 3D 합성 영상을 생성, 출력하기 위해서는 모델링과 렌더링을 거쳐야 한다.

㉠ <u>모델링</u>은 3차원 가상공간에서 물체의 모양과 크기, 공간적인 위치, 표면 특성 등과 관련된 고유의 값을 설정하거나 수정하는 단계이다. 모양과 크기를 설정할 때 주로 3개의 정점으로 형성되는 삼각형을 활용한다. 작은 삼각형의 조합으로 이루어진 그물과 같은 형태로 물체 표면을 표현하는 방식이다. 이 방법으로 복잡한 굴곡이 있는 표면도 정밀하게 표현할 수 있다. 이때 삼각형의 꼭짓점들은 물체의 모양과 크기를 결정하는 정점이 되는데, 이 정점들의 개수는 물체가 변형되어도 변하지 않으며, 정점들의 상대적 위치는 물체 고유의 모양이 변하지 않는 한 달라지지 않는다. 물체가 커지거나 작아지는 경우에는 정점 사이의 간격이 넓어지거나 좁아지고, 물체가 회전하거나 이동하는 경우에는 정점들이 간격을 유지하면서 회전축을 중심으로 회전하거나 동일 방향으로 동일 거리만큼 이동한다. 물체 표면을 구성하는 각 삼각형 면에는 고유의 색과 질감 등을 나타내는 표면 특성이 하나씩 지정된다.

공간에서의 입체에 대한 정보인 이 데이터를 활용하여, 물체를 어디에서 바라보는가를 나타내는 관찰 시점을 기준으로 2차원의 화면을 생성하는 것이 렌더링이다. 전체 화면을 잘게 나눈 점이 화소인데, 정해진 개수의 화소로 화면을 표시하고 각 화소별로 밝기나 색상 등을 나타내는 화솟값이 부여된다. 렌더링 단계에서는 화면 안에서 동일 물체라도 멀리 있는 경우는 작게, 가까이 있는 경우는 크게 보이는 원리를 활용하여 화솟값을 지정함으로써 물체의 원근감을 구현한다. 표면 특성을 나타내는 값을 바탕으로, 다른 물체에 가려짐이나 조명에 의해 물체 표면에 생기는 명암, 그림자 등을 고려하여 화솟값을 정해 줌으로써 물체의 입체감을 구현한다. 화면을 구성하는 모든 화소의 화솟값이 결정되면 하나의 프레임이 생성된다. 이를 화면출력장치를 통해 모니터에 표시하면 정지 영상이 완성된다.

모델링과 렌더링을 반복하여 생성된 프레임들을 순서대로 표시하면 동영상이 된다. 프레임을 생성할 때, 모델링과 관련된 계산을 완료한 후 그 결과를 이용하여 렌더링을 위한 계산을 한다. 이때 정점의 개수가 많을수록, 해상도가 높아 출력 화소의 수가 많을수록 연산 양이 많아져 연산 시간이 길어진다. 컴퓨터의 중앙처리장치(CPU)는 데이터 연산을 하나씩 순서대로 수행하기 때문에 과도한 양의 데이터가 집중되면 미처 연산되지 못한 데이터가 차례를 기다리는 병목 현상이 생겨 프레임이 완성되는 데 오랜 시간이 걸린다. CPU의 그래픽 처리 능력을 보완하기 위해 개발된 그래픽처리장치(GPU)는 연산을 비롯한 데이터 처리를 독립적으로 수행할 수 있는 장치인 코어를 수백에서 수천 개씩 탑재하고 있다. GPU의 각 코어는 그래픽 연산에 특화된 연산만을 할 수 있고 CPU의 코어에 비해서 저속으로 연산한다. 하지만 GPU는 동일한 연산을 여러 번 수행해야 하는 경우, 고속으로 출력 영상을 생성할 수 있다. 왜냐하면 GPU가 한 번의 연산에 쓰이는 데이터들을 순차적으로 각 코어에 전송한 후 전체 코어에 하나의 연산 명령어를 전달하면, 각 코어는 모든 데이터를 동시에 연산하여 연산 시간이 짧아지기 때문이다.

01 **윗글에 대한 설명으로 옳지 않은 것은?**

① 병목 현상은 연산할 데이터의 양이 CPU의 처리 능력을 초과할 때 발생한다.

② GPU의 코어는 CPU의 코어에 비해 저속으로 연산한다.

③ 자연 영상을 그대로 화면에 표시할 때에는 모델링과 렌더링을 거치지 않는다.

④ 물체의 원근감을 삼각형의 면들을 통해 구현하는 것이 모델링이다.

⑤ 렌더링 작업 시 화솟값을 정할 때는 물체 표면의 명암을 고려해야 입체감이 구현될 수 있다.

02 **윗글의 밑줄 친 ㉠에 대한 설명으로 가장 적절한 것은?**

① 삼각형들의 조합을 통해 물체의 복잡한 곡면을 정교하게 표현할 수 있다.

② 공간상에 위치한 정점들을 2차원 평면에 존재하도록 배치한다.

③ 다양하게 변할 수 있는 관찰 시점을 순차적으로 저장한다.

④ 삼각형의 꼭짓점들은 물체의 모양과 크기를 결정하는 정점이 되는데, 물체가 변형되면 정점들의 개수도 변한다.

⑤ 물체 표면을 구성하는 각 삼각형 면에는 고유의 색과 질감 등을 나타내는 표면 특성이 여러 개 지정된다.

03 다음 보도자료의 내용과 일치하는 것을 〈보기〉에서 모두 고르면?

반지하 공간이 우리동네 창고로...'LH 스토리지'

오래된 매입임대주택 반지하 공간이 모두가 활용할 수 있는 다기능 공간으로 변신한다. 한국토지주택공사(LH)는 매입임대 반지하 거주 입주민의 주거 상향률이 절반을 넘은 만큼, 주거 기능이 사라진 반지하 공간을 활용한 시범사업을 추진한다고 2024년 11월 12일 밝혔다. 지난 2020년부터 LH는 매입임대주택 반지하 세대 1,810호*를 대상으로 반지하 거주 입주민을 지상층으로 이주 지원하는 '주거상향 사업'을 추진 중이며, 이를 통해 현재까지 총 909호 이전 지원이 완료됐다.

안전과 직결된 만큼 LH는 유사 임대조건 주택 매칭, 이주비 지원, 임대료 유예(2년) 등 이주에 대한 경제적 부담 완화를 위한 다양한 혜택을 마련해 이주를 촉진하고 있으며, 반지하 세대 현장 실사와 '찾아가는 이주상담'을 통해 파악한 주택별 침수 위험 수준, 재해 취약 가구 여부(아동·고령자·장애인) 등을 토대로 오는 2026년까지 단계별 이주 지원을 완료할 계획이다.

LH는 이와 같은 반지하 이주 지원으로 생겨난 반지하 공실 17호(7개 자치구)를 대상으로 'LH 스토리지' 시범사업을 추진한다. LH 스토리지는 매입임대주택 반지하 공간에 사물인터넷(IoT) 기술을 접목한 무인 보관시설을 설치하여 입주민과 인근 주민 모두 저렴한 비용으로 짐 보관 서비스를 이용할 수 있는 사업이다. LH는 민간사업자에 반지하 공간을 제공하고 개보수 비용 등을 공동 분담한다. 사업 수익의 일부는 수익분배금으로 회수하여 임대주택 관리에 활용하는 것은 물론 임대주택 입주민들에게 환원하여 지속적으로 주거비 부담을 완화해 나갈 계획이다. 첫 번째로 문을 여는 곳은 서울 성동구 성수동 소재 매입임대주택으로 반지하 공실 4개 호(약 138m²)가 스토리지 공간으로 새롭게 변신한다. 서울숲역(수인분당선) 인근이자 근처에 상가와 주거지가 밀집해 있어 배후 수요가 풍부할 것으로 기대된다고 LH 관계자는 밝혔다.

* '04년 매입임대 사업 초기 단계 취득한 반지하 세대로, 입주자 주거 안전 등을 이유로 '20년부터 반지하 공급 중단 (전 세대 차수판 설치 완료)

㉠ '주거상향 사업'의 결과로, 2024년 11월 12일 현재 반지하 거주 입주민 909호가 지상층으로 이주를 완료했다.
㉡ LH는 이주비 지원, 유사 임대조건 주택 매칭 등으로 반지하 세대의 지상층 이주를 지원하고 있다.
㉢ 장애인 등 재해 취약 가구 여부, 침수 위험 수준에 따라 반지하 가구의 이주 지원 수준이 달라진다.
㉣ LH 스토리지 시범사업에서는 LH가 반지하 공간을 제공하고 민간사업자가 공간의 개보수 비용을 부담한다.

① ㉠, ㉡
② ㉠, ㉢
③ ㉢, ㉣
④ ㉠, ㉡, ㉢
⑤ ㉡, ㉢, ㉣

[04~05] 다음 글을 읽고 이어지는 물음에 답하시오.

정보화가 급속히 진전됨에 따라 현대 사회에서 정보가 차지하는 비중은 비약적으로 증대하고 있다. 정보 사회는 이미 돌이킬 수 없는 대세로서 우리의 생활에 다양한 영향을 미치고 있다. 세계적으로 생산체계, 일을 조직하는 방법, 소비의 유형 등이 달라지고 있으며, 이에 따라 주요 산업의 위상도 바뀌고 있다. 또한 여가 및 취미 생활, 사회적 인간관계 등 사람들의 생활양식뿐 아니라 사고방식, 가치관마저도 변화하고 있다. 이러한 변화들은 우리 생활의 모든 영역에 걸쳐 장기적이고 포괄적인 영향을 끼치고 있기 때문에, 18세기 산업혁명과 어깨를 나란히 할 수 있을 정도의 변화로 받아들여지고 있다. 이러한 변화에 따라 우리 사회의 모습이 바뀌리라는 생각에는 의문의 여지가 없지만, 그 변화의 결과가 어떠할 것이냐에 대해서는 논란이 있다. 기술과 사회의 관계를 바라보는 관점에 따라 그 변화의 방향이나 성격이 각각 다르게 예측될 수 있기 때문이다.

정보 사회를 바라보는 관점은 기술 결정론과 사회 구조론으로 구별된다. 기술 결정론적 관점에서는 정보 기술이 발전되면 정보 경제라는 새로운 경제 부문이 급격하게 떠오르게 되고, 그에 따라 고용 구조라든가 정부나 기업이 조직되고 작동하는 방식에까지도 커다란 변화가 일어남으로써, 사회 구조의 모든 영역에서 근본적인 변화가 일어날 것이라고 본다. 즉, 정보 통신 기술은 변동의 기본 동인으로서 사회 변동에 자율적으로 작용할 것이라는 점을 강조하는 관점이다. 이러한 기술 결정론을 탈산업 사회론이라 부르기도 한다. 이 관점에 선 학자들은, 정보 사회라는 탈산업 사회는 '재화를 생산하는 경제'보다는 '서비스를 중심으로 하는 경제'라는 특징을 지니게 된다고 보면서, 정보 지식을 탈산업 사회의 핵심 자원으로 간주한다. 또한 이들은 '의회 민주주의보다는 참여 민주주의, 시민운동에 의한 사회 변동, 물질주의적 가치의 퇴조' 등이 미래 정보 사회의 주요 특성이 될 것이라고 강조한다.

한편, 사회 구조론적 관점에서는 정보 기술을 독립 변수로 보지 않는다. 이들은 정보 기술의 발전으로 정보화가 진전되는 일도 결국 자본주의 체제 내부에서 일어나는 변화일 따름이라고 본다. 정보 기술의 비약적 발전을 인정하면서도, 그 발전을 독립 변수가 아니라 일종의 매개 변수라고 보는 것이다. 요컨대, (　　　　　가　　　　　) 즉, 누가, 무엇을 위해, 그리고 어떠한 방향으로 기술을 이용하느냐 하는 점이 중요하다는 것이다. 사회 구조론자들은 정보 사회란 부가가치가 높은 정보 기술을 생산과 관리에 도입함으로써 자본을 더욱 효율적이고 안정적으로 축적하고, 정보와 관련된 하드웨어와 소프트웨어를 상품화함으로써 이윤의 원천을 다양화할 수 있는 사회라고 본다. 정보 기술을 활용함으로써 한편에서는 제조업을 포함한 기존 산업을 정보화하고, 다른 한편에서는 정보 자체를 산업화하는 양면 전략, 즉 '산업의 정보화'와 '정보의 상품화'를 동시에 추구하게 된다는 것이다. 그러나 이들이 바라보는 정보 사회의 미래는 탈산업 사회론자들의 예측과는 달리 장밋빛 신세계가 아니다. 즉, 향후의 정보 사회에서는 경제적 불평등과 정보 불평등이 확산되고, 실업이 늘어나게 되며, 직무의 탈숙련화로 말미암아 노동자의 힘이 약화되고, 대규모의 다국적 조직을 통하여 정부가 지배력을 강화하게 되는 등의 부정적 특징들이 나타나게 되리라고 본다.

이처럼 정보 사회에 대한 예측이 학자들 간에 일치하는 것은 아니며, 그 전망이 꼭 밝은 것만도 아니다. 어떤 사람들은 정보 사회를 전혀 새로운 사회로 규정하기도 하지만 또 어떤 사람들은 현재 사회의 연장으로 받아들이기도 한다. 우리는 정보 사회와 관련된 갖가지 전망을 통하여 실제로 변화하게 될 것은 어떤 것이고 변화하지 않을 것은 어떤 것인지를 잘 분간하는 한편, 긴 역사적 과정 속에서 정보 사회가 어떠한 자리를 차지할 것인지를 주체적 관점에서 정리할 필요가 있다. 아울러 정보화 및 정보 사회에 관련된 다양한 논의들을 비판적으로 검토하여, 한국 사회의 구체적인 조건들에 맞는 바람직한 정보 사회의 모형을 설계하는 것이 중요하다.

04 **윗글의 (가)에 들어갈 내용으로 가장 적절한 것은?**

① 기술의 장점과 단점을 잘 알아야 기술을 효율적으로 활용할 수 있을 것이다.

② 기술을 이용하는 방식은 사용자에 따라 다르므로 기술적 숙련도 습득 여부가 중요한 것이다.

③ 기술 그 자체는 중립적일 수도 있지만 기술을 이용하는 방식은 결코 중립적일 수 없다는 것이다.

④ 기술의 변화는 기술 중심주의 사회로의 변화를 가져올 것이다.

⑤ 기술의 발전은 한국 사회의 경제 구조에 변화를 가져올 것이다.

05 **윗글의 내용과 일치하지 않는 것은?**

① 정보화가 진행됨에 따라 우리의 생활양식과 가치관마저도 바뀌고 있다.

② 기술 결정론은 정보 기술이 발전하면서 사회 변동에 자율적으로 작용할 것이라고 보는 관점이다.

③ 사회 구조론은 기술을 독립 변수가 아니라 매개 변수로 본다.

④ 탈산업 사회론자들은 서비스를 중심으로 하는 경제보다는 재화를 생산하는 경제가 정보 사회의 특징이 될 것이라고 생각한다.

⑤ 정보 사회를 현재 사회의 연장으로 보는 사람도 있지만 새로운 사회로 규정하는 사람도 있다.

[06~07] 다음 보도자료를 보고 이어지는 물음에 답하시오.

한국토지주택공사(LH)는 전세사기 피해자 지원 및 주거안정에 관한 특별법(이하 특별법) 개정안 시행에 맞춰 2024년 11월 11일부터 전세사기 피해자 주거지원 강화 방안을 본격적으로 시행한다고 밝혔다. 이번 강화 방안의 골자는 전세사기 피해주택(이하 피해주택) 경매차익을 활용한 피해보증금 회복과 매입대상주택 전면 확대 등이다.

LH는 경·공매를 통해 피해주택을 낙찰받은 뒤 경매차익(LH 감정가 − 낙찰가액)을 활용해 임대료로 지원한다. 이를 통해 피해 임차인은 최장 10년 동안 임대료 부담 없이 거주할 수 있으며, 희망하는 경우 시세 30 ~ 50% 수준의 저렴한 임대조건으로 최장 10년간 더 거주할 수 있다(경매차익을 공공임대 보증금으로 전환하여 월세 차감, 부족 시 재정 보조 10년). 또한 임대료 지원 후 남는 경매차익이 있다면 피해 임차인의 퇴거 시점에 지급하도록 하여 피해자의 보증금 손실 회복을 지원한다.

아울러 LH는 특별법 개정에 따라 이번 공고부터 모든 피해주택을 매입대상으로 하고 주택 유형, 면적 등 매입 제외 요건을 대폭 완화하였다. 특히 안전에 문제가 없는 위반건축물, 신탁사기 피해주택, 선순위 임차인의 피해주택까지 매입 대상에 포함돼 보다 폭 넓은 피해자 지원이 가능할 것으로 기대된다.

전세사기 피해주택 매입대상 요건 확대

현행	개선(확대)
• 매입대상: 다가구, 공동주택(다세대·연립·아파트), 주거용 오피스텔, 도시형 생활주택(85m^2 이하) • 제외요건: 위반건축, 반지하, 최소주거기준 미달, 중대하자, 매입 후 인수되는 권리(선순위임차인 등)	• 매입대상: 주택유형·면적 제한 없이 전체 피해주택을 대상으로 매입 • 제외요건: 매입 후 인수되는 권리(가등기 등)

LH는 특별법 개정안 시행에 앞서 전세피해 지원 전담조직 직제를 본사 독립 조직으로 상향(1개 팀 → 3개 팀)하고, 피해가 집중된 수도권 지역에는 '전세피해지원팀'을 신설하는 등 신속한 사업추진을 위한 기반을 마련했으며 피해 지원 전담 인력 확대(18명 → 51명)도 추진하고 있다. 이번 개정법은 시행일 이전에 LH가 매입을 완료한 주택의 피해 임차인에게도 소급 적용이 가능하며 법 개정 전에 위반건축물 등의 사유로 매입 불가 통보를 받은 피해자도 재신청이 가능하다. 피해주택 매입 사전협의 신청은 특별법에 따라 전세사기 피해자(또는 신탁사기피해자)로 결정된 날부터 3년 내 가능하며, 피해주택 소재지 관할 LH 지역본부 전세피해지원팀(주택매입팀)을 방문해서 신청하면 된다. 방문이 어려운 경우에는 우편 접수도 가능하다. 자세한 사항은 LH 청약플러스(apply.lh.or.kr)에 게시된 '전세사기 피해주택 매입 통합 공고'를 통해 확인할 수 있다.

06 위 보도자료의 내용과 일치하지 않는 것을 〈보기〉에서 모두 고르면?

> ┌ 보기 ┐
> ㉠ 수도권 지역에 '전세피해지원팀'을 신설한 것은 2024년 11월 11일 이후이다.
> ㉡ LH는 전세피해 지원 전담 인력을 전세사기 피해자 지원 및 주거안정에 관한 특별법 시행에 맞춰 51명으로 늘렸다.
> ㉢ 전세사기 피해자 지원 및 주거안정에 관한 특별법은 2024년 11월 11일 이전에 LH가 매입한 주택의 피해 임차인에게도 소급 적용이 가능하다.
> ㉣ 피해주택 매입 사전협의 신청은 우편 접수, 방문 접수, 온라인 접수를 통해 할 수 있다.

① ㉠, ㉡
② ㉠, ㉢
③ ㉡, ㉣
④ ㉠, ㉡, ㉣
⑤ ㉡, ㉢, ㉣

07 위 보도자료에서 제시된 전세사기 피해자 주거지원 강화 방안의 내용으로 옳지 않은 것은?

① LH가 전세사기 피해주택을 경매, 공매를 통해 낙찰받고 경매차익을 피해 임차인에 대한 임대료로 지원한다.

② 전세사기 피해 임차인은 LH가 낙찰받은 피해주택에서 최대 20년 동안 임대료 부담 없이 거주할 수 있다.

③ 다가구, 공동주택이 아닌 전세사기 피해주택도 LH의 매입대상에 포함된다.

④ 위반건축물, 신탁사기 피해주택, 선순위 임차인의 피해주택도 LH의 매입대상에 포함된다.

⑤ 피해 임차인은 LH가 낙찰받은 피해주택에 거주한 뒤 퇴거 시 경매차익을 지급받을 수도 있다.

08 다음 보도자료의 내용과 일치하지 않는 것은?

LH가 2022년 상반기 시범 실시했던 QR코드를 활용한 하자관리서비스를 2022년 10월부터 신규 입주하는 모든 건설임대주택에 도입한다. '바로처리 품질관리시스템'은 주택 입주 전 방문행사 시 입주자가 세대 현관문 안쪽에 부착된 QR코드와 스마트폰을 통해 하자 내역과 관련 이미지 등을 전송해 하자 보수를 신청하고 보수완료 후 처리결과를 통보 받는 서비스이다. 입주 이후 발생한 하자에 대해서도 24시간 비대면으로 하자 접수가 가능하다.

LH는 2022년 상반기, 부산명지 행복주택, 세종 행복도시 3-3M2블록(국민임대) 등을 대상으로 바로처리 품질관리시스템을 시범 적용한 바 있다. 그 결과, 입주민은 '전화연결 기다림 없이 언제든 하자 접수가 가능해 편리하다', 보수 업체는 '전산을 통한 사진 확인으로 하자 발생 위치 및 보수처리 여부 파악이 쉽다' 등의 의견을 보이며 바로처리 품질관리시스템에 대해 높은 만족도를 보였다. 그러나, '좀 더 쉬운 사용설명이 필요하다', '동일 세대 내 유사 공정에 대한 하자 보수 접수 시 보수작업 혼선 발생' 등의 지적도 있었다. 이에 LH는 문제점 개선을 통해 더욱 고도화된 시스템을 개발했다. 먼저, QR코드 내구성을 높이기 위해 종이 스티커를 아크릴 표찰로 바꾸고 입주민들이 시스템을 더욱 쉽게 활용할 수 있도록 관련 안내문과 웹툰을 제작·배포했다. 또한, 입주민이 더욱 편리하게 서비스를 이용할 수 있도록 기존 하자 건별로 QR코드를 인식해 하자 접수를 진행했던 방식을 QR코드 1회 인식만으로도 하자 접수를 여러 번 가능하도록 개선했다. 아울러, 하자 건별 고유번호를 부여해 보수 작업에서 발생하는 업무혼선과 불편함도 줄였다. 특히, 기존에는 QR코드를 활용한 하자 접수가 입주 전 방문 행사에서만 가능했던 것을 입주 후에도 24시간 비대면 하자 접수가 가능하도록 개선해 하자 접수의 불편함도 획기적으로 줄였다.

바로처리 품질관리시스템 개선사항

구분	주요 내용	
	당초	변경
시스템 고도화	QR코드 입주품질관리시스템	바로처리 품질관리시스템
	Q+웰컴데이~보수확인평가	Q+웰컴데이~입주 후 하자접수
	https://qr.lh.or.kr	https://qr.lh.or.kr/whole
	개별QR코드 스티커(종이)	바로처리 QR코드 표찰(아크릴)
	사전방문 지적사항 건별 QR코드 인식 후 등록 및 보수처리 진행	바로처리 QR코드 1회 인식 후 지적사항 등록 및 처리가능
	사전방문 지적사항 고유번호 無	사전방문 지적사항 고유번호 부여 등
하자접수 기능생성	입주 후 QR코드 사용 불가	입주 후 All-Day 비대면 하자접수 서비스 제공

LH는 이번 시스템 개선으로 시간 제약 없는 비대면 하자 접수가 가능해짐에 따라 입주민 불편이 줄어들 것으로 기대하고 있다. 아울러, LH 지역본부별 'QR코드 온라인 대시보드'를 활용해 하자접수 현황 등을 단지관리자, 하자보수 담당자에게 실시간으로 제공함으로써 하자관리의 정확성을 높일 것으로 예상된다. LH는 2023년 상반기까지 기존 건설임대주택 세대별 현관문에도 QR코드를 부착해 바로처리 품질관리시스템을 확대 적용할 예정이다.

① '바로처리 품질관리시스템'은 입주자가 QR코드와 스마트폰을 통해 하자 보수를 신청하면, 24시간 내에 처리결과를 통보 받는 시스템이다.

② '바로처리 품질관리시스템' 개선 후에는 QR코드를 1회 인식하는 것만으로 한 세대에서 여러 개의 하자 접수가 가능하다.

③ '바로처리 품질관리시스템'을 시범 적용할 당시에는 입주 후 QR코드를 활용한 하자 접수가 불가능했다.

④ 단지관리자, 하자보수 담당자가 'QR코드 온라인 대시보드'로 하자접수 현황 등을 실시간으로 확인할 수 있다.

⑤ LH는 2023년 상반기까지 기존 건설임대주택 세대에서도 '바로처리 품질관리시스템'을 이용할 수 있게끔 할 예정이다.

[09~10] 다음 글을 읽고 이어지는 물음에 답하시오.

비인간화(dehumanization)란 어떤 사람이나 집단을 자신과 같은 존재로 인정하거나 받아들이지 않는 감정적·육체적 상태를 의미한다. 예를 들어, 상대방을 벌레나 짐승 정도로 치부하는 행위들이 여기에 속한다. 다양한 차별뿐만 아니라 전쟁이나 학살과 같은 상황에서도 흔히 나타난다. 과거 나치들은 유대인들을 해충에 비유했고, 북미대륙의 백인들은 흑인들을 유인원에 빗대었으며, 르완다 학살 때에는 후투족이 투치족을 바퀴벌레와 동일시했다. 이런 비인간화는 인간의 잔인성을 설명할 때 자주 동원된다. 같은 인간이 아니기에, 눈앞에 있는 생명체임에도 불구하고 별다른 죄책감 없이, 심지어는 어떤 정의감에 도취되어 각종 고문 등 잔인한 행동을 일삼았으며 생명을 빼앗는 일 또한 거리낌 없이 행했다.

몇몇 학자들은 미국인들을 대상으로 서로 다른 국가, 인종, 집단이 얼마나 비인간화되어 있는지를 연구했다. 질문은 다음과 같았다. "인간이라고 해서 모두가 똑같은 인간이 아니다. 어떤 사람들은 매우 진화된 듯 보이지만 또 다른 어떤 사람들은 짐승과 흡사하다. 아래의 이미지를 보고 각 그룹의 사람들이 얼마나 진화되었는지 좌－우 슬라이더로 표시해 보시오."

연구 결과는 다음과 같았다. 현생인류를 100점 만점으로 간주할 때 미국인, 유럽인, 스위스인, 일본인, 프랑스인, 호주인, 오스트리아인, 아이슬란드인, 중국인, 한국인, 멕시코 이민자, 아랍인, 무슬림 순으로 '인간답다'고 인식하는 것으로 나타났다. 아이슬란드인까지는 미국인과 통계적인 차이가 나타나지 않았고 중국인부터 그 아래는 유의미한 수치로 확실히 미국인보다 덜 진화된 존재로 나타났다. 인간 이하로 판단한다는 뜻이다. 반면 유럽인, 호주인, 일본인은 미국인과 비슷한 수준으로 인식하고 있었다.

연구자들의 관심은 미국 사회에서 심각한 문제로 부각되고 있는 무슬림 집단에 대한 비인간화였는데, 이들에 대한 비인간화 정도가 심할수록 이들에 대한 이민을 대폭 축소하거나 더욱더 까다롭고 엄격한 규제를 적용해야 한다거나, 이들을 대상으로 한 잔인한 공격과 고문에도 기꺼이 찬성하는 태도를 보였다. 또한 같은 잘못을 했더라도 백인은 처벌받지 않고 무슬림만 처벌을 받는 등의 이야기를 들려줬을 때, 무슬림을 덜 동정해도 무방하다는 반응을 보였다.

(가   ) 같은 사람으로 대우하지 않으며 탄압하기도 한다. 나에게는 중요한 정의가 그들에게는 실현될 필요가 없는 것이라고 생각하기도 한다. 이런 식으로 우리는 나와 내 주변 사람들에게 한없는 사랑을 베풀면서도 누군가에게는 손쉽게 적의와 악의를 드러낸다. 심지어 인간 이하의 존재라고 여기는 존재들의 고통을 기뻐하기까지 한다. 이렇듯 우리들의 인식은 완전하지 않다. 따라서 불완전한 우리의 감정과 인식에만 기대어 세상을 살 만하게 만들겠다는 의지는 심히 요원해 보인다.

09   **윗글의 (가)에 들어갈 내용으로 적절한 것은?**

① 우리는 사람이라면 인종이 달라도 인정하고 대우를 해줘야 한다.
② 분명히 같은 사람임에도 불구하고 다양한 이유로 사람을 사람으로 여기지 않는 모습과 태도를 보이곤 한다.
③ 인간이 하는 일은 틀린 일이 없고 항상 정의롭다.
④ 덜 진화된 존재들이 있으니 비인간화를 굳이 인간화로 바꿀 필요는 없다고 본다.
⑤ 우리들의 인식은 불완전하므로 완전하게 바꿀 필요가 있다.

10   **윗글의 내용과 일치하는 것은?**

① 비인간화를 통해 인간의 순수성을 설명할 수 있다.
② 미국인들은 유럽인, 호주인, 일본인 등을 미국인보다 덜 진화된 존재라고 생각한다.
③ 미국인들은 무슬림 집단에 더 강한 규제를 하고, 덜 동정해도 된다고 생각한다.
④ 사람은 누군가를 인간 이하의 존재라고 여긴다 하더라도 그 존재들의 고통을 기뻐하지는 않는다.
⑤ 인간의 인식은 완전하므로 세상을 살 만하게 만들 수 있다.

11 다음 글의 내용을 이해한 것으로 적절하지 않은 것은?

그간 음주운전에 대해 경각심을 가져야 한다는 사회 전반의 요구가 있었으나, 음주운전에 대한 처벌 수위는 이러한 사회적 요구에 부응하지 못한 부분이 있었다. 수많은 인명 피해를 불러일으킨 음주운전의 심각성에 비해 음주운전 처벌 기준과 수위가 낮았기 때문이다.

이러한 문제들을 적극 반영하여 음주운전의 기준과 처벌을 강화한 '제2윤창호법'이 2019년 6월 25일부터 시행되었다. '윤창호법'이란, 2018년 9월 군 복무 중 휴가를 나온 군인 윤창호 씨가 부산에서 만취 운전자가 몰던 차량에 사고를 당해 목숨을 잃은 사건으로 인해 만들어진 법안이다. 당시 젊은 청년이 부주의한 음주운전자로 인해 소중한 목숨을 잃은 것에 대해 국민의 분노 여론이 쉽사리 잦아들지 않고, 이에 국민들이 음주운전 사고에 대한 강력한 처벌을 촉구하면서 이를 반영하여 법안의 취지에 맞게 음주운전의 단속기준을 기존보다 강화하는 법률을 내놓은 것이다.

제2윤창호법은 개정 '특정범죄 가중처벌 등에 관한 법률'인 '제1윤창호법'의 후속 법안으로, 음주운전 단속기준을 강화한 개정 도로교통법이다. 해당 법안에 따르면 면허정지 기준은 혈중알코올농도 0.03%, 취소는 0.08%로 각각 강화된다. 이전에 혈중알코올농도 0.05% 이상이면 면허정지, 0.1% 이상이면 취소처분이 내려졌던 것과 비교할 때 더욱 엄격한 처벌 수위가 적용된다. 제2윤창호법에 따른 면허정지 기준인 혈중알코올농도 0.03%는 일반적으로 소주 한 잔을 마시고 1시간이 흘러도 쉽게 측정되는 수치이다. 다시 말하자면, 본인 임의대로 술이 깼다고 판단하지 말고, 술을 한 잔이라도 마셨다면 아예 운전을 하지 못하게 만드는 것이 이번 법 개정의 주된 목적이다.

처벌기준이 달라짐에 따라 예전과 동일한 양의 알코올을 섭취해도 처벌 수위가 달라진다. 보통 체중이 60kg인 남성이 19도짜리 소주 2병(720㎖)을 섭취하고 7시간이 지나더라도 혈중알코올농도는 약 0.041%로, 완전히 술에서 깨지 않은 상태에 머무르게 된다. 예전에는 혈중알코올농도 약 0.041% 상태에서 음주운전으로 적발된다 하더라도 그 처벌수위가 고작 훈방조치에 그칠 뿐이었지만, 제2윤창호법의 시행에 따라 해당 수치는 면허정지 사유에 해당된다. 따라서 음주 후 약간의 시간 차가 있다 하더라도 반드시 술이 완전히 깬 상태에서만 운전을 해야 한다.

인명사고를 냈을 때의 처벌 수위도 훨씬 높아진다. 이전에는 사람을 다치게 한 경우 10년 이하 징역이나 500~3,000만 원 이하의 벌금형에 처했으나, 앞으로는 부상 정도에 따라 1~15년 이하 징역이나 1,000~3,000만 원 이하의 벌금형에 처한다. 사람을 사망에 이르게 한 경우 예전에는 1년 이상의 다소 가벼운 징역형에 처해졌으나, 제2윤창호 법의 시행과 함께 무기 또는 3년 이상의 징역으로 형이 매우 무거워졌다. 음주운전의 경우 재발 우려가 크다는 점을 고려하여 가중처벌 기준 역시 3회 적발 시 가중처벌로 1~3년 이하 징역 혹은 500~1,000만 원 이하 벌금형에 처했던 것에서 2회 적발 시 가중처벌 2~5년 이하 징역 혹은 1,000~2,000만 원 이하 벌금형에 처하게 된다.

① 혈중알코올농도 수치가 0.04%에서 운전을 했을 경우 이전까지는 면허가 정지되지 않았으나, 제2윤창호법의 시행으로 면허정지에 해당된다.

② 제2윤창호법의 취지는 매우 적은 양의 알코올을 섭취했다 하더라도 알코올을 섭취한 상태에서는 그 어떠한 경우에도 운전을 허용하지 않겠다는 데 있다.

③ '윤창호법'이라는 명칭은 음주운전으로 목숨을 잃은 피해자인 윤창호 씨의 이름을 따서 만들어진 것이다.

④ 제2윤창호법에 따르면, 이전과는 달리 음주운전으로 인한 사상자가 발생할 경우 운전자를 무조건 징역형에 처한다.

⑤ 그간 음주운전의 고질적 문제였던 재발 발생을 줄이기 위하여 기존에 음주운전 가중처벌이 3회 적발부터였던 것을 제2윤창호법에서는 2회로 줄이게 되었다.

[12~13] 다음 글을 읽고 이어지는 물음에 답하시오.

20년 전까지만 해도 우리가 들고 다닐 수 있는 데이터의 한계는 1.5MB의 플로피디스크가 전부였다. 100MB 용량의 컴퓨터 하드디스크는 백만 원을 호가하는 첨단 장비였다. 그런데 과학 기술이 발달하면서 현재 우리는 만 배가 넘는 1TB 용량의 하드디스크를 10만 원 이하로 구매할 수 있다. 통신망도 마찬가지다. 전화접속 모뎀으로 초당 2,440bps가 고작이었던 통신체계는 현재 초당 20Gbps를 바라보고 있다. 하루에도 몇 번씩 4~5MB의 사진, 2~ 3GB의 동영상 등을 잠깐 내려받았다가 지우곤 한다. 백만 배 이상 빨라진 것이다. 이처럼 저장체계와 통신체계가 발달하면서 데이터도 다양해지고 있다. 문서, 사진, 동영상 등 기본적인 데이터들은 상황정보, 지형정보, 결재정보, 이동정보 등으로 다양해지며 무수한 데이터가 자유롭게 오가며 쌓이고 있다. 그리고 그 데이터를 분석한 결과가 우리 삶을 변화시킬 준비를 하고 있다. 커진 데이터, 그리고 그 데이터에 대한 분석이 우리 삶을 어떻게 바꿀 수 있을까?

신용카드 결제일이 다가오면 애플리케이션을 통해 결제금액 청구서와 함께 쇼핑 패턴 보고서가 날아온다. 지난달에 카드를 쓴 사용처와 결제비용의 비율을 알려주며 필요한 쿠폰도 몇 가지 챙겨 준다. 내가 관심을 보일 만한 공연 관련 쿠폰이다. 나의 관심 정보를 어떻게 알았을까? 개인의 거래 내역, 개인의 소비 품목, 개인의 쇼핑 지역이 모두 데이터 분석을 통해 나온다. 내가 쇼핑한 정보 하나하나가 데이터가 되고, 그 데이터를 분석하면 나에게 꼭 맞는 정보를 도출할 수 있다.

데이터 분석은 개인에게만 해당되지 않는다. 여러 사람들의 정보, 다양한 공간과 상황에 대한 정보가 쌓이면 훨씬 더 풍부하게 의미를 추출할 수 있다. 이른바 빅데이터는 분석에 따라 실생활에 유용한 정보를 제공하는 것이라 할 수 있다. 어디에 어떤 계층의 사람이 많이 사는지, 사람들은 어느 시각에 어떤 방법으로 이동하는지, 주변에는 어떤 건물들이 위치하는지, 삶의 환경은 어떠한지 등의 분석에 따라 빅데이터는 다양한 정보를 산출해 낼 수 있다. 이런 정보들이 축적되면 출근길에 길이 자주 막히는 곳에 우회 도로를 마련한다거나 평소 응급환자가 자주 발생하는 곳에 병원을 짓는 등 우리 삶을 훨씬 풍요롭게 바꿀 수 있다. 또, 개인의 의사결정에도 도움을 줄 수 있다. 집을 구할 때 교통이 편리한 곳이나 주변에 녹지가 많은 곳을 찾을 수 있고, 가게를 차리려고 할 때 주변 여건을 파악하여 적절한 위치를 정할 수 있다.

빅데이터는 단순히 크기가 큰 데이터가 아니라 개별 행위주체들의 행위에 관한 각종 기록들이 계속적으로 축적되는 방대한 집합이라고 할 수 있다. 따라서, 빅데이터는 미시적(Micro)이고, 동적(Dynamic)이며, 필요에 따라 다양한 형태로 가공될 수 있는 유연한(Flexible) 특성을 가지고 있다. 이러한 빅데이터를 새로운 차원의 데이터로서 적극적으로 활용할 필요가 있다.

12   **윗글의 서술상 특징으로 적절하지 않은 것은?**

① 중심 대상이 과거에는 어떠했는지 비교하여 제시하고 있다.
② 중심 대상이 가지고 있는 특징은 무엇인지 설명하고 있다.
③ 중심 대상이 활용될 수 있는 방안들에 대해 제시하고 있다.
④ 중심 대상을 설명하기 위해 사례를 들어 쉽게 이해시키고 있다.
⑤ 중심 대상이 가지고 있는 문제점에 대해 제시하고 있다.

13   **윗글을 읽고 이해한 내용으로 적절한 것은?**

① 내 주변의 모든 정보들이 하나하나 모이면 유용한 정보를 도출할 수 있다.
② 빅데이터는 미시적인 동시에 거시적인 특징을 가지고 있다.
③ 데이터 분석을 통해 사회적 차원의 의사결정에만 도움을 줄 수 있다.
④ 빅데이터는 기록들이 계속적으로 축적된 단순히 크기가 큰 데이터이다.
⑤ 문서형태로만 존재하던 데이터가 기술의 발달로 형태가 다양해졌다.

14 다음 글에 자연스럽게 이어지도록 〈보기〉의 (가)~(마)를 순서대로 나열한 것은?

> 신이 만든 자연은 인간이 만들어 낸 수학에 비해 훨씬 복잡할 수도 있고 오히려 단순할 수도 있다. 그럼에도 불구하고 자연을 묘사하고 해석하는 데 있어 수학은 가장 뛰어난 방법적 도구로서 건재함을 과시한다. 이것은 여러 학문 중 오직 수학만이 거둘 수 있는 성과이다.

┌ 보기 ┌

(가) 그러나 수학이 이와 같은 한계를 가지고 있음에도 기대 이상의 성과를 거둔 것은 분명하다. 이러한 성과가 어떻게 가능했는지를 이해하지 못한다는 이유만으로 과연 수학을 버려야 하는가? 수학이 성공적인 지식 체계임은 분명하다. 이는 수학이 엄밀한 내적 일관성을 지닌 체계라는 데에서 기인하는 것이다. 그뿐만이 아니다. 수학적 지식은 천문 현상의 예측에서, 실험실에서 일어나는 수많은 사건들에서 끊임없이 입증되고 있다.

(나) 실제로 인간이 만들어 낸 수학 덕분에 자연과학의 일부 영역에서 인간은 기대를 훨씬 웃도는 큰 진보를 이루었다. 실재 세계와 동떨어져 보이는 추상화가 엄청난 성과를 내놓았다는 점은 역설적이기도 하다. 수학은 세상을 꿈으로 채색한 동화로 이해될지도 모른다. 그러나 설명되지는 않지만 강력한 힘을 지닌 이성이 이 교훈적 동화를 쓴 것이다.

(다) 하지만 수학이 가져온 이러한 성공은 응분의 대가를 치른 후에 가능했다. 그 대가란 복잡한 세계를 질량, 시간과 같은 개념들로 간단하게 설명하는 것이다. 이런 단순한 설명은 풍부하고 다양한 경험을 완벽하게 반영하지 못한다. 즉, 한 사람의 키를 바로 그 사람의 본질이라고 말하는 것과 마찬가지이다. 수학은 자연의 특수한 과정을 묘사할 따름이며, 과정 전체를 온전히 담아내지 못한다.

(라) 더욱이 수학은 생명 없는 대상을 다룬다. 이런 대상은 반복적으로 움직이는 것처럼 보이며 수학은 그런 반복적 현상을 잘 다룰 수 있는 것처럼 보인다. 하지만 정말 그런가? 수학은 마치 접선이 곡선의 한 점만을 스치고 지나가듯 물리적 실체의 표피만을 건드린다.

(마) 지구는 완전한 타원 궤도를 그리면서 태양을 도는가? 절대 그렇지 않다. 지구와 태양을 모두 점으로 간주하고 다른 항성이나 행성을 모두 무시한다는 조건을 달 때만 그런 결론이 나온다. 지구의 사계절은 항상 정확하게 되풀이될까? 그렇지 않다. 인간이 파악할 수 있는 낮은 수준의 정확도에서만 반복이 예측될 따름이다.

① (나) - (다) - (라) - (마) - (가)
② (나) - (라) - (마) - (다) - (가)
③ (다) - (가) - (나) - (마) - (라)
④ (다) - (라) - (마) - (나) - (가)
⑤ (라) - (마) - (가) - (나) - (다)

15 ○○사 등산 동호회는 3팀으로 나누어 등산을 하였다. 선발대 甲팀은 시속 5km, 乙팀은 시속 9km, 丙팀은 시속 10km의 일정한 속도로 올라간다. 甲팀이 출발하고 2시간이 지났을 때 乙팀이, 甲팀이 출발하고 2시간 30분이 지났을 때 丙팀이 출발하였다. 등산을 하던 도중 甲팀과 乙팀이 만났을 때, 乙팀과 丙팀의 거리 차는 몇 km인가?

① 1.5km ② 2km
③ 2.5km ④ 3km
⑤ 3.5km

16 3개의 부서의 팀원들이 원탁에서 회의를 하려고 한다. 각 부서에서는 2명씩 참석할 때, 같은 부서끼리 이웃해서 앉는 경우는 총 몇 가지인가?

① 8가지 ② 16가지
③ 32가지 ④ 48가지
⑤ 64가지

17 7% 농도의 소금물과 15% 농도의 소금물을 섞어 10% 농도의 소금물 400g을 만들었다. 이때 15% 농도 소금물의 양은 얼마였겠는가?

① 150g ② 200g
③ 250g ④ 300g
⑤ 350g

18 갑은 100개의 사탕을 사서 학교에서 친구들과 나눠 먹었다. 집에 와서 남은 사탕의 개수를 세어 보니, 4개씩 세면 1개, 5개씩 세면 2개, 6개씩 세면 3개가 남았다. 이때 갑이 학교에서 친구들과 나눠 먹은 사탕은 모두 몇 개인가?

① 34개
② 37개
③ 40개
④ 43개
⑤ 46개

19 다음 수열에서 빈칸에 들어갈 알맞은 수는?

			5	9	17	33	65	129	( )

① 158
② 189
③ 218
④ 257
⑤ 492

20 다음은 일정한 규칙으로 수를 나열한 것이다. 빈칸에 들어갈 수로 옳은 것은?

$\frac{1}{3}$	$\frac{7}{3}$	2	$\frac{1}{3}$	$\frac{5}{3}$	$\frac{4}{3}$	$\frac{1}{3}$	1	( )

① $\frac{1}{3}$
② $\frac{2}{3}$
③ 1
④ $\frac{4}{3}$
⑤ $\frac{7}{3}$

21 다음은 지역별 수도권 사립대학의 장학금 총액 및 등록금 수입을 나타낸 자료이다. 이때, 학생규모가 1만 명 이상인 수도권 사립대학의 총 장학금 지원율이 높은 지역을 순서대로 바르게 나열한 것은?

수도권 사립대학의 학생규모별 장학금 총액 및 등록금 수입

(단위 : 백만 원)

구분		수도권	서울	경기	인천
장학금 총액	5천 명 미만	162,827	56,059	103,022	3,746
	5천 명 이상 1만 명 미만	385,609	202,830	182,779	–
	1만 명 이상	1,817,930	( )	296,736	71,385
	소계	2,366,366	1,708,698	582,537	75,131
등록금 수입	5천 명 미만	376,414	142,605	225,271	8,538
	5천 명 이상 1만 명 미만	845,881	452,404	393,477	–
	1만 명 이상	4,634,301	3,769,840	( )	165,109
	소계	5,856,596	4,364,849	1,318,100	173,647

$$※ \ 총 \ 장학금 \ 지원율(\%) = \frac{장학금 \ 총액}{등록금 \ 수입} \times 100$$

① 서울, 경기, 인천

② 경기, 서울, 인천

③ 경기, 인천, 서울

④ 인천, 서울, 경기

⑤ 인천, 경기, 서울

[22~23] 다음은 2020~2024년 甲~丙국의 GDP 및 조세부담률을 나타낸 자료이다. 이를 보고 이어지는 물음에 답하시오.

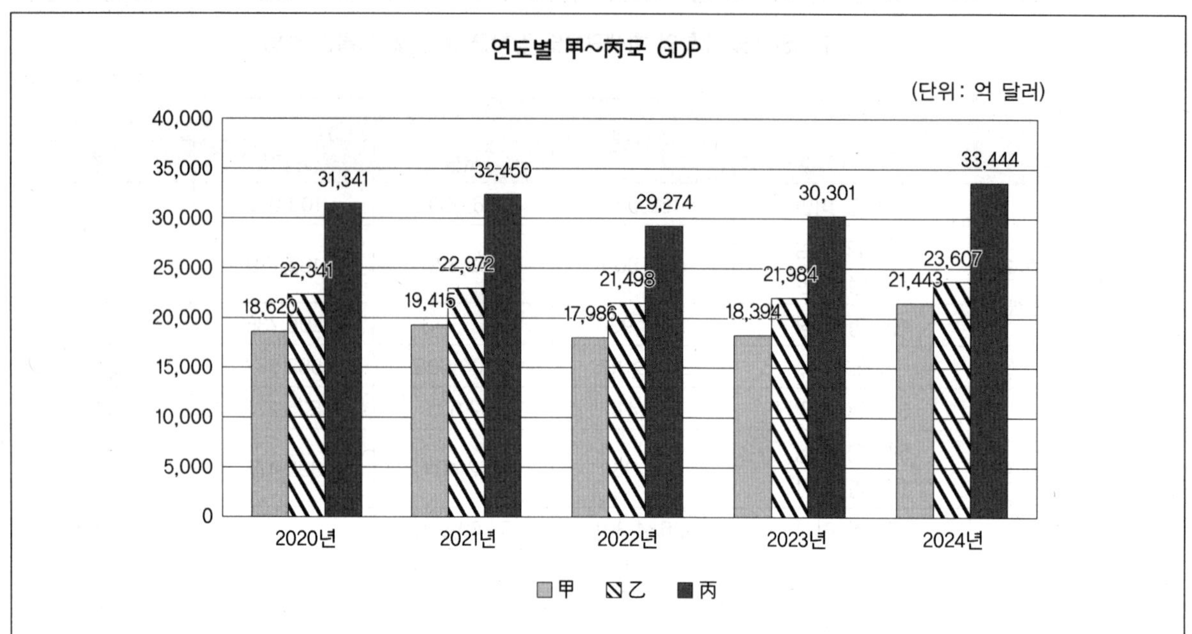

연도별 甲~丙국 조세부담률

(단위 : %)

연도	구분	甲	乙	丙
2020	국세	14.7	12.5	11.9
	지방세	5.3	3.6	2.8
2021	국세	16.6	11.8	11.2
	지방세	5.5	3.6	2.5
2022	국세	18.4	11.4	11.0
	지방세	5.5	3.5	2.5
2023	국세	19.2	10.6	10.3
	지방세	5.6	3.5	2.1
2024	국세	20.5	10.1	9.8
	지방세	5.6	3.3	1.9

※ 1) 조세부담률 = 국세부담률 + 지방세부담률

2) 국세(지방세)부담률(%) = $\dfrac{\text{국세(지방세) 납부액}}{\text{GDP}} \times 100$

22 위 자료에 대한 설명으로 옳지 않은 것은?

① 2021년에는 전년 대비 GDP 증가액이 가장 높은 국가가 조세부담률도 가장 높다.

② 乙국의 조세부담률은 2020년 이후 매년 감소 추이를 보인다.

③ 2021년 지방세 납부액은 甲국이 乙국의 약 1.3배이다.

④ 2023년 甲국의 국세 납부액은 丙국의 지방세 납부액보다 많다.

⑤ 2020~2024년 甲국과 丙국의 조세부담률 증감 추이는 서로 상반된다.

23 2025년 甲~丙국의 GDP가 전년 대비 각각 5%, 10%, 7% 상승했다고 할 때, 지방세부담률이 전년 대비 변화가 없다면 甲~丙국의 지방세 납부액 합으로 옳은 것은? (단, 만 달러 미만은 절사하여 계산한다.)

① 2,625억 9,768만 달러   ② 2,688억 7,698만 달러

③ 2,786억 7,698만 달러   ④ 2,797억 6,990만 달러

⑤ 2,856억 6,990만 달러

[24~25] 다음은 2025년 경지 면적, 논 면적, 밭 면적 상위 5개 지역에 대한 자료이다. 이를 보고 이어지는 물음에 답하시오.

경지 면적, 논 면적, 밭 면적 상위 5개 지역

(단위 : ha)

구분	순위	지역	면적
경지 면적	1	전라남도	324,827
	2	경상북도	238,304
	3	전라북도	226,112
	4	충청남도	211,167
	5	경상남도	150,529
논 면적	1	전라남도	215,506
	2	전라북도	162,445
	3	충청남도	142,159
	4	경상북도	110,123
	5	경상남도	94,384
밭 면적	1	경상북도	128,181
	2	전라남도	109,321
	3	강원도	69,932
	4	충청남도	69,008
	5	경기도	66,126

※ 1) 경지 면적 = 논 면적 + 밭 면적
　 2) 순위는 면적이 큰 지역부터 순서대로 부여함

24 위 자료에 대한 설명으로 옳은 것을 〈보기〉에서 모두 고르면?

┌ 보기 ┌
　㉠ 전라남도의 논 면적은 전라남도 밭 면적의 2배 이상이다.
　㉡ 전라북도의 밭 면적은 경상남도 밭 면적보다 크다.
　㉢ 충청남도의 밭 면적은 경지 면적의 약 32%이다.
　㉣ 강원도의 논 면적은 전라남도 논 면적의 60% 이하이다.

① ㉠, ㉡　　　　　　　　　　② ㉡, ㉢
③ ㉡, ㉣　　　　　　　　　　④ ㉠, ㉢, ㉣
⑤ ㉡, ㉢, ㉣

25 다음은 각 지역의 밭 경지 이용률에 대한 자료이다. 위 자료와 비교했을 때 옳지 않은 것은? (단, 경지 면적은 1헥타르 미만을 절사하여 계산한다.)

밭 경지 이용률

(단위 : %)

구분	서류	두류	잡곡	채소	과수	기타
경기도	5.1	8.6	2.7	33.7	9.8	40.1
강원도	9.1	7.1	9.9	39.8	6.5	27.6
충청북도	3.9	10.9	5.9	23.9	22.5	32.9
충청남도	6.8	9.7	0.8	31.4	10.2	41.1
전라북도	6.5	10.6	1.6	25.5	12.6	43.2
전라남도	7.9	8.1	3.1	34.9	14.8	31.2
경상북도	2.4	7.3	1.1	21.7	39.0	28.5
경상남도	2.7	4.1	1.2	26.2	26.6	39.2
제주도	2.4	9.7	8.9	32.5	42.1	4.4

① 충청남도의 서류 경지 면적은 9,666ha이다.
② 경기도의 두류 경지 면적은 강원도의 두류 경지 면적보다 크다.
③ 경상북도의 채소 경지 면적과 과수 경지 면적의 차는 22,175ha이다.
④ 경상남도 과수 경지 면적은 전라북도 과수 경지 면적의 1.8배 이상이다.
⑤ 밭 면적 상위 5개 지역에서 잡곡 경지 면적이 두 번째로 큰 지역은 전라남도이다.

[26~27] 다음은 2024년 부산광역시 A~D 지역의 음식물 쓰레기 배출량과 인구에 관한 자료이다. 이를 보고 이어지는 물음에 답하시오.

2024년 부산광역시 A~D 지역의 음식물 쓰레기 배출량

(단위 : 만 톤)

구분＼지역	A	B	C	D
주택	9.4	4.3	3.2	2.0
주거용 빌딩	13.6	5.8	4.5	3.5
상업용 빌딩	18.4	5.9	4.8	3.7
기타	12.4	42.0	7.8	4.4
총배출량	53.8	58.0	20.3	13.6

2024년 부산광역시 A~D 지역의 인구

(단위 : 십만 명)

지역	A	B	C	D
인구	10.2	3.6	3.0	2.2

※ 1인당 음식물 쓰레기 총배출량(만 톤/명) $= \dfrac{\text{음식물 쓰레기 총배출량}}{\text{인구}}$

26 위 자료와 〈조건〉을 보고 A~D에 해당하는 지역을 바르게 연결한 것은?

> 조건
> - '중구'의 음식물 쓰레기 총배출량은 50만 톤 이상이고, 1인당 음식물 쓰레기 총배출량이 가장 적다.
> - '남구'와 '해운대구'의 1인당 음식물 쓰레기 총배출량의 합은 약 1.3톤/명이다.
> - 주거용 빌딩과 상업용 빌딩의 음식물 쓰레기 배출량 합은 '남구'가 가장 적다.

	A	B	C	D
①	중구	해운대구	동래구	남구
②	중구	동래구	남구	해운대구
③	중구	동래구	해운대구	남구
④	동래구	중구	남구	해운대구
⑤	동래구	중구	해운대구	남구

27 위 자료를 보고 1인당 음식물 쓰레기 총배출량이 가장 큰 지역과 가장 작은 지역의 1인당 배출량 차이를 구하면?

① 0.79톤 ② 1.08톤

③ 1.25톤 ④ 1.54톤

⑤ 1.86톤

28 다음 결론을 도출하기 위해 전제해야 할 문장은 무엇인가?

> 전제 : ___________________________
>
>   강아지를 좋아하는 사람은 고양이를 좋아한다.
>   바다를 좋아하는 사람은 산을 좋아하지 않는다.
>
> 결론 : 고양이를 좋아하지 않는 사람은 바다를 좋아하지 않는다.

① 고양이를 좋아하는 사람은 산을 좋아한다.
② 바다를 좋아하는 사람은 고양이를 좋아한다.
③ 강아지를 좋아하지 않는 사람은 산을 좋아한다.
④ 고양이를 좋아하는 사람은 산을 좋아하지 않는다.
⑤ 산을 좋아하는 사람은 강아지를 좋아한다.

29 다음 조건에 따라 A, B, C, D, E 다섯 사람이 각각 지하철 1~5호선을 타고 출근을 한다고 할 때, E가 이용하는 지하철은 몇 호선인가?

> A : 나는 2호선을 타지 않고, B는 3호선을 타지 않는다.
> B : 나는 4호선을 타지 않는다.
> C : 나는 1호선을 탄다.
> D : 나는 5호선을 타지 않고, A는 3호선을 타지 않는다.
> E : A와 D는 4호선을 타지 않는다.

① 1호선
② 2호선
③ 3호선
④ 4호선
③ 5호선

30 갑, 을, 병, 정, 무는 표를 사기 위해 한 줄로 줄을 섰다. 다음과 같이 줄을 섰다고 할 때, 이에 대한 설명으로 반드시 옳은 것은?

> • 갑은 을 바로 뒤에 서지 않았으며, 을 바로 앞에도 서지 않았다.
> • 무는 병의 뒤로 2번째의 자리에 서 있다.

① 정이 뒤에서 두 번째 자리에 서 있는 경우, 병은 뒤에서 세 번째 자리에 서 있다.
② 병이 뒤에서 세 번째 자리에 서 있는 경우, 을은 앞에서 두 번째 자리에 서 있다.
③ 정이 앞에서 다섯 번째 자리에 서 있는 경우, 무는 반드시 앞에서 세 번째 자리에 서 있다.
④ 무가 앞에서 세 번째 자리에 서 있는 경우, 갑은 반드시 뒤에서 두 번째 자리에 서 있다.
⑤ 병이 앞에서 세 번째 자리에 서 있는 경우, 무는 반드시 뒤에서 첫 번째 자리에 서 있다.

[31~32] 다음 보도자료를 보고 이어지는 물음에 답하시오.

LH, 신혼 · 다자녀 등 전세임대주택 9,250호 입주자 모집

□ LH는 2024년 4월 29일 신혼, 다자녀 가구 등을 대상으로 전세임대주택 입주자 수시 모집공고를 실시한다고 밝혔다. 공급호수는 총 9,250호이며 공급 지역은 전국을 대상으로 한다.
전세임대사업은 입주대상자로 선정된 자가 거주를 원하는 주택을 직접 물색하면 LH가 주택 소유자와 전세계약을 체결한 뒤 이를 입주대상자에게 저렴하게 재임대하는 제도이다. 원하는 주택을 직접 고를 수 있고, LH가 직접 보증보험 가입을 진행해 보증금 보호와 보험비용 절감이 가능하다. LH는 지난해 전세임대 사업을 통해 신혼, 다자녀 가구 등에 약 8천 7백 호를 공급했다. 이번 공고는 △신혼 · 신생아 I 유형 5,000호 △신혼 · 신생아 II 유형 2,000호 △다자녀 유형 2,250호를 모집한다.

□ 신혼 · 신생아 유형은 2년 이내 출산한 자녀가 있는 신생아가구, 한부모가족, 혼인 7년 이내 (예비)신혼부부 등을 대상으로 한다. 소득 및 자산기준 등에 따라 신혼 · 신생아 I, II 유형으로 구분된다.
신혼 · 신생아 I 유형은 해당 세대의 월평균 소득이 전년도 도시근로자 가구원수별 가구당 월평균 소득의 70%(맞벌이의 경우 90%) 이하이고, 국민임대주택 자산기준을 충족하는 경우 신청할 수 있다. 신혼 · 신생아 II 유형은 해당 세대의 월평균 소득이 전년도 도시근로자 가구원수별 가구당 월평균 소득의 100%(맞벌이의 경우 120%) 이하이고 행복주택 신혼부부 자산기준을 충족하는 경우 신청이 가능하다. 다자녀 유형은 2명 이상의 직계비속을 양육하는 다자녀 가구 중 수급자 · 차상위계층 · 한부모가족에 해당하거나, 전년도 도시근로자 가구당 월평균 소득의 70% 이하이고 국민임대주택 자산기준을 충족하는 경우 신청할 수 있다.

⟨참고 1 − 전세임대주택 입주자격 순위⟩

구분	신혼 · 신생아 I	신혼 · 신생아 II	다자녀
입주요건	월평균소득 70% 이하(맞벌이 90% 이하)이며 국민임대주택 자산기준 충족	월평균소득 100% 이하(맞벌이 120% 이하)이며 행복주택(신혼) 자산기준 충족	2명 이상의 직계비속을 양육하는 다자녀 가구
1순위	− 신생아 가구 − 지원대상 한부모가족		− 신생아 가구인 수급자 가구 · 차상위계층 · 지원대상 한부모가족
2순위	− 미성년 자녀가 있는 (예비)신혼부부 − 6세 이하 자녀를 둔 한부모가족		− 수급자 가구 − 차상위계층 − 지원대상 한부모가족 − 신생아 가구(소득 70% 이하)
3순위	− 자녀가 없는 신혼부부, 예비신혼부부		− 소득 70% 이하인 자
4순위	− 유자녀 혼인가구(6세 이하 자녀)		

⟨참고 2 − 전세임대주택 지원한도액 및 임대조건⟩

구분	신혼 · 신생아 I	신혼 · 신생아 II	다자녀
공급목표	5,000호	2,000호	2,250호
소득요건	소득기준 70% 이하 (맞벌이 90% 이하)	소득기준 100% 이하 (맞벌이 120% 이하)	소득기준 70% 이하
지원한도액	수도권 14,500만 원 광역시 11,000만 원 기타 도 지역 9,500만 원	수도권 24,000만 원 광역시 16,000만 원 기타 도 지역 13,000만 원	수도권 15,500만 원 광역시 12,000만 원 기타 도 지역 10,500만 원
입주자부담	지원한도액 내 전세보증금의 5%	지원한도액 내 전세보증금의 20%	지원한도액 내 전세보증금의 2%
월 임대료	보증금 지원 금액에 대한 연 1~2%		
임대기간	최장 20년	최장 14년	최장 20년

31 위 보도자료의 내용과 일치하지 않는 것은?

① 전세임대주택 제도의 장점은 입주자가 자신의 원하는 주택을 직접 고를 수 있고, 보증금을 안전하게 보호할 수 있다는 것이다.

② 신생아인 자녀가 1명 있고, 월평균소득이 전년도 도시근로자 가구원수별 가구당 월평균 소득의 100%인 맞벌이 가구인 A가족은 신혼·신생아 I 유형 입주 1순위에 해당한다.

③ 자녀가 없는 신혼부부도 위 공고를 보고 전세임대주택을 신청할 수 있다.

④ 3명의 자녀가 있는 차상위계층인 A가족과, 2명의 자녀가 있는 지원대상 한부모가족인 B가족 중 전세임대 입주자격순위가 높은 가족은 B가족이다.

⑤ 신혼·신생아 I 과 신혼·신생아 II 유형에 공급하는 물량이 다자녀 유형에 공급하는 물량의 3배 이상이다.

32 위 보도자료에서 설명한 전세임대주택 관련 설명으로 옳은 것을 〈보기〉에서 모두 고르면?

> ┌ 보기 ┐
> ㉠ 신혼·신생아 II 유형의 전세임대주택 최장 임대기간은 신혼·신생아 I 보다 짧다.
> ㉡ S가족은 맞벌이 가구이며 월평균소득이 전년도 도시근로자 가구원수별 가구당 월평균 소득의 100% 이다. S가족이 광역시 주택에 대해 전세임대주택 지원을 받을 때, 지원받을 수 있는 최대 금액은 11,000만 원이다.
> ㉢ 5살 자녀 한 명을 둔 A가족은 맞벌이이며 월평균소득이 전년도 도시근로자 가구원수별 가구당 월평균 소득의 80%이다. A가족은 신혼·신생아 I 유형으로만 전세임대주택 입주를 신청할 수 있다.
> ㉣ B가족이 경기도 성남시에 구한 전세임대주택의 월 임대료가 1년에 360만 원이라면, B가족은 신혼·신생아 II 유형으로 전세임대주택에 입주한 것이다.

① ㉠, ㉡, ㉢   ② ㉡, ㉢, ㉣

③ ㉠, ㉣   ④ ㉡, ㉢

⑤ ㉢, ㉣

[33~34] 다음은 A은행의 대출상품 안내문이다. 이를 보고 이어지는 물음에 답하시오.

직장인 우대 대출

◇ 대출 대상자는 다음 각 호를 모두 충족하는 자로 한다.
  1. 일반 법인기업체 또는 당행 전속 거래기업에서 1년 이상 재직하고 있는 자(단, 대표자는 제외한다.)
  2. 연간소득 4천만 원 이상인 자(전년도 기준)

◇ 대출한도
  개인별 대출한도는 다음 공식에 의거 산출된 금액 이내에서 최대 1억 원으로 한다.
  대출한도 = ['연소득 × 신용등급별 가중치'와 '신용등급별 최고한도' 중 적은 금액]
     − 당행 및 타 금융기관의 대출금액(주택담보대출 제외)

  • 신용등급별 최고한도 및 가중치

AS등급		1등급	2등급	3등급	4등급	5등급	6등급	7등급
개인	최고한도(십만 원)	1,000	1,000	1,000	900	800	700	600
CSS	가중치	1.80	1.60	1.50	1.35	1.20	0.70	0.45

◇ 대출기간 및 상환방법
  1. 일시상환: 1년 이내
  2. 할부상환: 10년 이내(거치기간 지정 불가)
  3. 종합통장대출: 1년 이내

◇ 중도상환해약금
  1. 중도상환해약금: 중도상환금액 × 적용요율 × (잔여기간/대출기간)

구분	가계대출		기업대출	
	부동산 담보대출	신용/기타 담보대출	부동산 담보대출	신용/기타 담보대출
적용요율	1.4%	0.8%	1.4%	1.0%

  2. 인지세: 인지세법에 의해 대출약정 체결 시 납부하는 세금으로 대출금액에 따라 세액이 차등 적용되며, 각 50% 씩 고객과 은행이 부담한다.

대출금액	인지세액
5천만 원 이하	비과세
5천만 원 초과 1억 원 이하	5만 원
1억 원 초과 10억 원 이하	12만 원
10억 원 초과	40만 원

새희망 대출

◇ 대출신청일 현재 6개월 이상 직장에 근무하고 있거나 사업을 영위하고 있는 자로서 다음 각 호의 어느 하나에 해당하는 자로 한다. (소득은 전년도 기준임)
  1. 연소득 50백만 원 이하이면서 CB등급(KCB 또는 NICE 신용등급)이 6등급 이하인 자
  2. 연소득 45백만 원 이하인 자

◇ 대출한도
  ['연소득 × 한도 등급별 가중치'와 '한도 등급별 최고한도' 중 적은 금액]
     − 당행 및 타 금융기관 신용대출(예금담보대출 및 주택담보대출 등을 제외한 순수 신용대출 건)

• 한도 등급별 최고한도 및 가중치

AS등급		1등급	2등급	3등급	4등급	5등급	6등급
개인	최고한도(십만 원)	1,000	1,000	800	800	700	600
CSS	가중치	2.00	1.80	1.60	1.10	1.00	0.90

◇ 대출기간 및 상환방법

대출기간은 7년 이내(대출기간의 1/3 범위 내 최장 1년 거치 가능)로 하며 상환방법은 원(리)금균등할부상환으로 한다.

◇ 중도상환해약금

중도상환해약금은 면제한다.

◇ 특약체결

대출일부터 연체 없이 대출원리금을 성실히 납부하는 경우에는 대출 실행일로부터 3개월 단위로 0.1%p씩 감면(최대 2.0%p), 대출금이자 감면 이후에 연체 발생 시에는 최초 약정 당시의 가산금리로 환원하기로 한다.

33 위 대출상품에 대한 설명으로 가장 적절하지 않은 것은?

① 직장인 우대 대출은 새희망 대출보다 재직 기간 조건이 더 까다롭다.
② 연간소득이 3천만 원인 자는 직장인 우대 대출을 받을 수 없다.
③ 최대한 장기간의 분할상환방식을 원하는 고객은 직장인 우대 대출 상품이 적합하다.
④ 대출기간 중에 원금을 상환하고자 하는 고객에게는 새희망 대출이 유리하다.
⑤ 새희망 대출을 4년간 분할상환조건으로 대출받은 고객은 연체 없이 대출원리금을 납부하면 최대 2.0%p 감면받을 수 있다.

34 다음은 대출을 신청하려는 직장인 갑의 현재 대출 현황을 나타낸 것이다. 갑에게 적합한 상품 및 최대 대출 가능 금액을 고르면?

```
1. 직장 재직기간 : 2년 6개월
2. 직전연도 소득 : 5,000만 원
3. AS등급 : 4등급
4. 부채현황
   1) 당행
      • 예금담보대출 : 2,000만 원
   2) 타행
      • 주택담보대출 : 8,000만 원
      • 신용카드 카드론 : 200만 원
```

① 직장인 우대 대출, 5,600만 원
② 직장인 우대 대출, 5,300만 원
③ 직장인 우대 대출, 4,850만 원
④ 새희망 대출, 5,800만 원
⑤ 새희망 대출, 5,300만 원

[35~36] 다음은 어느 회사의 워크숍 일정 및 관련 자료이다. 이를 보고, 이어지는 물음에 답하시오.

워크숍 일정

시간		비고
첫째 날	09:00~11:00	워크숍 장소(리조트) 이동
	11:00~13:00	정리 및 점심 식사
	13:00~14:00	O.T
	14:00~16:00	전문 강의(재무 관리)
	16:00~18:00	조별 활동
	18:00~19:00	저녁 식사
	19:00~22:00	직원 화합의 밤
둘째 날	09:00~10:00	아침 식사
	10:00~11:00	조별 활동 및 정리
	11:00~	해산

※ 워크숍 참가 인원: 기획조정실 3명, 경영관리실 4명, 사업계획실 3명, 판매기획실 2명, 경리실 2명

워크숍 장소 후보 관련 정보

장소	강당	노트북	비용(원)		비고
			식비(인)	숙박비(2인실)	
A호텔	○	2대	10,000	100,000	강당 대여료 100,000원 노트북 대여료 1만 원/일
B리조트	×	3대	15,000	100,000	노트북 무료 대여
C호텔	○	2대	10,000	130,000	강당 대여료 50,000원 노트북 대여료 1만 원/일
D호텔	○	1대	10,000	110,000	강당 대여료 100,000원 노트북 무료 대여
E리조트	○	×	15,000	110,000	강당 대여료 50,000원

※ A, B, C, D, E 모두 1인당 식비로 3식 제공

35

〈보기〉의 요인을 고려했을 때 워크숍 장소 후보 중에서 가장 적합한 곳을 고르면?

┌ 보기 ┐
1. 가능한 비용이 저렴한 곳을 선택한다.
2. 강당 필수, 노트북 2대 필요
※ 노트북은 첫째 날만 필요하며, 1대를 외부에서 빌릴 경우 하루에 3만 원의 비용이 든다.

① A호텔 ② B리조트
③ C호텔 ④ D호텔
⑤ E리조트

36 워크숍 참가 인원이 기획조정실에서 1명, 경영관리실에서 2명이 늘어나게 되었다. 또한 강당에서 진행하기로 한 프로그램이 취소되었다고 할 때, 워크숍 장소 후보 중 가장 저렴하게 이용할 수 있는 곳의 비용은? (단, 다른 요건은 위 문제와 동일하다.)

① 985,000원　　　　　　　　　　② 1,050,000원

③ 1,090,000원　　　　　　　　　　④ 1,195,000원

⑤ 1,210,000원

37 다음 글을 근거로 판단할 때, A가 출연할 프로그램과 요일을 바르게 짝지은 것은?

A는 ○○방송국으로부터 아래와 같이 프로그램 특별 출연을 요청받았다.

매체	프로그램	시간대	출연 가능 요일
TV	모여라 북극유치원	오전	월, 수, 금
	북극곰극장	오후	화, 목, 금
	북극의 법칙	오후	월, 수, 목
라디오	지금은 북극시대	오전	화, 수, 목
	북극곰파워	오전	월, 화, 금
	열시의 북극곰	오후	월, 목, 금
	굿모닝 북극대행진	오전	화, 수, 금

A는 다음 주 5일(월요일 ~ 금요일) 동안 매일 하나의 프로그램에 출연하며, 한 번 출연한 프로그램에는 다시 출연하지 않는다. 또한 동일 매체에 2일 연속 출연하지 않으며, 동일 시간대에도 2일 연속 출연하지 않는다.

	요일	프로그램
①	금요일	굿모닝 북극대행진
②	목요일	열시의 북극곰
③	수요일	북극의 법칙
④	화요일	북극곰파워
⑤	월요일	모여라 북극유치원

38 단어 간 관계가 다음과 같은 것을 고르면?

연필 : 필기

① 주사 : 병원　　　　　　　　　② 실 : 바느질
③ 우산 : 양산　　　　　　　　　④ 책 : 출판사
⑤ 화장품 : 립스틱

39 단어 간 관계가 다음과 같은 것을 고르면?

발레 : 춤

① 꽃 : 정원　　　　　　　　　　② 돌풍 : 바람
③ 벼락 : 비　　　　　　　　　　④ 교수 : 대학
⑤ 교회 : 사찰

40 다음 중 단어 간 관계가 나머지와 다른 하나는?
① 초등학생 : 중학생　　　　　　② 봄 : 여름
③ 노을 : 안개　　　　　　　　　④ 올챙이 : 개구리
⑤ 아침 : 저녁

LH한국토지주택공사

직업기초능력평가

박문각

LH한국토지주택공사

직업기초능력평가

봉투모의고사

2회

박문각

제2회 직업기초능력평가
(40문항 / 60분)

방과 후 유치원 버스에서 내리는 아이를 맞으며 엄마들이 영어로 더듬거리며 대화하는 장면을 목격했다. 요즘 어느 동네에서나 쉽게 볼 수 있는 장면이다. 하지만 그 순간 외마디 영어라도 나누어야 아이를 제대로 키울 줄 아는 엄마라는 육아 신화의 고통을 보는 것 같아 씁쓸했다. 아이와 정답게 인사를 나누는 것만으로 엄마 역할은 부족한 것이다.

그 장면에서 더 큰 문제는 놀이로 배우고 성장해야 할 어린이들이 하루 종일 학원에 실려 다니는 학습 노동의 현실이었다. 엄마들은 학원으로 떠밀린 아이들에게 미안한 마음을 영어를 공부하는 노력으로 대체하고 있었던 것이다. 어린이 노동이란 세계 여러 곳에서 각 나라의 정치, 경제적 여건과 맞물려 다양한 형태로 이루어지고 있다. 문제의 핵심은 어린이들이 스스로의 선택이 배제된 채 어른들에 의해 착취를 당한다는 것이다. 물론 '많이 가르치는 것이 어린이 노동이고 착취인가?'라고 문제 제기를 할 수도 있다.

과거 산업 사회에서 어린이 노동은 필수적인 것으로 여겨졌다. 1843년 한 자료에 의하면 어린이의 일일 노동 시간은 평균 12시간이었고, 15시간 이상 일하는 어린이들도 있었다. 이런 형태의 어린이 노동은 동남아, 아프리카의 어린이들을 대상으로 여전히 이루어지고 있다. 당사국들은 세계화에 편입하려는 과정에서 필수불가결한 것이라며 소극적 입장을 취하고 있다.

그 양상은 다르지만 적절한 수면을 취하는 것도, 마음껏 뛰어노는 것도 우리나라 교육시스템에 없는 것은 이와 다를 바 없다. 산업 사회에서 몸을 활용한 노동이 돈으로 환산되었다면 고부가 가치 산업의 지식 사회로 변화함에 따라 이제는 머리를 활용한 지식이 부를 창출하게 되었기 때문이다. 이러한 흐름 속에서 영어 교육이 지식 사회의 교육 패러다임으로 급부상한 것이다.

과연 어린이 학습 노동이 행복을 위하는 과정이라고 스스로를 속여 가며 언제까지 지식 사회의 야만을 감내해야 하는 것일까. 커피 열매를 따는 어린이들의 노동을 착취하며 '커피 농가와 어린이들을 돕기 위해 커피를 마셔 주세요.'라고 말하는 다국적 회사의 슬로건을 믿는 것이나, 아이의 행복을 위해 잠 안 재우고 공부시키는 교육 신화는 얼마나 다른 것일까.

01　윗글의 제목으로 가장 적절한 것은?

① 전 세계 어린이 노동의 문제점
② 커피 농가의 어린이 학대 문제
③ 어린이 교육의 올바른 방향 제시
④ 엄마의 자식 사랑, 영어 교육의 진실
⑤ 어린이 학습 노동과 교육 신화의 이면

02　윗글을 읽고 난 후의 반응으로 적절하지 않은 것은?

① 학습 스트레스를 받는 어린이들만큼 엄마들도 덩달아 힘들어지겠네.
② 우리가 일상에서 쉽게 지나칠 수 있는 현상의 이면을 문제적으로 바라보았네.
③ 결국 현재의 교육은 어른의 입장에서 중요한 것을 아이들에게 강요하는 셈이네.
④ 어린이 눈높이에 맞는 진정한 행복이 무엇인지 다시 생각해 보는 계기가 되었어.
⑤ 교육 시스템의 중요성을 고려하면 현재의 교육 시스템을 채택하고 있는 것은 필수적이네.

[03~04] 다음 글을 읽고 이어지는 물음에 답하시오.

(가) 또한 소설이 하나의 사건이나 사물이 갖는 의미를 좁고 깊게 파고든다면, 역사는 개별적 사건을 전체적 맥락에서 접근한다는 차이점이 있다. 어떤 유적, 유물, 문서의 발굴은 어디까지나 단편적 사실의 발굴이지 그 자체로서 역사의 일부가 되는 것은 아니다. 그러한 사물들이나 사실들은 한 사회의 과거와 현재의 논리적·의미론적 연결고리를 설명하는 역할을 해야만 비로소 역사적 의미를 띠고 역사의 일부로 편입된다. 역사는 어떤 사실에 특정한 의미가 부여되더라도 그것이 개별적 차원을 넘는 전체적인 틀 안에서 파악되고 해석되지 않는 한, 그것은 개별적 존재의 의미로만 남아 역사적 의미를 가질 수 없다.

(나) 역사는 인간만이 가진 것으로 과거의 사실에 대한 기록이다. 그러나 과거의 모든 사실이 역사가 되지는 않는다. 역사는 과거의 모든 사실들의 단순한 결합이 아니라 특정하게 선택된 사실들의 의미를 인과적으로 연결한 논리적 구성물이다. 이성계의 위화도 회군이 역사로 기록되는 이유는 이 사실이 조선의 개국을 설명하는 데 중요한 의미를 지니기 때문이다.

(다) 이러한 해석의 과정에서 역사가에게 필요한 것이 역사관인데, 역사관이란 역사에 대한 총체적 비전을 가리킨다. 순환적인 역사관, 기독교적인 역사관, 마르크스 역사관 등 다양한 역사관이 있다. 역사가는 자신의 역사관을 바탕으로 역사를 서술한다. 역사관에 따라 똑같은 역사적 사실이나 사건이 '진보', '발전'이라는 틀에서 그 의미가 부여되기도 하고, '반복', '혼동'이란 이름으로 그 의미가 삭제되기도 한다. 그래서 역사는 언제나 새롭게 서술될 수 있고, 어떻게 역사를 기억하고 기록하느냐에 따라 과거 사실의 의미와 깊이가 변할 수 있다. 곧 역사는 선택과 재구성의 과정을 거친 창조적인 작업이다.

(라) 그러나 조선 왕조의 창건에 대해서 새로운 사실이나 사물이 발견되고, 이를 통해 조선 개국의 과정이 다른 방향에서 설득력 있게 설명될 수 있다면 위화도 회군의 역사적 의미는 달라질 수 있다. 이는 역사 서술의 과정에서 자료가 새롭게 선택될 수 있고, 역사적 의미 또한 바뀔 수 있음을 말해 준다. 선택은 언제나 역사가에 의해 결정되며, 해석은 필연적으로 의미 해석이므로 역사는 그냥 주어진 자연현상이 아니라 인간에 의해 만들어진 창조물인 셈이다. 역사가 인간의 창조물이라고 하지만 소설가의 상상에 의해 쓰인 역사 소설과는 다르다. 역사와 역사 소설은 모두 선택된 사실에서 출발한다는 것은 같지만 만들어가는 과정은 다르다. 역사 소설은 선택된 사실을 바탕으로 상상력에 근거한 '문학적 허구'를 펼쳐가지만, 역사는 사실을 조사한 후, 탐구하고 검증하는 작업을 거친다.

03 (가)~(라)를 문맥상 전개 순서에 맞게 배열한 것은?

① (나) − (라) − (가) − (다)
② (나) − (가) − (라) − (다)
③ (나) − (라) − (다) − (가)
④ (나) − (다) − (라) − (가)
⑤ (나) − (다) − (가) − (라)

04 윗글의 내용과 부합하는 것은?

① 소설이 하나의 사건이나 사물이 갖는 의미를 좁고 깊게 파고든다면, 역사는 전체적 사건을 개별적 맥락에서 접근한다는 차이점이 있다.
② 역사는 인간만이 가질 수 있는 것으로 과거의 모든 사실에 대한 역사적 기록이다.
③ 역사가는 답습한 역사관을 바탕으로 역사를 서술한다.
④ 위화도 회군의 역사적 의미는 이미 정해진 것이기 때문에 바뀔 수 없다.
⑤ 역사와 역사 소설은 모두 선택된 사실에서 출발하지만 만들어가는 과정은 다르다.

05 다음 보도자료의 내용과 일치하는 것을 〈보기〉에서 모두 고르면?

한국토지주택공사(LH)는 서울 영등포구 여의도동 61-2 부지를 실수요자 대상 경쟁입찰 방식으로 공급한다고 2024년 10월 16일 밝혔다. 공급대상 토지는 가톨릭대학교 여의도 성모병원 인근에 위치하고 있으며, 면적은 8,264m²이다. 공급예정가격은 약 4,024억 원이다. 2024년 10월 30일 1순위 입찰 신청 및 개찰이 진행되며, 유찰 시에는 10월 31일 2순위 입찰 신청을 받는다. 계약 체결일은 11월 26일이다. 1순위 매각 조건은 5년 유이자 분할납부(2년 거치기간 포함)이며, 2순위는 5년 무이자 분할납부(거치기간 없음) 조건이다. 1순위에서 낙찰자가 정해지면 2순위 접수는 받지 않는다.

〈매각 대상 토지〉

소재지	지목	면적(m²)	공급예정가격(원)
서울시 영등포구 여의도동 61-2	대	8,264	402,456,800,000

지난 1, 2회차 공급과 달리 대금납부조건을 5년 분할납부로 대폭 완화하여 공급하는 만큼 실수요자들의 입찰 참여가 늘어날 것으로 예상된다. 또한, 2순위 입찰이 진행될 경우 낙찰자가 매매대금을 계약체결 시 일시에 선납하면 약 498억 원의 할인 효과가 있을 것으로 예상된다.

해당 부지는 올림픽대로, 여의대방로, 원효대교 등에서 진입이 편리해 우수한 교통여건을 갖추고 있다. 또한 지하철 9호선 샛강역, 5호선 여의나루역까지 도보 이동이 가능하고 여의도 환승주차장과 연계한 시내버스 광역교통망도 편리하게 이용할 수 있어 대중교통 접근성도 높다. 여의도는 국제금융 중심지로 계획되고 있어 한강 변의 국제적 수준을 갖춘 매력적인 도심환경을 갖추어 나갈 것으로 기대를 모으고 있다. 특히 서울시가 지난 2023년 5월 발표한 '여의도 금융중심 지구단위계획(안)'이 2024년 9월 서울시 도시건축공동심의회에서 가결된 뒤 최종 확정을 앞둔 만큼, 여의도 개발에 탄력이 붙을 것으로 전망된다. 자세한 사항은 LH청약플러스(apply.lh.or.kr)에 게시된 공고문을 참고하거나, LH 서울지역본부 보상2팀(02-3496-4147)으로 문의하면 된다.

보기

㉠ 1순위 매각 조건을 충족하는 대상자가 낙찰자로 정해질 경우, 2순위 접수는 진행되지 않는다.
㉡ 1, 2회차 공급 때는 대금 납부조건이 까다로워 실수요자들의 입찰 참여가 전혀 없었다.
㉢ 해당 여의도 부지는 대중교통뿐 아니라 자가용 이용 접근성도 좋다.
㉣ 2023년 발표한 여의도 금융 중심 지구단위 계획안이 확정되어 부지 개발에 대한 기대감이 매우 높아진 상태이다.

① ㉠, ㉡, ㉢
② ㉡, ㉢, ㉣
③ ㉠, ㉡
④ ㉠, ㉢
⑤ ㉢, ㉣

[06~07] 다음 글을 읽고 이어지는 물음에 답하시오.

채권은 어떤 사람이 다른 사람에게 특정 행위를 요구할 수 있는 권리이다. 이 특정 행위를 급부라 하고, 특정 행위를 해주어야 할 의무를 채무라 한다. 채무자가 채권을 ⊙ <u>가진</u> 이에게 급부를 이행하면 채권에 대응하는 채무는 소멸한다. 급부는 재화나 서비스 제공인 경우가 많지만 그 외의 내용일 수도 있다.

민법상의 권리는 여러 가지가 있는데 계약 없이 법률로 정해진 요건의 충족으로 발생하기도 하지만 대개 계약의 효력으로 발생한다. 계약이란 권리 발생 등에 관한 당사자의 합의로서, 계약이 성립하면 합의 내용대로 권리 발생 등의 효력이 인정되는 것이 원칙이다. 당장 필요한 재화나 서비스는 그 제공을 급부로 하는 계약을 성립시켜 확보하면 되지만 미래에 필요할 수도 있는 재화나 서비스라면 계약을 성립시킬 수 있는 권리를 확보하는 것이 유리하다. 이를 위해 '예약'이 활용된다. 일상에서 예약이라고 할 때와 법적인 관점에서의 예약은 구별된다. 기차 탑승을 위해 미리 돈을 지불하고 승차권을 구입하는 것을 '기차 승차권을 예약했다'고도 하지만 이 경우는 예약에 해당하지 않는 계약이다. 법적으로 예약은 당사자들이 합의한 내용대로 권리가 발생하는 계약의 일종으로, 재화나 서비스 제공을 급부 내용으로 하는 다른 계약인 '본계약'을 성립시킬 수 있는 권리 발생을 목적으로 한다.

예약은 예약상 권리자가 가지는 권리의 법적 성질에 따라 두 가지 유형으로 나뉜다. 첫째는 채권을 발생시키는 예약이다. 이 채권의 급부 내용은 '예약상 권리자의 본계약 성립요구에 대해 상대방이 승낙하는 것'이다. 회사의 급식 업체 공모에 따라 여러 업체가 신청한 경우 그중 한 업체가 선정되었다고 회사에서 통지하면 예약이 성립한다. 이에 따라 선정된 업체가 급식을 제공하고 대금을 ⓛ <u>받기</u>로 하는 본계약 체결을 요청하면 회사는 이에 응할 의무를 진다. 둘째는 예약 완결권을 발생시키는 예약이다. 이 경우 예약상 권리자가 본계약을 성립시키겠다는 의사를 표시하는 것만으로 본계약이 성립한다. 가족 행사를 위해 식당을 예약한 사람이 식당에 도착하여 예약 완결권을 행사하면 곧바로 본계약이 성립하므로 식사 제공이라는 급부에 대한 계약상의 채권이 발생한다.

예약에서 예약상의 급부나 본계약상의 급부가 이행되지 않는 문제가 ⓒ <u>생길</u> 수 있는데, 예약의 유형에 따라 발생 문제의 양상이 다르다. 일반적으로 급부가 이행되지 않아 채권자에게 손해가 발생한 경우 채무자는 자신의 고의나 과실에서 비롯된 것이 아님을 증명하지 못하는 한 채무 불이행 책임을 진다. 이로 인해 채무의 내용이 바뀌는데 원래의 급부 내용이 무엇이든 채권자의 손해를 돈으로 물어야 하는 손해 배상 채무로 바뀐다.

만약 타인이 고의나 과실로 예약상 권리자가 가진 권리 실현을 방해했다면 예약상 권리자는 그에게도 책임을 ⓔ <u>물을</u> 수 있다. 법률에 의하면 누구든 고의나 과실에 의해 타인에게 피해를 ⓜ <u>끼치는</u> 행위를 하고 그 행위의 위법성이 인정되면 불법행위 책임이 성립하여, 가해자는 피해자에게 손해를 돈으로 배상할 채무를 지기 때문이다. 다만 예약상 권리자에게 예약 상대방이나 방해자 중 누구라도 손해 배상을 하면 다른 한쪽의 배상 의무도 사라진다. 급부 내용이 동일하기 때문이다.

06 윗글의 내용과 일치하지 않는 것은?

① 예약은 예약상 권리자가 가지는 권리의 법적 성질에 따라 채권을 발생시키는 예약과 예약 완결권을 발생시키는 예약으로 나눌 수 있다.

② 계약상의 채권은 계약이 성립하면 추가 합의가 없어도 발생하는 것이 원칙이다.

③ 불법행위의 책임은 계약 당사자 사이에 국한된다.

④ 채권은 어떤 사람이 다른 사람에게 급부를 요구할 수 있는 권리이고, 채무는 급부를 해주어야 할 의무이다.

⑤ 급부가 이행되지 않아 채권자에게 손해가 발생한 경우라도 채무자가 모든 채무 불이행 책임을 지지 않을 수도 있다.

07 문맥상 윗글의 ㉠~㉤의 단어와 가장 가까운 의미로 쓰인 것은?

① ㉠: 면접관들 앞에서 자신감을 <u>가지는</u> 것이 중요하다.

② ㉡: 미국에서 유학 중인 동생에게서 편지를 <u>받았다</u>.

③ ㉢: 우리 동네에 새로 <u>생긴</u> 옷가게에 가 보았다.

④ ㉣: 나는 공원에 가는 방법을 <u>물어</u> 보았다.

⑤ ㉤: 한겨울에 바닷물에 들어갔다가 나오니 온몸에 소름이 <u>끼쳤다</u>.

[08~09] 다음 보도자료를 보고 이어지는 물음에 답하시오.

LH, 국내 최대 규모 모듈러주택 건설로 OSC공법 활성화 앞장선다

LH는 2024년 세종 5-1생활권(스마트시티 국가시범도시) L5블록에 국내 최대 규모 모듈러주택을 스마트 턴키 방식으로 추진한다. 아울러 건설산업체계를 혁신하고 모듈러주택 시장 활성화를 위해 '2030 LH OSC주택 로드맵'을 수립했다고 밝혔다.
* OSC(Off-Site Construction) : 탈현장건설 기반으로 공장에서 주요 부재의 70% 이상을 사전 제작하여 현장으로 운반 후 조립하는 공법
* 스마트 턴키 : 공사 설계부터 시공까지 이르는 전 과정에 스마트 건설기술(모듈러, BIM 등)을 반영해 일괄입찰하는 방식

모듈러주택은 OSC 공법을 활용해 공장에서 부재의 80% 이상을 사전 제작해 현장에 운반 후 설치하는 주택이다. 철근콘크리트 공법 대비 약 30% 공사기간 단축이 가능하고, 건설 중 배출되는 탄소와 폐기물도 줄일 수 있어 친환경 건설이 가능하다.

공동주택 최초로 스마트 턴키 방식 적용
LH는 세종시 합강동 소재 세종 5-1생활권 L5블록에 국내 최초 공동주택 스마트 턴키 방식 사업을 적용해 총 450세대의 모듈러주택을 통합공공임대로 건설한다. 공사기간을 단축해 신속하게 주택을 공급할 뿐만 아니라 로봇배송, 제로에너지, 스마트 커뮤니티 등이 반영된 스마트 주거단지로 조성한다.
* 세종 L5블록 : 통합공공임대 1,327호(지상 12층), 모듈러주택 450호 적용되어 모듈러주택 세대수 기준으로 국내 최대 규모

모듈러주택 표준화 및 핵심기술 도입을 위해 설계 단계부터 제조사, 설계사, 건설사 등이 협업해 모듈러주택 특화 전용 평면을 적용한다. 아울러 층간소음 차단 성능 실증을 통해 국내 최고 수준의 바닥충격음 성능을 확보하고, 모듈러주택의 강점을 살려 장수명주택 인증도 추진한다. 2024년 3월 말 공사 입찰공고를 시작으로 입찰 참가자격 사전심사(4월), 설계도서 접수(8월), 설계평가(9월)를 거쳐 업체를 선정하여, 오는 2027년 5월 준공할 계획이다.

2030 LH OSC 로드맵 제시
□ LH는 국정과제인 모듈러주택 활성화와 OSC산업 선도를 위해 '2030 LH SC주택로드맵'을 수립하고 연내 국내 최초 모듈러주택 스마트 턴키방식(세종 5-1생활권 L5BL)과 국내 최고층(의왕초평 A4BL) 모듈러주택 건설을 함께 추진해 나간다.
□ 과거 OSC 방식은 프로젝트 위주의 단발성 시범사업으로 시행돼 경제성이 떨어지고 공사기간 단축 효과가 다소 미흡했다. LH는 로드맵을 통해 2030년까지 공사기간 50% 단축, 기존 공법 수준의 공사비 확보 등을 목표로 한 중장기 추진계획을 수립하고 점진적으로 모듈러·PC 주택 발주를 확대('23~25년 1천호/年→'26~29년 3천호/年)해 나갈 계획이다.
□ 국내 OSC 주택시장의 안정적 정착을 위해 모듈러주택 설계 표준화, 제품화를 위한 LH 자체기술을 개발하고, 민간 신기술도 검증할 수 있는 Test-Bed를 제공할 예정이다.

---

08 **위 보도자료의 내용과 일치하지 않는 것은?**

① 세종 L5블록의 통합공공임대 주택은 모듈러주택을 포함해 1,327호로 조성한다.
② LH의 OSC 로드맵에 따르면, 2026년 이후 모듈러·PC주택의 연간 발주량은 3천 호로 늘어난다.
③ 국내에는 스마트 턴키 방식을 적용하여 건설한 공동주택이 없다.
④ 세종 5-1생활권 L5블록 공동주택 사업은 2024년 입찰공고를 시작으로 2027년에 준공 예정이다.
⑤ 기존에 진행했던 OSC 방식의 경제성이 떨어졌던 것은 장기 프로젝트로 진행돼 공사기간 단축 효과가 미흡했기 때문이다.

09 위 보도자료에서 알 수 없는 것은?

① 모듈러주택의 장단점
② 세종 5-1생활권 L5블록의 주택건설 방식
③ 세종 5-1생활권 L5블록 주택단지 건설 일정
④ 세종 5-1생활권 L5블록의 주택 규모
⑤ '2030 LH OSC주택 로드맵'의 수립 배경

10 다음은 LH의 '페이퍼리스 청약서비스', 'MyMy 서비스'와 관련한 보도자료이다. 자료의 내용과 일치하지 않는 것은?

한국토지주택공사(LH)는 분양주택 자격검증 서류제출을 간소화하는 '페이퍼리스 청약서비스'를 개시한다고 2024년 9월 30일 밝혔다. 페이퍼리스 청약서비스는 청약신청, 당첨조회, 서류제출(행정안전부 공공 마이데이터 서비스 및 온라인 서류제출 서비스), 계약까지 종이 서류를 출력해 제출할 필요 없이 온라인으로 손쉽게 처리할 수 있는 서비스다.

그간 분양주택 당첨자는 자격 검증에 필요한 각종 서류를 직접 발급받거나 출력한 뒤 우편, 방문 등을 통해 제출해야만 했었다. 이제부터는 페이퍼리스 청약서비스를 통해 언제 어디서나 LH청약플러스(PC, 모바일앱)에 접속하여 간편하게 서류 제출이 가능하다. 아울러 LH청약플러스 모바일앱에서는 각종 증빙 서류를 촬영, 편집하여 바로 제출할 수 있어 보다 편리하게 서비스를 이용할 수 있다.

또한, '공공 마이데이터 서비스'의 본인정보 제공요구에 동의한 경우 주민등록표 등·초본, 가족관계증명서 등 주요 필수 서류 8종(주민등록표 등본, 주민등록표 초본, 가족관계증명서, 출입국에 관한 증명, 국내거소사실 증명, 외국인등록증, 한부모가족 증명서, 장애인 증명서)이 LH에 자동으로 제출돼 별도로 서류를 준비하지 않아도 된다. 공공 마이데이터 서비스는 당첨자 외 모든 세대원(만 14세 이상)의 본인정보 제공 요구가 필요하며, 세대원은 온라인서류제출 기능을 활용해 편리하게 본인정보 제공을 요구할 수 있다.

LH는 분양주택 페이퍼리스 청약서비스로 고객의 시간과 금전적 불편을 해소할 수 있을 뿐 아니라 정부와 LH의 데이터 연계로 업무 효율성을 크게 높일 수 있게 될 것으로 기대하고 있다.

한국토지주택공사(LH)는 임대주택 청약 시 제출 서류를 대폭 줄여주는 'MyMy서비스(My information! My home! 서비스)' 시범 운영을 마치고, 본격적으로 도입한다고 2024년 10월 28일 밝혔다. MyMy서비스는 행정안전부의 '공공 마이데이터'를 활용한 비대면 온라인 임대주택 공급 서비스다. 임대주택 신청 시 기관별로 서류를 발급받으러 다닐 필요 없이 '본인 정보 제공 요구서' 제출만으로 필수 서류 제출을 끝낼 수 있다.

LH는 시범 운영을 통해 MyMy서비스 안전성 검증을 마친 뒤, 당초 33종이었던 연계 본인정보에 가족관계증명서 등 8종을 더하여 총 41종의 서류를 한 번에 제출할 수 있도록 서비스를 확대 개편했다. 또한 청약 신청자뿐만 아니라 주민등록상 함께 거주 중인 세대원도 '공공 마이데이터 제공 요구'를 통해 각종 서류를 제출할 수 있다.

MyMy서비스는 2024년 10월 28일부터 행복주택, 매입임대, 영구임대, 국민임대 유형 청약 신청 시 활용할 수 있으며 신규 계약뿐만 아니라 재공급, 예비자계약 시에도 이용할 수 있다. 전세임대와 통합공공임대 유형은 시스템 구축 후 시범사업을 거쳐 2025년 적용될 예정이다.

LH는 MyMy서비스로 고객의 임대주택 신청에 드는 번거로움과 불편함은 줄이고, LH는 업무 신속성과 편의성을 대폭 높일 수 있을 것으로 기대하고 있다.

---

① '페이퍼리스 청약서비스'와 'MyMy서비스'는 공공 마이데이터 서비스 활용해 서류제출 과정을 간소화할 수 있다는 것이 공통점이다.
② 분양주택 당첨자는 서류를 직접 발급받은 뒤에 우편제출이나 방문제출만 가능했으나, '페이퍼리스 청약서비스'를 이용하면 PC나 모바일앱으로 서류를 제출할 수 있다.
③ '페이퍼리스 청약서비스' 이용 시 증빙서류를 따로 촬영하지 않고 LH청약플러스 모바일앱을 통해 서류를 촬영하거나 편집할 수도 있다.
④ 2024년 12월에 전세임대 청약 신청을 하는 경우 'MyMy서비스'를 이용하여 신청할 수 있다.
⑤ 임대주택 청약 신청을 하는 경우, 청약 신청자와 주민등록상 함께 거주 중인 세대원도 'MyMy서비스'로 최대 41종의 서류를 한 번에 제출할 수 있다.

[11~12] 다음 글을 읽고 이어지는 물음에 답하시오.

저출산 문제의 가장 큰 원인 중 하나로 지적되는 것이 바로 육아와 일을 병행하기 힘든 근무환경이다. 이러한 문제를 해결하기 위해 도입된 것이 바로 유연근무제이다. 유연근무제란 말 그대로 획일화된 근무 형태를 개인이 담당하는 업무, 기관별 특성에 맞게 다양화하여 생산성 향상과 가정 친화적 근무 환경을 동시에 마련할 수 있는 제도를 의미한다.

이러한 유연근무제의 종류는 시간 선택제, 탄력 근무제(시차 출퇴근형, 근무시간 선택형, 집약 근무형, 재량근무형 등), 원격 근무제(재택근무형, 스마트워크 근무형) 등으로 구분할 수 있다. 우선, 시간 선택제 근무는 주 40시간보다 짧게 근무하는 것을 의미하는데, 한 주에 최소 15시간에서 최대 30시간 이하로 근무하는 형태를 말한다. 이것은 주당 근무시간을 의미할 뿐 매일 같은 시간을 근무해야 한다는 것은 아니다. 다음으로 탄력 근무제는 출퇴근 시간을 자율적으로 조절하되 하루 8시간의 근무를 하는 시차 출퇴근형, 하루 근무시간은 사정에 맞게 조정하되 주당 근무 시간은 40시간으로 고정하는 근무시간 선택형, 하루 근무시간을 8시간 이상으로 하되 주 3.5일~4일 정도로 휴일을 늘리는 집약 근무형, 출퇴근의 의무 없이 프로젝트 단위로 투입되면 주 40시간을 인정해주는 재량 근무형이 있다. 마지막으로 원격 근무제는 사무실에 출퇴근하지 않고 자택에서 근무할 수 있는 재택근무형과 자택 근처에 마련된 스마트 워크센터나 별도의 사무실로 출근해 근무하는 스마트워크 근무형이 있다.

유연근무제는 자신이 근무할 시간과 장소를 스스로 선택하여 업무의 효율성을 높일 수 있다는 것이 가장 큰 장점이다. 또한 육아와 일을 병행할 수 있다는 장점도 있다. 또한 유연근무제를 통해 인력을 유동적으로 활용해 비용 절감과 생산성 향상을 동시에 이룰 수 있다. 그러나 현재의 제도 및 근무 환경하에서는 보수와 수당, 승진 등에서 차별이 발생하고, 근무시간 조정으로 인해 함께 일하는 동료의 업무 부담이 증가할 수 있다는 단점도 존재한다. 또한 유연근무제 도입이 비정규직 확대로 이어질 수도 있다.

이렇듯 현재 유연근무제는 장점과 단점이 공존하고 있는 것이 사실이다. 하지만 유연근무제 도입은 요즘 말하는 '워라밸(워크 라이프 밸런스)'을 가져올 수 있으며, 저출산·고령화 문제에도 어느 정도 대안을 마련해줄 수 있을 것이다. 따라서 유연근무제에 대한 심도 깊은 연구를 통해 앞서 언급된 여러 단점을 보완해 나가 제도 개선을 이룬다면 유연근무제를 통한 다양한 긍정적인 요소들이 한층 강하게 나타나게 될 것이다.

11 윗글에서 추론할 수 있는 것은?

① 유연근무제를 시행한다면 근무시간 감소로 인한 생산성 하락이 발생하게 될 것이다.
② 시간 선택제 근무를 실시하고 주당 근무시간을 15시간을 설정한다면, 매일 3시간씩 근무해야 한다.
③ 탄력근무제를 실시하고 시차 출퇴근형을 선택한다면, 하루에 근무하는 시간이 매일 달라질 것이다.
④ 유연근무제를 실시한다면 불규칙한 근무시간으로 인해 업무의 효율성이 저해될 것이다.
⑤ 유연근무제를 실시하게 된다면 인력을 유동적으로 활용할 수 있는 반면, 고용 불안정성이 증대될 수 있다.

12 윗글에서 언급한 유연근무제의 장단점을 〈보기〉에서 모두 고르면?

> **보기**
> ㉠ 업무 생산성을 높일 수 있다.
> ㉡ 보수와 수당, 승진 등에서의 차별이 발생할 수 있다.
> ㉢ 워라밸 있는 삶이 가능하다.
> ㉣ 동료와의 효율적 업무 분담이 가능하다.
> ㉤ 육아와 일의 병행이 가능하다.

① ㉠, ㉡, ㉣   ② ㉡, ㉢, ㉤
③ ㉠, ㉡, ㉢, ㉤   ④ ㉡, ㉢, ㉣, ㉤
⑤ ㉠, ㉡, ㉢, ㉣, ㉤

13 다음 글에서 추론할 수 있는 것은?

우리는 돈을 빌리는 대가로 이자를 지급하는 데 익숙하기 때문에 이자는 언제나 존재하는 자연스러운 것이라고 생각하기 쉽다. 회사는 채권 구매자에게서 얼마를 빌리든 이자를 줘야 하며, 영세업자 또는 회사원이 은행에서 돈을 빌리고자 할 때 역시 이자를 주어야 한다. 하지만 항상 이런 것은 아니었다. 돈을 빌려 쓰는 대가로 이자를 요구하는 것을 중대한 범죄로 여기던 때가 있었다. 중세 초기에는 이자를 받고 돈을 빌려주는 것을 금지했다. 기독교 세계 전역에서 교회라는 권력의 말은 곧 법이었다. 이 당시에는 국왕 역시 교회의 규범 아래에 놓였다.

교회는 이자를 받고 돈을 빌려주는 것이 곧 고리대금이고, 고리대금은 죄라고 말했다. '죄'라는 낱말이 강조되어 있는 이유는 당시 교회는 이런 식으로 선언하는 방식을 통해 사람들에게 영향을 미쳤기 때문이다. 특히 선언을 어기는 사람은 지옥에 떨어질 것이라고 위협함으로써 더욱 큰 영향을 미쳤다. 그러나 고리대금에 눈살을 찌푸린 것은 교회만이 아니었다. 도시정부와 국가정부도 고리대금을 금지하는 법률을 제정하였다.

이자를 받는 것에 대한 이런 태도가 어떻게 생겨났는지를 알기 위해서는 봉건제의 사회관계들을 되돌아봐야 한다. 상업이 소규모였고 이윤을 위해 돈을 투자할 기회가 거의 없었던 봉건 사회에서 어떤 사람이 돈을 빌리고자 했다면, 그는 틀림없이 부자가 되기 위해서가 아니라 그 돈이 없었으면 살 수 없기 때문이었을 것이다. 그런 상황에서는 도와주는 사람이 그의 불행에서 이익을 얻어서는 안 된다는 것이 중세의 관념이었다. 선량한 기독교인은 이익을 생각하지 않고 이웃을 도와야 한다는 것이다.

중세 교회는 인간의 모든 활동에는 옳고 그름이 있다고 가르쳤다. 인간의 종교활동에 관한 옳고 그름의 기준은 사회활동에 관한 그것과 다르지 않았고, 더욱 중요하게는 인간의 경제활동에 관한 옳고 그름의 기준과도 전혀 다르지 않았다. 이처럼 옳고 그름에 관한 교회의 규범은 존재하는 모든 것에 똑같이 적용되었다. 또한 교회는 사람의 지갑에 이로운 것이 영혼에는 해로운 경우에 정신적 행복이 먼저라고 가르쳤다. 만약 누군가가 어떤 거래에서 마땅히 받아야 하는 것 이상을 받았다면 상대방을 희생시킨 결과일 것이고, 그것은 잘못된 일이었다.

① 중세 이전에는 돈을 빌리는 데 있어 이자라는 개념이 존재하지 않았다.
② 이익을 생각하지 않고 이웃을 돕는 자는 선량한 기독교인이다.
③ 중세 초기 낮은 이자를 받고 돈을 빌려주는 것은 허용되었을 것이다.
④ 도시정부와 국가정부는 교회의 요구로 고리대금을 금지하는 법을 제정하였다.
⑤ 옳고 그름에 관한 중세 교회의 기준은 평민, 귀족과 국왕, 성직자 모두에게 동일하게 적용되었다.

14 다음 글이 자연스럽게 이어지도록 (가)~(마)를 순서대로 배열한 것은?

> (가) 현대 우주론의 또 다른 화두는 우주 속에서 은하와 은하단과 같은 거대 구조가 어떤 과정으로 만들어졌는지에 대한 것이다. 우주의 팽창에 대한 이론으로는 이 과정을 이해할 수 없기 때문이다. 연구자들은 지금까지 관찰한 은하 중 가장 작은 은하를 구성하는 별들을 공간에 마구 흩어 놓아 초기 조건을 만들고 은하가 물리 법칙에 의해 생겨나는 것을 컴퓨터로 시뮬레이션하였다.
>
> (나) 그 결과 은하가 생기는 데 걸리는 시간은 우주의 나이의 약 100배나 되었다. 은하가 만들어지는 데 걸리는 시간이 우주의 나이보다도 긴 이 실험 결과는 과학자들을 당혹스럽게 하고 있다.
>
> (다) 우주의 나이는 우주에 있는 무엇인가의 나이를 측정하는 방법으로도 구할 수 있다. 우주 내에서 가장 오래된 천체로 밝혀진 구상성단의 나이는 140억 년이다. 그렇다면 지금까지 허블상수로 추정했던 우주의 나이가 잘못됐다는 결론이 나온다. 이를 '우주의 나이 문제'라고 한다.
>
> (라) 이 문제를 해결하기 위해 과학자들은 우주의 팽창 속도가 일정하다는 가설을 포기해야만 했다. 우주 팽창 속도가 처음에는 느렸고 점차 증가하여 현재의 속도에 이르렀다면 평균 속도는 현재의 절반 정도로 설정할 수 있을 것이다. 평균 팽창 속도가 지금보다 느렸다면 우주가 현재처럼 팽창하는 데 걸리는 시간은 길어지게 된다. 과학자들은 이 같은 논리를 바탕으로 '팽창 속도 이론'을 만들어 우주의 나이 문제를 해결할 수 있게 되었다. 이에 따르면 우주의 나이는 145~155억 년으로 추정된다.
>
> (마) 과학자들은 태초에 있었던 대폭발, 즉 빅뱅을 우주의 시작이라고 본다. 이 대폭발 이후 우주는 팽창해 왔는데, 과학자들은 이를 통해 우주의 나이를 계산하고자 했다. 허블은 어떤 은하가 우주의 중심에서 멀어지는 속도는 우주의 중심에서 그 은하까지의 거리에 비례한다고 주장했다. 이 비례상수를 허블상수라고 한다. 우주의 팽창 속도가 태초부터 현재까지 변하지 않았다면 허블상수의 역수는 우주의 나이가 되며, 이로부터 구한 우주의 나이는 115~125억 년이다.

① (가) - (나) - (마) - (라) - (다)

② (마) - (가) - (다) - (라) - (나)

③ (가) - (나) - (마) - (다) - (라)

④ (마) - (다) - (라) - (가) - (나)

⑤ (마) - (라) - (다) - (나) - (가)

15 농도가 25%인 설탕물에서 물 100g을 증발시키면 농도가 30%인 설탕물이 된다고 한다. 이때 물을 증발시키지 않고 설탕을 넣어 농도를 30%로 만들 경우 넣어야 하는 설탕의 양은?

① $\dfrac{30}{7}$g   ② 40g

③ $\dfrac{300}{7}$g   ④ 50g

⑤ 75g

16 A테니스 동호회의 총인원은 90명이며 남녀 비율은 8 : 7이다. 제4회 정기 연습에 참여한 인원 중 여성 회원이 18명이다. 참석한 남성회원 중 9명이 다른 대회에 참여하기 위해 먼저 떠났을 때, 남녀 비율이 3 : 2였다. 정기 연습에 완전히 불참한 남성회원은 몇 명인가?

① 10명   ② 12명

③ 14명   ④ 16명

⑤ 18명

17 A, B, C 세 모둠 학생들에게 사탕을 나누어 주었다. A모둠은 B모둠보다 3명이 더 많고, B모둠은 C모둠보다 3명이 더 많다. A모둠 학생들은 B모둠 학생들보다 한 사람당 사탕을 3개씩 적게 나누어 가졌고, B모둠 학생들은 C모둠 학생들보다 한 사람당 사탕을 2개씩 적게 나누어 가졌다. A모둠에게 준 사탕 수의 합은 B모둠에게 준 사탕 수의 합보다 18개가 적고, B모둠에게 준 사탕 수의 합은 C모둠에게 준 사탕 수의 합보다 5개가 많다면 세 모둠 학생들에게 나누어 준 사탕의 수는 모두 몇 개인가?

① 90개   ② 94개

③ 97개   ④ 100개

⑤ 107개

18 수조에 물을 가득 채우는 데 수도관 A를 이용하면 15분, 수도관 B를 이용하면 20분이 걸린다고 한다. 수도관 A, B를 함께 이용하여 5분 동안 물을 받다가 수도관 A로만 물을 받으려고 한다. 이 수조에 물을 가득 채우려면 수도관 A로 물을 몇 분 더 받아야 하는가?

① 1분 30초
② 2분 45초
③ 3분
④ 5분 15초
⑤ 6분 15초

19 다음은 일정한 규칙으로 수를 나열한 것이다. 빈칸에 들어갈 수로 옳은 것은?

3	9	6	18	15	45	( )	

① 90
② 87
③ 42
④ 40
⑤ 36

20 다음은 일정한 규칙으로 수를 나열한 것이다. 빈칸에 들어갈 수로 옳은 것은?

6	5	10	14	23	36	58	93	( )

① 114
② 128
③ 133
④ 146
⑤ 150

[21~22] 다음은 2020~2023년 Y대학교의 학과별 입학정원 및 지원자 수에 관한 자료이다. 이를 보고 이어지는 물음에 답하시오.

Y대학교 학과별 입학정원

(단위 : 명)

학과 \ 성별	전체	남성	여성
국어국문학과	565	500	65
화학공학과	345	300	45
신소재공학과	185	154	31
건축학과	250	209	41
실용예술학과	105	19	86

※ 2020~2023년 동안 Y대학교 학과별·성별 입학정원은 변동 없음
※ Y대학교에는 위의 5개 학과만 존재한다고 가정함

2020~2023년 Y대학교 학과별 지원자 수

(단위 : 명)

학과 \ 연도·성별	2020년			2021년			2022년			2023년		
	전체	남성	여성	전체	남성	여성	전체	남성	여성	전체	남성	여성
국어국문학과	3,075	2,117	958	3,503	2,215	1,288	2,767	1,725	1,042	2,638	1,578	1,060
화학공학과	11,383	8,159	3,224	14,766	10,218	4,548	8,758	6,042	2,716	8,183	5,723	2,460
신소재공학과	6,907	4,834	2,073	3,511	2,444	1,067	3,966	2,660	1,306	3,796	2,516	1,280
건축학과	10,977	6,637	3,430	12,516	8,089	4,427	5,828	4,050	1,778	5,325	3,493	1,832
실용예술학과	4,403	569	3,834	4,095	610	3,494	2,601	346	2,255	2,499	285	2,214

21 위 자료에 대한 설명으로 옳은 것은?

① Y대학교 전체 지원자 수가 가장 많은 연도는 2020년이다.
② 2020년 전체 지원자 수 대비 2023년 전체 지원자 수 비율이 가장 낮은 과는 건축학과이다.
③ Y대학교의 모든 과는 매년 여성보다 남성 지원자가 많다.
④ 국어국문학과는 남성 지원자 수의 전년 대비 증감률이 가장 큰 연도에 여성 지원자 수의 전년 대비 증감률도 가장 크다.
⑤ 화학공학과와 신소재공학과의 여성 지원자 수 대비 여성 입학정원 비율이 가장 높은 연도는 동일하다.

22 2023년 국어국문학과의 여성 지원자 수 대비 여성 입학정원 비율과 건축학과의 남성 지원자 수 대비 남성 입학정원 비율의 차로 옳은 것은? (단, 소수점 둘째 자리에서 반올림하여 계산한다.)

① 0.1%p
② 0.3%p
③ 0.5%p
④ 0.8%p
⑤ 1.0%p

23 다음은 갑 국가의 연도별 무역 현황에 대한 자료이다. 이에 대한 설명으로 옳지 않은 것은?

갑 국가의 무역 현황

(단위 : 천 원)

구분	수출	이출	수출 및 이출	수입	이입	수입 및 이입
2017년	6,448	28,587	35,035	24,648	39,047	63,695
2018년	9,320	40,901	50,221	18,159	41,535	59,694
2019년	14,855	42,964	57,819	22,675	52,459	75,134
2020년	20,233	64,726	84,959	31,396	72,696	104,092
2021년	18,698	137,205	155,903	43,152	117,273	160,425
2022년	22,099	199,849	211,948	98,159	184,918	283,077

갑 국가 A, B지역의 무역 현황

(단위 : 천 원)

구분	수출 및 이출		수입 및 이입	
	A지역	B지역	A지역	B지역
2017년	631	5,256	11,137	14,217
2018년	1,040	8,131	11,445	12,833
2019년	2,235	7,139	14,763	17,394
2020년	2,244	9,869	19,065	21,294
2021년	4,382	15,655	29,271	29,083
2022년	4,880	26,375	51,834	64,613

※ 이출(입) : 갑 국가 내에서 일어난 수출(입)
　수출(입) : 갑 국가 이외의 국가에 대한 수출(입)
　무역 규모 : 수출 + 이출 + 수입 + 이입

① 매년 갑 국가의 무역 규모는 증가하고 있다.
② 2022년 갑 국가의 수출 및 이출에서 이출이 차지하는 비중이 더 크다.
③ 2018년 갑 국가 전체의 수입 및 이입은 A와 B지역의 수입 및 이익의 총합보다 2배 이상 많다.
④ 갑 국가 내에서 일어난 수출과 수입이 가장 많은 해에, 이 두 금액의 차이는 1,500만 원 이하이다.
⑤ 2020년 B지역의 무역 규모는 같은 해 A지역의 무역 규모보다 천만 원 이상 많다.

[24~25] 다음은 OECD 주요 국가의 주택 관련 자료이다. 이를 보고 이어지는 물음에 답하시오.

연도별 OECD 주요국의 1인당 부동산 중개소 방문 횟수

(단위 : 회)

구분	2012년	2013년	2014년	2015년	2016년	2017년	2018년	2019년
스웨덴	2.9	3	2.9	2.9	2.9	2.9	2.8	2.8
프랑스	6.7	6.8	6.7	6.4	6.3	6.2	6.1	6.1
독일	9.9	9.7	9.7	9.9	9.9	10	10	9.9
일본	13.1	13	12.9	12.8	12.7	12.8	12.6	12.6
한국	13.5	12.5	14.3	14.6	16.3	16.0	16.6	16.6

연도별 한국의 전·월세 비중

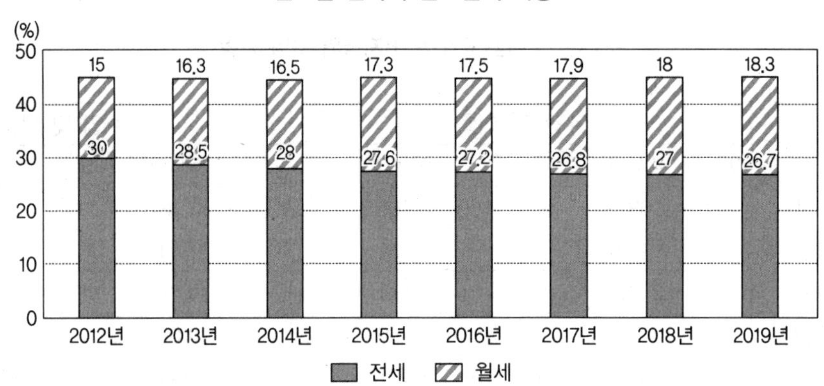

※ 주택 보유 유형은 자가, 전세, 월세로 구성됨

---

24 위 자료에 대한 설명으로 옳지 않은 것을 〈보기〉에서 모두 고르면?

보기
㉠ 한국의 전세 비중이 가장 낮은 해에 월세 비중의 전년 대비 증가 폭은 0.3%p이다.
㉡ 일본의 1인당 부동산 중개소 방문 횟수가 가장 많은 해에 한국의 자가 주택 보유 비중은 50% 이하이다.
㉢ 조사 기간 동안 한국의 전·월세 증감 추이는 동일하다.
㉣ 2015년 이후 독일의 1인당 부동산 중개소 방문 횟수는 스웨덴과 프랑스의 1인당 부동산 중개소 방문 횟수의 합보다 항상 많다.

① ㉠, ㉢
② ㉡, ㉢
③ ㉢, ㉣
④ ㉠, ㉡, ㉣
⑤ ㉡, ㉢, ㉣

25 한국의 전·월세 비중의 차이가 가장 큰 해와 가장 작은 해의 한국의 부동산 중개소 방문 횟수 합은?
① 29.3회
② 30회
③ 30.1회
④ 31.2회
⑤ 32.3회

26 다음은 서울 및 수도권 지역의 가구를 대상으로 난방방식 현황 및 난방연료 사용 현황에 대해 조사한 자료이다. 이에 대한 설명으로 옳지 않은 것은?

난방방식 현황

(단위 : %)

종류	서울	인천	경기 남부	경기 북부	평균
중앙난방	22.3	13.5	6.3	11.8	14.4
개별난방	64.3	78.7	26.2	60.8	58.2
지역난방	13.4	7.8	67.5	27.4	27.4

난방연료 사용 현황

(단위 : %)

종류	서울	인천	경기 남부	경기 북부	평균
도시가스	84.5	91.8	33.5	66.1	69.5
LPG	0.1	0.1	0.4	3.2	1.4
등유	2.4	0.4	0.8	3.0	2.2
열병합	12.6	7.4	64.3	27.1	26.6
기타	0.4	0.3	1.0	0.6	0.3

① 도시가스를 난방연료로 사용하는 가구 비율이 가장 낮은 지역은 경기 남부이다.
② 경기 북부가 경기 남부보다 지역난방을 사용하는 비중이 낮고 개별난방을 사용하는 비중이 높다.
③ 경기 남부를 제외한 모든 지역에서 가장 많이 사용하는 난방연료는 도시가스이다.
④ 서울 및 수도권에서 가장 많이 사용하는 난방방식은 개별난방이다.
⑤ 개별난방 방식의 비중이 가장 높은 지역은 서울이다.

27 다음은 고정자산 유형별 총 고정투자액과 투자율에 대한 자료이다. 이에 대한 설명으로 옳은 것은?

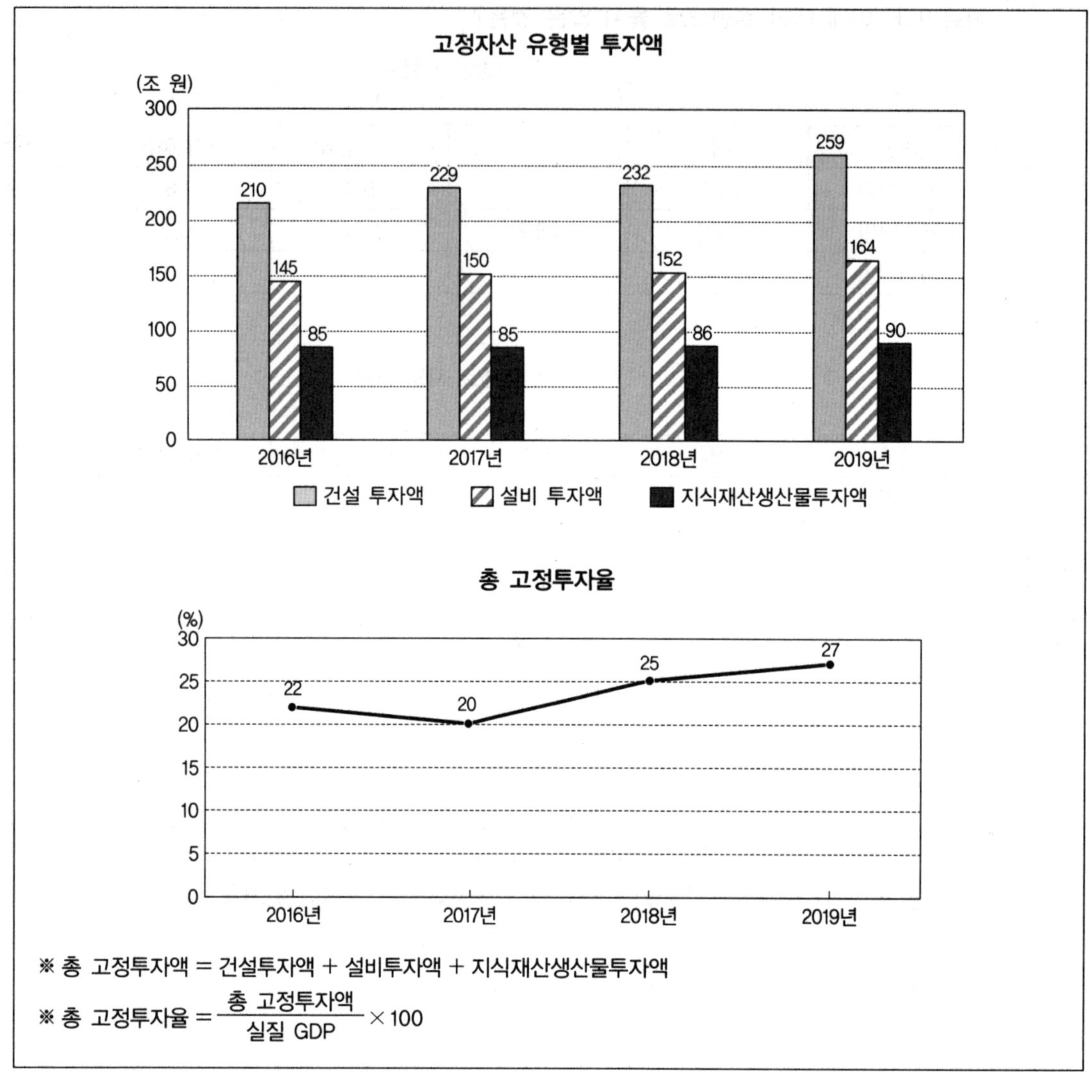

※ 총 고정투자액 = 건설투자액 + 설비투자액 + 지식재산생산물투자액

$$※ \text{총 고정투자율} = \frac{\text{총 고정투자액}}{\text{실질 GDP}} \times 100$$

① 건설투자액과 설비투자액이 감소하여 총 고정투자액이 감소하면, 실질 GDP는 감소할 것이다.

② 2017년의 총 고정투자율이 가장 낮으므로 2017년의 실질 GDP가 가장 낮다.

③ 2018년의 실질 GDP는 1,900조 원 이상이다.

④ 2019년 총 고정투자율은 2016년 총 고정투자율의 1.2배 이상이나 2019년의 실질 GDP는 2016년의 실질 GDP보다 낮다.

⑤ 총 고정투자액은 매년 증가하므로 실질 GDP도 매년 증가한다.

28 A, B, C, D, E 5명의 사람이 검은색 펜 1개, 빨간색 펜 2개, 흰색 펜 2개를 나누어 가졌다. 이 중 3명은 참을, 2명은 거짓을 얘기한다고 할 때, 검은색 펜을 가진 사람은 누구인가?

> A : 나는 흰색 펜을 가지고 있어. C는 빨간색 펜을 갖고 있어.
> B : 나는 흰색 펜을 가지고 있어. D가 검은색 펜을 갖고 있어.
> C : 나는 빨간색 펜을 가지고 있어. E는 흰색 펜을 갖고 있어.
> D : 나도 빨간색 펜을 갖고 있어. A는 흰색 펜을 갖고 있어.
> E : 난 검은색 펜을 갖고 있어. A는 빨간색 펜을 갖고 있어.

① A   ② B
③ C   ④ D
⑤ E

29 M회사에서는 사내 프로젝트를 진행하기 위해 9명의 직원을 뽑아 3명씩 3팀으로 나누었다. 다음 조건을 참고할 때, 3팀에 속하는 직원은?

> • A, B, C, D의 직급은 대리이고, E, F G, H, I의 직급은 사원이다.
> • B는 1팀에 속한다.
> • C와 F는 2팀이다.
> • 한 팀에는 적어도 한 명의 대리가 있다.
> • H는 두 명의 대리와 같은 팀이다.
> • A와 I는 같은 팀이다.
> • E는 F와 같은 팀이 아니다.

① A, E, G   ② A, E, H
③ A, E, I   ④ D, E, H
⑤ D, H, I

30 다음 밑줄 친 부분에 들어갈 말로 적절한 것은?

> 소금이 들어간 음식은 짜다.
> 소금이 들어가지 않은 모든 음식에는 설탕이 들어간다.
> 그러므로, _______________________________

① 짜지 않은 음식에는 설탕이 들어가지 않았다.
② 설탕이 들어간 음식은 모두 짜지 않다.
③ 짜지 않은 음식에는 설탕이 들어간다.
④ 짠 음식에는 모두 소금이 들어간다.
⑤ 짠 음식에는 설탕이 들어가지 않았다.

31 다음 명제가 모두 참일 때, D회사보다 월급이 많은 회사는 모두 몇 개인가?

> A회사는 B회사보다 월급이 많다.
> C회사는 B회사보다 월급이 많다.
> D회사는 C회사보다 월급이 많다.
> E회사는 D회사보다 월급이 적다.
> F회사는 B회사보다 월급이 적다.

① 1개 ② 2개
③ 3개 ④ 4개
⑤ 알 수 없다.

32 다음 보도자료를 바탕으로 〈보기〉의 갑, 을, 병 가족이 전세임대주택에 입주하여 부담하는 월임대료를 최소로 산정하여 그 합을 구하면? (단, 월임대료에서 천 원 미만은 절사한다.)

LH, 수급자·고령자 등 전세임대주택 4천 호 입주자 모집

LH는 2024년 3월 19일 수급자·고령자 등 대상 전세임대주택 입주자 정기 모집공고를 실시한다고 밝혔다. 공급호수는 총 4천 호이며 수도권, 광역시 및 인구 8만 이상 지역 등 총 90개 도시를 대상으로 공급한다. 전세임대사업은 입주대상자로 선정된 자가 거주를 원하는 주택을 직접 물색하면 LH가 주택 소유자와 전세계약을 체결한 뒤 이를 입주대상자에게 저렴하게 재임대하는 제도이다. 원하는 주택을 직접 고를 수 있고, LH가 직접 보증보험 가입을 진행해 보증금 보호와 보험비용 절감이 가능하다.

2024년 LH 전세임대 목표는 약 3.1만 호이며, 이번 공고는 수급자·고령자 등을 대상으로 한다. 공급호수 4천 호의 3배수인 최대 1.2만 명까지 예비 입주자를 선정하며, 잔여 물량은 긴급주거대상자 등 취약계층에게 수시로 공급할 계획이다. 신혼, 다자녀 등 그 외 유형은 연내 순차적으로 모집한다.

〈2024년도 LH 전세임대 유형별 공급계획〉

(단위 : 호)

구분	계	수급자 등	다자녀	고령자	신혼부부	청년
공급계획	31,190	8,440(27%)	2,250(5%)	3,000(8%)	7,000(15%)	10,500(26%)

* 전세사기피해자 우선공급을 위한 별도 물량 0.2만 호 포함

신청자격은 입주자모집 공고일('24.3.19) 기준 관할 사업대상지역에 거주하는 무주택세대구성원으로서 1순위에 해당하는 생계·의료급여 수급자, 보호대상 한부모가족, 주거지원 시급가구, 장애인, 고령자이다. 입주자로 선정되면 신청 공급지역이 속한 도(道) 내 주택을 선택할 수 있다. 다만 특별시(또는 광역시)에서 신청한 경우는 해당 특별시(또는 광역시) 주택을 공급받을 수 있다.

전세보증금 지원한도액은 수도권 1억 3천만 원, 광역시 9천만 원, 기타 지역 7천만 원이다. 지원 한도 내 전세보증금의 2% 또는 5%에 해당하는 금액은 입주자 임대보증금으로 부담하며, 월임대료는 전세보증금 중 입주자 임대보증금을 제외한 금액에 연 1~2%의 금리를 적용해 산정된다. 최초 임대기간은 2년이며, 최장 30년(재계약 14회)까지 거주할 수 있다. 단, 재계약 당시 고령자 또는 중증장애인 및 1순위 요건을 갖춘 자는 재계약 횟수를 제한하지 않는다.

신청은 2024년 4월 15일부터 4월 19일까지 주민등록지 소재 행정복지센터를 통해 가능하다. 신청 후 약 12주간의 자격검증 절차를 거치며, 7월 이후 해당지역 관할 LH 지역본부에서 당첨자를 발표한다. 기타 자세한 사항은 LH청약플러스에 게시된 공고문을 통해 확인 가능하며, LH 전세임대 콜센터(1670-0002)를 통해 상담받을 수 있다.

보기

갑 가족: 보호대상 한부모가족에 해당한다. 서울의 전세 1억 원인 전세임대주택을 신청하였다.
을 가족: 고령자 가구에 해당한다. 대전의 전세 1억 2천만 원인 전세임대택을 신청하였다.
병 가족: 장애인 가구에 해당한다. 경주의 전세 6천만 원인 전세임대주택을 신청하였다.

① 197,000원　　　　　　　② 205,000원
③ 215,000원　　　　　　　④ 226,000원
⑤ 233,000원

33 P회사의 김 과장은 새로 부임한 이사와 함께 전국의 주요 지사를 방문하는 출장을 계획하고 있다. P회사의 여비 규정과 김 과장이 세운 출장 일정이 다음과 같을 때, 주어진 일정에 소요되는 여비는 얼마인가? (단, 두 사람의 경비를 모두 합하여 계산한다.)

여비 규정

제00조(여비의 지급 기준)
　① 국내 출장 시 여비는 <별표 1>에 정하는 바에 의한다.
　② 국내 여비의 신청은 '별지 제2호 서식'에 의한다.

제00조(여비의 적용)
　① 철도 여행에는 철도운임, 수로 여행에는 선박운임, 항공 여행에는 항공운임, 철도 이외의 육로 여행에는 자동차운임을 지급한다.
　② 일비 및 식비는 출장 일수에 따라 지급함을 원칙으로 한다.
　③ 숙박비는 숙박하는 일수에 따라 이를 지급한다. 다만, 수로 여행과 항공 여행에는 숙박비를 지급하지 아니하되, 천재지변 기타 부득이한 사유로 육상에서 숙박을 요하는 경우에는 이를 지급한다.

〈별표 1〉

직급	교통비				일비 (1인당)	숙박비 (1인당)	식비 (1인당)
	철도운임	선박운임	항공운임	자동차운임			
임원	실비	실비	실비	실비	20,000원	실비	실비
이하 직원	실비	실비	실비	실비	15,000원	70,000원	36,000원

출장 일정

일자	시간	내용	비고
1일 차	09:00~11:30	본사 → 대전 지사	철도 이용 23,000원/1인
	12:00~14:00	오찬	식사 비용 75,000원/1인
	14:00~18:00	지점 현황 브리핑 및 의견 청취	지사 회의실
	18:00~19:00	숙소 이동	숙박 비용 90,000원/1인
2일 차	10:00~12:00	대전 지사 → 대구 지사	철도 이용 19,000원/1인
	13:00~15:00	경북 운영위원회 간담회 참석	L호텔 컨퍼런스 홀
	15:00~16:00	대구 지사 → 본사	철도 이용 43,000원/1인

① 447,000원　　　　　　　　② 547,000원
③ 647,000원　　　　　　　　④ 747,000원
⑤ 847,000원

34 송 대리는 제주도에서 열리는 세미나를 위해 세미나실을 대관하고자 한다. 송 대리가 정리한 세미나실 대관 비용 비교표와 체크 리스트를 참조하여 요구되는 조건에 맞춰 최저비용으로 세미나실을 예약하고자 할 때, 가장 적절한 판단은?

■ 세미나실 대관 비용 비교표

세미나실 대관 비용

구분	수용인원	대관료		연간 회원 가입비	회원 혜택
		평일	주말		
A호텔	250명	500,000원	600,000원	100,000원	대관료 5% 할인
B호텔	350명	700,000원	800,000원	100,000원	대관료 10% 할인
C호텔	350명	650,000원	900,000원	200,000원	대관료 20% 할인
D리조트	350명	600,000원	800,000원	—	—

부대 장치 대여 비용

구분	A호텔	B호텔	C호텔	D리조트
빔 프로젝터 대여비 (1대당)	무료	3,000원	무료	무료
노트북 대여비 (1대당)	2,000원	1,500원	3,000원	2,000원
아이패드 대여비 (1대당)	1,000원	500원	무료	1,000원
통역기 대여비 (1대당)	500원	500원	무료	600원

※ 대관 및 대여 요금은 1일 대관 및 대여를 기준으로 한다.

■ 체크 리스트
일시 : 2026. 5. 13. (수요일)
장소 : 제주도
참석인원 : 300명 예상
√ 필요 장비 : 빔 프로젝터 3대 / 노트북 30대 / 통역기 인당 1대(총 300대)
√ 대관료 및 필요 장비를 포함하여 비용이 가장 저렴한 세미나실을 예약한다.
√ 최소 300명 이상의 인원을 수용할 수 있는 세미나실을 예약한다.
√ 필요 장비는 모두 세미나실 대관업체를 통해 현장에서 대여한다.

① C호텔 세미나실의 경우, 신규로 연간회원에 가입하면 총 비용을 줄일 수 있다.
② 필요한 조건을 충족시키며 비용을 가장 많이 줄일 수 있는 선택은 D리조트의 세미나실을 예약하는 것이다.
③ 필요한 조건을 충족시키며 비용을 가장 많이 줄일 수 있는 선택은 A호텔의 세미나실을 예약하는 것이다.
④ 필요한 조건을 충족시키며 비용을 가장 많이 줄일 수 있는 선택은 C호텔의 세미나실을 예약하는 것이다.
⑤ 송 대리가 세미나실 대관과 장비 대여를 위해 지불할 금액은 840,000원이다.

[35~36] 다음은 탄소중립포인트 관련 자료이다. 이를 보고 이어지는 물음에 답하시오.

◎ 탄소중립포인트 에너지란?
탄소중립포인트 에너지는 기후위기 대응을 위하여 온실가스를 줄일 수 있도록 가정, 상업 등에서 전기, 상수도, 도시가스의 사용량을 절감하고 감축률에 따라 탄소포인트를 부여하는 전국민 온실가스 감축 실천 제도이다.

◎ 인센티브 지급
1. 포인트 부여
가정 내 사용하는 에너지 항목(전기, 상수도, 도시가스)을 전년도 월별 평균 사용량과 올해 월평균 사용량을 비교하여 절감비율에 따라 탄소포인트를 부여(1탄소포인트 = 최대 2원)

2. 탄소포인트 지급기준
(1) 개인
온실가스 감축률에 따라 탄소포인트 부여
가. 감축 인센티브: 감축률 5% 이상인 참여자에게 지급

감축률	전기	상수도	도시가스
5% 이상~10% 미만	5,000P	750P	3,000P
10% 이상~15% 미만	10,000P	1,500P	6,000P
15% 이상	15,000P	2,000P	8,000P

나. 유지 인센티브: 2회 이상 연속으로 5% 이상 감축하여 인센티브를 받은 참여자가 이어서 0% 초과 ~ 5% 미만의 감축률을 유지할 경우 지급

감축률	전기	상수도	도시가스
0% 초과~5% 미만	3,000P	450P	1,800P

(2) 상업(법인), 학교
온실가스 감축률에 따라 탄소포인트 부여
가. 감축 인센티브: 감축률 5% 이상인 참여자에게 지급

감축률	전기	상수도	도시가스
5% 이상~10% 미만	20,000P	3,000P	12,000P
10% 이상~15% 미만	40,000P	6,000P	24,000P
15% 이상	60,000P	8,000P	32,000P

나. 유지 인센티브: 4회 이상 연속으로 5% 이상 감축하여 인센티브를 받은 참여자가 이어서 0% 초과 ~ 5% 미만의 감축률을 유지할 경우 지급

감축률	전기	상수도	도시가스
0% 초과~5% 미만	12,000P	1,800P	7,200P

35 갑의 2023년과 2024년 전기, 상수도, 도시가스 월평균 사용량이 다음과 같을 때, 2024년 기준 갑이 받게 될 탄소중립 포인트는 얼마인가? (단, 갑은 개인이며, 제시된 사용량은 가정에서 사용한 이용량이다.)

연도	전기(kWh)	상수도(m^3)	도시가스(m^3)
2023년	460	15	85
2024년	400	17	67

① 7,000포인트   ② 12,000포인트

③ 15,000포인트   ④ 18,000포인트

⑤ 22,000포인트

36 법인 A, B의 2021~2024년 전기, 상수도, 도시가스 월평균 사용량이 다음과 같을 때, 이에 대한 설명으로 옳은 것을 〈보기〉에서 모두 고르면?

구분	전기(kWh)		상수도(m^3)		도시가스(m^3)	
	A	B	A	B	A	B
2021년	12,000	27,000	2,500	2,400	500	380
2022년	10,000	30,000	2,000	2,500	550	330
2023년	10,000	28,000	1,600	2,800	500	300
2024년	11,000	24,000	1,500	2,800	450	350

보기

㉠ 법인 A는 총 100,000P 이상의 탄소포인트를 받을 수 있다.
㉡ 법인 B가 받게 되는 탄소포인트는 96,000P이다.
㉢ 법인 A와 B의 2025년 월평균 전기 사용량이 전년도보다 5% 이상 줄었다면, 법인 A는 12,000P의 유지 인센티브를 받을 수 있다.

① ㉠, ㉡   ② ㉠, ㉢

③ ㉡, ㉢   ④ ㉠

⑤ ㉢

[37~38] 다음은 ○○공사에서 제공하는 부지 개발 사업 공사 및 운영에 대한 입찰공고이다. 이를 보고 이어지는 물음에 답하시오.

입찰공고

1. **세부사항**
   가. 입찰건명 : □□구 XX동 부지 개발 사업 공사 및 운영
   나. 계약기간 : 계약체결일부터 완공 후 최대 20년까지

2. **평가기준**
   평가 총점은 200점 만점으로 하여 총점이 가장 높은 업체를 우선협상 대상자로 선정한다. 사업계획서 평가의 평가항목 및 배점은 다음과 같다. (단, 총점이 동일할 경우, 배점이 가장 높은 평가항목의 점수가 높은 업체를 우선 선정한다.)

사업계획서 평가

소계	신용등급	가격평가	사업실적
배점	70	100	30

3. **평가항목**
   (1) 신용등급
   신용등급과 자본총계 중 유리한 것을 점수로 인정하여 평가한다.

신용등급 평가

신용등급	자본총계	점수
A+	2,000억 원 이상	70
AO	1,000억 원 이상 2,000억 원 미만	65
B+	500억 원 이상 1,000억 원 미만	60
BO	500억 원 미만	50

   (2) 가격평가
   - 자산개발수익금 납부 비율(50점 만점) + 사업운영기간(50점 만점)
   - 사업운영기간은 최대 25년으로, 점수로 반영할 때는 {운영기간 × 2}를 한다.

자산개발수익금 납부 비율별 점수

비율(%)	10 이상	8 이상 10 미만	6 이상 8 미만	5 이상 6 미만	5 미만
점수	50	47	42	40	35

   (3) 사업실적
   제출한 사업실적 연면적으로 평가한다.

사업실적	점수
30,000m^2 이상	30
10,000m^2 이상 30,000m^2 미만	25
10,000m^2 미만	20

37 위 공고문을 보고 갑, 을, 병, 정, 무 5개의 업체가 지원하였다. 업체 정보가 다음과 같을 때, 우선협상 대상자가 될 수 있는 업체는?

업체 정보

업체	신용등급	자본총계(억 원)	사업실적(m²)	수익금 납부 비율(%)	사업운영기간(년)
갑	A+	2,600	40,000	7	15
을	AO	2,400	35,000	9	22
병	B+	1,650	7,000	10	13
정	B+	800	16,000	4	16
무	AO	1,600	12,000	6	25

① 갑   ② 을
③ 병   ④ 정
⑤ 무

38 ○○공사 개발팀은 〈보기〉와 같이 사업계획서 평가기준을 수정하기로 했다. 위 문제의 갑~무 업체만을 고려하여 수정한 기준으로 업체를 선정하려고 할 때, 우선협상 대상자로 선정되는 업체는?

> 보기
> - 사업계획서 평가지표의 배점을 신용등급 70점, 가격평가 80점, 사업실적 50점으로 한다.
> - 가격평가 항목의 점수는 사업운영기간만을 반영한다. 이때 25년 이상은 80점, 20년 이상 25년 미만은 70점, 20년 미만은 65점을 반영한다.
> - 사업실적 항목의 점수는 40,000m² 이상은 50점, 30,000m² 이상 40,000m² 미만은 45점, 15,000m² 이상 30,000m² 미만은 40점, 15,000m² 미만은 35점을 반영한다.

① 갑   ② 을
③ 병   ④ 정
⑤ 무

39 단어 간 관계가 다음과 같은 것을 고르면?

재화 : 용역

① 남자 : 여자　　　　　　　　② 원숭이 : 사람
③ 인간 : 동물　　　　　　　　④ 사회과학 : 경제학
⑤ 학생 : 학교

40 다음 중 단어 간 관계가 나머지와 다른 하나는?
① 진보 − 발전　　　　　　　　② 개혁 − 혁신
③ 거부 − 사절　　　　　　　　④ 지휘 − 통솔
⑤ 잠적 − 등장

LH한국토지주택공사

직업기초능력평가

박문각

LH한국토지주택공사

직업기초능력평가

봉투모의고사

3회

박문각

제3회 직업기초능력평가

(40문항 / 60분)

[01~02] 다음 글을 읽고 이어지는 물음에 답하시오.

수사 기관은 피의자를 체포할 때 피의자에게 묵비권을 행사할 수 있고 불리한 진술을 하지 않을 권리가 있으며 변호사를 선임할 권리가 있음을 알려야 한다. 이를 '미란다 원칙'이라고 하는데, 이는 1960년대 미국에서 (㉠)로 기소되어 법정에 선 미란다에 대한 재판을 통해 확립되었다. 미란다의 변호인은 "경찰관이 미란다에게 본인의 진술이 법정에서 불리하게 쓰인다는 사실과 변호인을 선임할 권리가 있다는 사실을 말해주지 않았으므로 미란다의 자백은 공정하지 않고, 따라서 미란다의 자백을 재판 증거로 삼을 수 없다."라고 주장했다. 1966년 미국 연방대법원은 이를 인정하여, 미란다가 자신에게 묵비권과 변호사 선임권이 있음을 안 상태에서 분별력 있게 자신의 권리를 포기하고 경찰관의 신문에 진술했어야 하므로, 경찰관이 이러한 사실을 고지하였다는 것이 입증되지 않는 한, 신문 결과만으로 얻어진 진술은 그에게 불리하게 사용될 수 없다고 판결하였다.

미란다 판결 전에는 전체적인 신문 상황에서 피의자가 임의적으로 진술했다는 점이 인정되면, 즉 임의성의 원칙이 지켜졌다면 재판 증거로 사용되었다. 이때 수사 기관이 피의자에게 헌법상 권리를 알려주었는지 여부는 문제되지 않았다. 경찰관이 고문과 같은 가혹 행위로 받아낸 자백은 효력이 없지만, 회유나 압력을 행사했더라도 제때에 음식을 주고 밤에 잠을 자게 하면서 받아낸 자백은 전체적인 상황이 강압적이지 않았다면 증거로 인정되었다. 그런데 이러한 기준은 사건마다 다르게 적용되었으며 수사 기관으로 하여금 강압적인 분위기를 조성하도록 유도했으므로, 구금되어 조사받는 상황에서의 잠재적 위협으로부터 피의자를 보호해야 할 수단이 필요했다.

수사 절차는 본질적으로 (㉡)을 띠기 때문에, 수사 기관과 피의자 사이에 힘의 균형은 이루어지기 어렵다. 이런 상황에서 미란다 판결이 제시한 원칙은 수사 절차에서 수사 기관과 피의자가 대등한 지위에서 법적 다툼을 해야 한다는 원칙을 구현하는 첫 출발이었다. 기존의 수사 관행을 전면적으로 부정하는 미란다 판결은 자백의 증거 능력에 대해 종전의 임의성의 원칙을 버리고 절차의 적법성을 채택하여, 수사 절차를 피의자의 권리를 보호하는 방향으로 전환하는 데에 크게 기여했다.

01 윗글의 ㉠과 ㉡에 들어갈 말로 옳은 것은?

	㉠	㉡		㉠	㉡
①	피의자	임의성	②	피해자	임의성
③	피의자	강제성	④	피해자	강제성
⑤	피의자	자의성			

02 윗글의 내용과 일치하지 않는 것은?

① 미란다 원칙은 1966년 미국 연방대법원에서 인정된 뒤 확립되었다.

② 1960년대 이전에는 고문과 같은 가혹 행위로 받아낸 자백을 사용할 수 있었다.

③ 미란다 원칙이 확립되기 이전에는 피의자에게 헌법상 권리를 알려주지 않아도 그의 자백을 증거로 사용하는 것이 가능했다.

④ 현재의 재판에서는 피의자의 자백이 적법한 절차를 거쳤을 때만 증거로 인정한다.

⑤ 미란다 원칙은 수사 절차에서 피의자의 권리가 보호되는 데 크게 기여하였다.

[03~05] 다음 글을 읽고 이어지는 물음에 답하시오.

자유주의는 평등과 정의의 문제를 모든 개인의 자유와 권리를 똑같이 보장하는 것으로 보았고, 이를 수행하기 위한 최소한의 국가를 주장했다. 자유주의의 이론적 배경은 자본주의 사회의 역사적 전개 과정에 있었다. 그러나 역설적으로 자유주의는 자본주의의 발전 과정에서 사상적 기반이 흔들리게 되었다. 즉, 경쟁적 산업 자본주의 단계에서 국가 독점 자본주의 단계로 전개되는 과정에서 국가는 집적과 집중에 의한 자본 축적의 기능을 수행하면서 거대화되었다. 그리고 거대화된 국가는 부르주아의 독점 권력이라는 실질적인 정치적 불평등의 심화와 더불어 첨예한 사회 경제적 불평등을 초래했다. 그리고 이러한 권력은 노동자 계급의 자유와 권리를 심각할 정도로 침해하는 것이었다.

자유주의자들은 이와 같은 사태에 직면해서 자신들의 입장을 어느 정도 수정하지 않으면 안 되었다. 이는 복지 국가 노선을 적극적으로 수용하는 것을 의미했다. 이와 같은 수정 자유주의 이론 중에서 ㉠ <u>롤즈의 사회 정의론</u>은 주목할 만한 것이다.

롤즈는 "진리가 사상 체계의 첫째 덕목이듯이, 정의는 사회 제도의 첫째 덕목이다."라고 하였다. 즉, 정의란 고전적 자유주의자들이 생각하는 것처럼 개인적 차원의 문제가 아니라 사회적 차원의 문제로서 바람직한 사회의 기본 구조와 제도를 규제하는 원칙이라는 것이다. 그리고 이와 같은 정의의 원칙은 자본가 계급에 속하는 사람이건 노동자 계급에 속하는 사람이건 모든 사람이 다 받아들일 수 있는 것이어야 한다. 그렇기 때문에 국가는 모든 개인의 평등한 자유를 최대한 보장하면서, 동시에 정당화될 수 없는 어떠한 정치적, 사회적, 경제적 불평등도 허용해서는 안 된다. 다시 말해서 롤즈의 목표는 자유, 권력, 소득, 부, 기회와 같은 사회적 기본 가치를 분배하는 데에 정당화될 수 있는 불평등만을 인정함으로써 최대한의 평등을 달성할 수 있는 정의의 원칙을 제시하여 바람직한 사회의 기본 구조와 제도를 마련하고자 한 것이다.

이에 따라서 롤즈는 정의의 두 가지 원칙을 제시했다. 첫 번째는 평등한 자유의 원칙으로, 개인 각자는 모든 사람에게 허용될 수 있는 자유와 양립 가능한 범위 안에서 최대한으로 광범위한 기본적 자유 권리를 갖는다. 다시 말해서 개인은 전체의 자유를 무너뜨리지 않는 범위 안에서 최대한의 자유를 가질 수 있고, 각 개인의 이러한 자유는 전체의 자유와 평등한 정도로 보장되어야 한다는 것이다. 그리고 두 번째는 차등의 원칙으로, 사회 경제적 불평등은 최소 수혜자에게 최대 이익을 보장하도록 조정되어야 한다는 것이다. 이때 불평등의 계기가 되는 직위와 지위는 공정한 기회 균등의 원칙에 따라 모든 사람에게 개방되어야 한다.

롤즈의 이러한 수정 자유주의는 기본적으로 ㉡ <u>자유주의</u>의 전통에 서 있다. 그러나 이 양자에는 중대한 차이점이 있다. 자유주의자들도 일반적으로 불평등을 정당화할 수 있는 최선의 전략을 공정한 기회 균등에서 찾았다. 그러나 이들은 공정한 기회 균등의 원칙을 통과한 불평등을 무조건 정당하다고 보았다. 반면에 수정 자유주의자들은 이에 대한 또 다른 조건을 설정하고 있다. 즉 차등 원칙에 따르면, 기회 균등과 공정한 경쟁을 통과한 사회적 불평등이라 할지라도 그 자체로 정당화되는 것이 아니라 최소 수혜자에게 최대의 이익을 보장해 주어야 하는 것이다. 왜냐하면 아무리 천부적 재능의 소유자라 하더라도 그 재능의 발휘 여부는 사회적 여건에 달려 있기 때문이다. 다시 말해서 동일한 능력을 가진 자에게 동일한 성공의 전망을 보장하기 위해서는 가족, 인종, 종교, 성, 사회적 배경 등의 영향력을 배제해야 한다. 따라서 그는 그 능력의 성과를 오로지 자기만이 독점해서는 안 되고, 최소 수혜자의 이득을 고려해서 재분배해야만 한다. 그러므로 롤즈와 같은 수정 자유주의자들은 누진세, 무거운 상속세, 광범위한 공공 교육 등을 포함하는 복지 정책과 복지 제도의 필요성을 강하게 주장한다. 요컨대 복지 국가적 개입에 의한 사회 정의와 평등의 실현을 옹호한다.

그러나 롤즈와 같은 수정 자유주의자들을 평등주의자라고 할 수는 없다. 롤즈의 사상이 전반적으로 유럽의 사회 민주주의 체제와 같은 복지를 옹호하는 면이 있긴 하지만 롤즈는 기본적으로 불평등을 긍정하는 입장이다. 단지 그 불평등한 상태가 최초의 평등한 상태보다 모든 사람들의 이익이 나아졌음을 보장할 수 있을 때라고 제한을 두는 것이다. 차등 원리는 엄밀히 말해서 재분배가 아니라 원래적 분배이다. 시장에서는 타자의 손실 없이 이익의 개선이 불가능하다. 다시 말해서 타인의 배고픔 없이는 자신이 먹을 수 있는 파이가 존재하지 않는다는 말이며, 이는 자신이 더 먹고 싶다면 필연적으로 타인을 굶겨야 한다는 것을 의미한다.

03 윗글에 나타난 롤즈의 견해를 뒷받침하는 논거로 가장 적절한 것은?

① 지나친 분배 중심의 정책이 장기적으로 지속되면 성장 둔화로 인해 사회 전체의 부가 줄어들게 된다.

② 사회 현상은 사회 구조나 제도의 영향력보다는 사회 구성원들의 심리적 특성과 행동에 의해 결정된다.

③ 재산, 신분, 지위, 피부색, 성, 나이, 교육 등과 상관없이 모든 이를 평등하게 대우하고 누구에게나 균등한 기회를 부여해야 한다.

④ 개인의 자유와 존재의 가치를 인정하면서 그로 인해 생긴 불평등을 상쇄하기 위해 국가가 개입하여 배분적 정의를 실현해야 한다.

⑤ 개인의 이기심을 억제하고 사회를 고르게 발전시키기 위해서는 권위를 가진 상위 집단인 국가에 의한 부의 공정한 분배가 이루어져야 한다.

04 밑줄 친 ㉠의 전제 조건으로 가장 적절한 것은?

① 자유와 평등도 중요하지만 정의보다는 하위 개념이다.

② 자유와 평등은 필연적으로 어느 한쪽을 배제하기 마련이다.

③ 자유와 평등의 조화를 위해서는 양자를 배제한 새로운 이념이 필요하다.

④ 자유와 평등이 상호 보완적 관계를 이루기 위해서는 양자의 충돌이 불가피하다.

⑤ 자유의 개념이 역사적으로 먼저 등장하였기에 자유를 중심으로 한 평등의 실현이 필요하다.

05 밑줄 친 ㉡의 핵심을 가장 잘 표현한 것은?

① 최소한의 제약으로 최대한의 자유를 추구한다.

② 만인의 복지를 위해 최소한의 정부를 추구한다.

③ 다양한 가치관보다 다양한 삶의 양식을 지향한다.

④ 충돌의 혼란에서 벗어나 원칙을 존중하는 사회를 지향한다.

⑤ 경쟁적 산업 자본주의를 통해 노동자 계급의 지위를 보장한다.

06 다음 보도자료의 내용과 일치하지 않는 것은?

LH, 시세 90% 이하 공공전세주택 935호 공급

LH가 2023년 4월 27일, 2023년 1차 공공전세주택 935호에 대한 입주자 모집을 실시한다고 밝혔다. '공공전세주택'은 다세대·연립·오피스텔 등 신축주택과 아파트를 LH가 매입해 시세보다 저렴한 조건으로 임대하는 공공임대주택으로, 특히, 도심 내 위치하고 넓은 면적과 쾌적한 생활환경을 갖췄으며 시세의 90% 이하로 거주할 수 있다는 것이 큰 특징이다. 아울러, 임대보증금만 납부하면 월 임대료 없이 최대 6년간 살 수 있어 장기간 임대료 부담이 없다.

LH는 매년 4월, 8월, 10월, 총 3번 입주자모집 공고를 실시하며 이번 1차 공고에서는 935호를 공급한다. 지역별로는 서울·경기·인천 등 수도권에서 610호, 그 외 지역에서 325호가 나온다. 내부 VR, 평면 등 이번 입주자모집을 실시하는 주택에 대한 정보는 '공공전세주택 닷컴'(www.공공전세주택.com)에서 확인할 수 있다.

모집공고일 기준 무주택세대구성원이면 누구나 신청할 수 있으며, 별도 소득·자산 기준은 없다. 가구원 수가 3인 이상인 경우 1순위, 2인 이하인 경우 2순위로 신청하면 된다. 신청자 본인의 주민등록표등본상 거주지가 위치한 모집권역에 한해 신청할 수 있으며, 1세대 1주택 신청이 원칙이다. 거주지 외 모집권역에 신청하거나 중복 신청할 경우 신청이 무효 처리되므로 이 점에 유의해야 한다. 또한, 신청일 등 세부 일정은 지역본부별로 상이하므로 정확한 일정은 LH청약센터(apply.lh.or.kr)에 게시된 공고문을 확인해야 한다. 당첨자 발표는 6월 중순 이후이다. 기타 자세한 사항은 LH청약센터에 게시된 공고문을 통해 확인할 수 있으며, LH콜센터(1600-1004)를 통한 전화 상담도 가능하다.

① 2023년 1차 공공전세주택 모집자는 수도권 지역에서 절반 이상을 모집한다.

② 공공전세주택은 다세대·연립·오피스텔, 아파트를 LH가 매입해 시세보다 저렴한 조건으로 임대하는데, 신축주택은 제외된다.

③ 신청일 등 세부 일정은 지역본부별로 다를 수 있으므로 LH청약센터(apply.lh.or.kr)를 통해 확인해야 한다.

④ 공공전세주택 닷컴(www.공공전세주택.com)을 통해 입주자모집을 실시하는 주택의 내부 VR도 확인이 가능하다.

⑤ 무주택세대구성원이면 가구원 수가 2인 이하인 경우에도 신청이 가능하다.

07 다음 보도자료의 내용과 일치하는 것은?

한국토지주택공사(LH)는 공동주택 주방과 욕실에 새로운 설비공법을 적용하여 생활소음을 획기적으로 줄였다고 밝혔다. LH는 2025년부터 화장실 배수소음을 줄일 수 있는 욕실 당해층배관 공법을 공공임대주택(영구, 국민, 행복, 통합공공임대 등)에 전면 적용한다.

욕실 당해층배관 공법은 욕실 벽면에 해당층 오·배수배관을 설치하는 방식이다. 세대 욕실에 있는 양변기와 샤워기에서 배출되는 용수가 아래층 세대로 내려가는 것이 아니라 세대 내에서 직접 배출돼 배관을 타고 아래로 전달되던 배수소음을 최소화할 수 있다. 한국건설기술연구원의 실험에 따르면 욕실 당해층배관 공법을 사용할 경우 배수소음이 기존 46dB에서 38dB로 대폭 저감되는 것으로 나타났으며, 이는 공부방 정도의 정숙성이 확보되는 수준이라고 LH는 밝혔다.

아울러 LH는 이웃 간 주방과 욕실을 통해 소음이나 냄새가 전달되는 것을 막을 수 있는 당해층 배기방식을 모든 주택(분양, 임대)에 적용한다. 분양지구 욕실과 주방 및 임대지구 욕실은 2023년 적용이 완료됐고, 임대지구 주방은 2024년 10월부터 적용되었다. 그간 공동주택 주방과 욕실에서 레인지후드 등 환기장치를 사용할 경우 소음과 냄새가 위·아랫세대로 연결된 공용배관을 타고 다른 세대로 전달되는 불편함이 있었다. 당해층 배기방식은 해당 세대 내에서 외기로 직접 배출함으로써 세대 간 소음·냄새 전달을 원천적으로 차단한다.

□ 참고사항
  1. 욕실배관 공법 비교

구분	(現)층하배관 공법	당해층배관(벽면배관공법)
시공	아래층 천장 내부에 배관 설치	• 당해층 욕실벽면 내부에 배관 설치
장점	• 보편화된 시공방식 • 공사비 양호	• 화장실 배수소음 저감 (46dB → 38dB) • 장수명주택 인증 유리
단점	• 층간소음 전달 • 하자 발생 시 아래층에서 보수	• 공사비 증가 • 욕실면적 증가

  2. 소음도의 인체 영향

소음크기	음원의 예	소음의 영향	비고
35	조용한 공원	수면에 거의 영향없음	WHO 침실기준
38	실내 공부방	수면에 거의 영향없음	
40	아이 뛰는 소리	수면깊이 낮아짐	
44	피아노 소리	수면깊이 낮아짐	
46	드럼세탁기 탈수 소리	수면깊이 낮아짐	

  *LH 층간소음 가이드북 및 국가소음정보시스템 등 참조

① 욕실에서 나는 소음은 양변기와 샤워기에서 배출되는 용수가 해당 층 바닥 내부에 설치된 배관으로 내려가면서 발생한다.

② 당해층배관 공법을 사용할 경우 화장실 배수소음이 기존보다 10데시벨 이상 저감되고, 수면에 미치던 영향도 거의 없어진다.

③ LH는 당해층 배기방식을 2023년부터 모든 분양 및 임대주택에 적용해 소음이나 냄새 전달을 막을 수 있도록 조치했다.

④ 당해층 배기방식을 적용할 경우 공동주택 주방에서 레인지후드를 작동하면 음식 냄새가 다른 세대로 전달되지 않고 외부로 방출된다.

⑤ 욕실배관에 당해층배관 공법을 적용할 경우, 배수소음을 저감할 수 있으나 공사비가 증가하고 욕실면적도 줄어들 수 있다는 단점이 있다.

[08~09] 다음 보도자료를 보고 이어지는 물음에 답하시오.

LH, 1기 신도시 재정비 위해 미래도시 지원센터 5곳 개소

LH가 군포시를 포함한 5곳*의 1기 신도시 재정비사업을 지원하기 위해 미래도시 지원센터를 2024년 1월 30일 개소하고, 운영을 시작한다.
* 분당(성남시), 일산(고양시), 평촌(안양시), 산본(군포시), 중동(부천시)

1기 신도시 미래도시 지원센터는 2023년 말 제정된 노후계획도시 특별법과 1·10 부동산대책에 따라 주민이 원하는 정비가 이루어지도록 공공이 체계적으로 지원하기 위해 설치됐다.
센터는 LH와 1기 신도시 해당 지자체가 공동으로 운영하며, 1기 신도시 재정비에 대한 정책뿐만 아니라 노후도심 정비를 포함한 유형별 사업 컨설팅 등을 담당한다. 분야별 전문가·정비지원기구를 통한 유형별 사업 가능 여부, 개략적인 사업계획 수립·분석, 부담금 추정 등 사업 전반에 걸쳐 주민들이 필요로 하는 자문을 시행한다. 정비사업에 대한 주민 궁금증 해소뿐만 아니라 시민 역량강화를 위한 전문가 초청 간담회 등 주민설명회도 개최할 예정이다. LH는 1기 신도시별 미래도시 지원센터 운영을 시작으로 노후계획도시 정비지원기구 운영, 총괄 사업관리, 개별 사업시행에 이르기까지 지역 주민과 소통하는 협력적 거버넌스를 구축할 수 있도록 주민 지원체계를 확립한다는 방침이다.

미래도시 지원센터 개요
1기 신도시 전화상담을 담당하는 통합 콜센터❶와 지역주민을 면담(오프라인) 응대하는 미래도시 지원센터(상담센터)❷를 연계 운영

☐ 전화상담 및 미래도시 지원센터 상담시행 절차

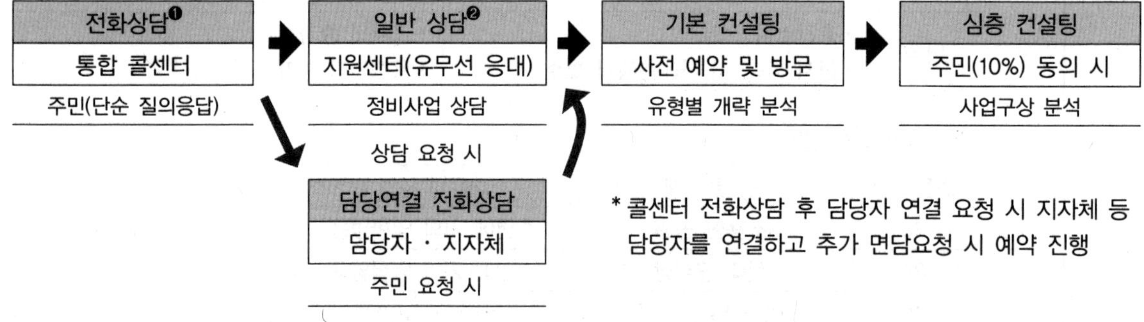

❶ 통합 콜센터
- 1차적으로 1기 신도시 등 노후계획도시 정비 관련 전화상담❶을 응대하고, 개별 상담은 오프라인 등 신도시별 상담센터❷로 이관 진행
- 유선번호 1555-0110을 통해 노후계획도시 전용 상담서비스 제공(1기 신도시 재정비를 위한 1·10 부동산대책 홍보 및 정책집행 의지 반영)

❷ 신도시별 미래도시 지원센터
2024년 1월 30일 신도시별로 미래도시 지원센터를 개소하여 운영하고, 지자체별 여건에 따라 향후 사무실 확장 등 운영 추진

08 위 보도자료를 보고 보일 수 있는 반응으로 적절하지 않은 것은?

① 미래도시 지원센터는 전화상담과 면대면 상담을 모두 지원하는구나.

② 콜센터와 상담센터를 연계해서 운영하는 걸 보니, LH와 지자체 모두 지원센터에 무척 신경을 쓰고 있는 것 같네.

③ 1기 신도시 재정비와 관련해 상담을 원하면 1555-0110 번호로 전용 상담서비스를 받을 수 있겠구나.

④ 콜센터 상담 시 필요한 경우에는 상담사가 판단하여 지자체 담당자 등과 센터 이용자를 연결해준다니, 편리하네.

⑤ 통합 콜센터에서 분당, 일산 등 모든 1기 신도시 관련 주민들의 질의응답에 답변하고, 여기서 지역별로 더 상세한 답변을 원하는 경우에 지역별 상담센터로 연결해 주는 시스템이구나.

09 미래도시 지원센터에 대한 설명으로 잘못된 것을 〈보기〉에서 모두 고르면?

> ┌ 보기 ┌
> ㉠ LH와 지자체가 공동 운영하며, 주민이 원하는 신도시 재정비사업을 지원하기 위해 개소됐다.
> ㉡ 신도시 정비사업에 대한 주민 궁금증을 해결하기 위한 주민설명회를 개최할 예정이다.
> ㉢ 2024년 상반기까지 분당, 일산, 평촌, 산본, 중동 등 모든 1기 신도시에 센터를 개소할 예정이다.
> ㉣ 부담금 추정 등 사업과 관련하여 신도시 주민들이 필요로 하는 자문을 시행한다.

① ㉠   ② ㉢
③ ㉣   ④ ㉠, ㉢
⑤ ㉡, ㉣

10 다음 글을 통해 유추할 수 있는 내용으로 적절하지 않은 것은?

공유경제란 물건을 소유하는 개념이 아닌 서로 빌려 쓰는 경제활동을 의미한다. 재화나 공간, 경험과 재능을 다수의 개인이 협업을 통해 다른 사람에게 빌려주고 나눠 쓰는 온라인 기반 개방형 비즈니스 모델인 공유경제는 독점과 경쟁이 아닌, 공유와 협동을 기반으로 하는 경제 알고리즘이다. 한번 생산된 제품을 여럿이 공유해 쓰는 협업 소비를 기본으로 하는 공유경제는 쉽게 말해 각자 필요로 하는 재화를 '나눠 쓰기' 하는 것이다.

2008년 공유경제라는 용어를 처음 만든 사람은 미국 하버드대학 로렌스 레식 교수지만, 이미 공유경제라는 개념은 2000년대 초부터 주목받기 시작했다. 공유경제의 개념이 보다 널리 전파된 것은 미국의 차량 공유 서비스인 우버(Uber)와 숙박 공유 서비스 에어비앤비(Airbnb)가 세계적 명성을 얻게 되면서부터인데, 공유경제에서는 자동차, 빈방, 책과 같은 활용도가 떨어지는 물건 혹은 서비스를 다른 사람들과 함께 공유해 자원 활용을 극대화한다. 쉽게 말해 공유숙박은 빈방을 여러 손님과 나누어 쓰는 것이고, 공유택시는 손님이 없는 빈 택시의 활용도를 높이는 것이다.

공유경제의 개념은 농업에서도 적용된다. 생산자와 소비자가 농촌의 자원을 함께 공유하여 더 나은 가치를 창출하고, 지역 사회의 행복을 증진하자는 개념이 바로 공유농업이다. 과거에 농촌 생산자들이 도시 소비자들에게 직접적으로 농산물을 판매하는 것을 뛰어넘어 농촌의 자원을 공유하여 텃밭을 도시민에게 저렴하게 임대해 농사를 짓게 하는 주말농장이 있었다. 대학생들이 방학 기간을 활용해 농촌의 일손을 돕는 농촌 봉사활동이나 도시에서 열리는 농산물 직거래 장터를 비롯해 농장에서 도시민을 초청해 열리는 팜파티와 같은 프로그램도 있었다. 이러한 프로그램을 좀 더 적극적인 형태로 발전시킨 것이 바로 공유농업이다.

국내에서 적극적인 공유농업을 실천하고 있는 지자체는 경기도인데, 경기도의 공유농업은 적정 생산, 맞춤소비, 공정 가격을 목표로 한다. 도 차원에서 공유농업의 의지를 적극적으로 피력하는 농가를 대상으로 인력과 플랫폼 등을 지원하는 사업을 진행하고 있으며, 이를 통해 생산자는 잉여부지, 시설, 경과, 농사 지식 등 자신이 가진 자원을 소비자에게 공유한다. 기존의 농촌 프로젝트와 경기도 공유농업의 차별점은 바로 '활동가'라는 새로운 개념을 도입하였다는 것인데, 활동가는 생산자와 소비자 사이에서 양측을 적극적으로 이어주는 매개체의 역할을 수행한다. 공유농업 프로젝트 추진의 주체이기도 한 활동가는 소비자의 요구와 생산자의 필요를 접목해 소비자가 참여할 수 있는 프로젝트를 개발하기도 한다. 활동가는 생산자와 소비자를 중간에서 중재하여 그간 생산자와 소비자 간 직거래 방식의 소통으로 발생했던 마찰과 오해의 소지를 줄여 합리적인 방식을 통해 양측을 연결해 주는 역할을 하며, 이때 소비자는 투자와 소비를 통해 공동체에 참여하는 식으로 공유농업에 참가한다.

① 주방이 필요하지만 주방을 갖추기 어려운 음식 사업자에게 주방을 빌려주는 서비스는 공유주방 개념이 적용된 것이라 볼 수 있다.

② 과거형 공유개념인 카풀 등이 무료 혹은 무료에 가까운 서비스였다면, 현재의 공유경제는 유료화된 비즈니스 형태라는 것이 차이점이다.

③ 중재적 기능을 하는 활동가의 등장으로 인해 공유농업에서 이전보다 공고한 연계 체계가 갖추어진 것으로 이해할 수 있다.

④ 시민이 네트워크를 구성해 농장을 지원하고 농사에도 직접 참여하는 미국의 지역사회 공유농업은 적극적 형태의 공유농업으로 이해할 수 있다.

⑤ 활동가의 기능이 확대된 현대의 공유농업에서 공유농업에 참여하는 소비자의 역할은 상대적으로 축소될 수밖에 없다.

11 다음 글의 전체적인 맥락을 고려하여 (가)에 들어갈 문장으로 가장 적절한 것을 고르면?

우리는 노력 여하에 따라 더 높은 교육 수준과 자신이 원하는 직업을 얻을 수 있다고 믿으며 살아가고 있지만, 이러한 기대는 사실 현실적인 장벽 앞에서 좌절당하곤 한다. 모두에게 기회는 평등하게 주어진다고 말하지만, 사실 더 좋은 환경을 기대하게 하는 기회는 나 자신의 능력보다 내 주변의 여건에 의해 주어지는 경우가 많기 때문이다. 그래서 우리는 더 나은 환경과 생활 기반을 만들기 위한 학벌주의에 더욱 집착하는 것일지도 모른다. 눈에 보이지 않는 계급이 존재하는 우리나라에서도 이러한 불공정한 면을 어렵지 않게 찾아볼 수 있는데, 아직까지도 사회적 계급이 현존하는 국가에서는 더더욱 자신들의 계급을 공고히 하기 위해 애쓰는 모습을 확인할 수 있다. 현재까지도 여왕이 존재하는 입헌군주국 영국이 그렇다. (가   ) 귀족들이 자신들의 지위를 세습하기 위해 자신들의 자녀들을 최고 명문 학교에 보내는 것에 집착한 것은 영국 엘리트 계층들뿐만 아니라 그들의 신대륙이었던 아메리카 대륙까지 건너가 학벌주의를 전 세계에 퍼트리는 결과를 가져왔기 때문이다.

전 세계에서 가장 많은 노벨상 수상자를 배출한 영국의 케임브리지 대학교는 영국의 대표적인 명문대학교이다. 케임브리지에 입학하기 위해서는 학생의 시험 성적도 중요하지만, 사실 이보다 더 중요하게 여겨지는 것은 그 학생의 사회적 배경이다. 교육 관련 자선단체인 서튼 트러스트가 2007년 발표한 자료에 의하면, 케임브리지와 옥스퍼드에 입학한 학생들의 55%가 8군데의 유명 귀족 사립학교 출신이라고 한다. 그중 일반 대중에게도 잘 알려진 사립학교가 바로 이튼(Eton)스쿨이다. 대대로 이어져 온 영국 귀족과 왕족들의 출신학교인 이튼은 전형적인 소수 특권층을 위한 중등학교이다. 불과 얼마 전까지만 해도 이튼은 학생의 출생 이전이나 늦어도 출생 시점에 미리 신상정보를 등록할 것을 요구했다. 아이가 존재하지도 않는 상황에서 과연 무엇을 입학 기준으로 삼았을지 충분히 짐작이 가는 부분이다.

영어에는 '올드 스쿨 타이(old school tie)'라는 표현이 있다. 이는 중세 이후로 영국의 학계, 재계, 정계를 지배해 온 동문들 간의 학연으로 이루어진 인맥을 의미한다. 자녀를 영국 최고 명문 중등학교와 대학교 출신으로 만드는 것은 결국 '올드 스쿨 타이'로 맺어진 상류층만의 폐쇄적이고 공고한 인맥인 것이다.

① 영국에는 수백 년간 이어져 온 명문학교들이 존재하기 때문이다.
② 영국의 사교육에 대한 관심은 한국에 비해 절대 뒤지지 않는다.
③ 영국은 아직까지도 신분제도가 사라지지 않은 나라이다.
④ 영국의 높은 교육열은 곧 높은 대학 진학률로 이어진다.
⑤ 영국 사람들이야말로 학벌주의를 탄생시킨 장본인일 것이다.

12 다음 글의 내용과 일치하지 않는 것은?

> 지구의 자전은 지구가 남극과 북극을 지나는 선을 축으로 하루에 한 바퀴의 주기로 회전하는 현상이다. 서에서 동으로, 시간당 15도 회전하고, 지구의 자전으로 별과 태양의 일주운동이 발생하여 낮과 밤이 생긴다. 지구가 돌면서 바닷물과 그 밑의 지구 사이에 마찰이 생겨나 지구의 자전 속도가 조금씩 늦어진다. 100년 만에 하루의 길이가 0.0016초 길어졌기 때문에, 언젠가 하루가 48시간 이상으로 늘어나는 시절도 맞게 될 것이다. 먼 훗날 지구가 자전을 멈추게 되면 어떻게 될까? 만약 그렇게 되면 지구의 모든 생명은 멸종하고, 지구는 죽음의 행성이 된다.
>
> 지구의 자전은 지구 자기장을 생성시켜 준다. '다이나모 이론'에 따르면 지구 내부의 '철의 바다'로 이루어진 외핵이 지구 자전으로 전류를 만들고, 전자기 유도에 의하여 지구 자기장이 생성된다. 지구 자기장은 태양풍과 외계의 방사선과 같은 우주 공간의 위험으로부터 지구의 생명을 지켜주는 보호막 역할을 해왔다. 지구 자기장이 사라진다면 지구는 태양에서 불어대는 높은 에너지의 우주 방사선 입자에 피폭되어 끔찍한 대재앙을 맞이하게 될 것이다. 태양은 지구에 꼭 필요한 빛과 열을 제공하지만, 무수히 많은 양의 대전 입자들이 뒤섞인 우주 방사선을 뿜어내기도 한다. 태양에서 코로나 물질을 방출하거나 플레어와 같은 폭발 현상이 일어나면 최대 수백억 톤의 방사선 물질이 초속 400~1,000km의 속도로 불어와 지구 자기장에 도달하는 데 약 2일이 걸린다. 이것을 '태양풍'이라고 하는데 태양풍이 지구 자기장과 맞닿으면 상호 작용을 일으킨다. 지상으로부터 60,000km 상공에서 지구를 두르는 지구 자기권 내부로 유입되는 태양풍과 함께 날아온 대전 입자의 일부가 극지방으로 끌려 들어가면 오색의 오로라가 발생한다. 그러나 그 밖의 대전 입자들은 대부분 지구 주변으로 스쳐 지나가는데, 이때 지구를 중심으로 도넛 형태의 보호막이 형성된다. 이것을 '밴앨런(Van Allen)대'라고 한다. 미국의 유명한 물리학자 밴 앨런이 발견한 이 방사능대는 인체에 해를 주는 우주 방사능 물질이 태양풍에 실려 올 때 이것이 지구로 유입되는 것을 차단해주는 보호막 역할을 해준다. 만약 우주 방사선이 그대로 지상에 도달하면 지구는 순식간에 뜨거운 열과 방사능으로 휩싸여 생명체가 살 수 없는 불모지가 되고 말 것이다.

① 지구는 시간당 15도씩 서에서 동으로 회전하고 이로 인해 낮과 밤이 생긴다.
② 밴앨런대가 없다면 지구는 생명체가 살 수 없는 행성이 될 것이다.
③ 오로라가 생기는 것은 태양풍이 지구 자기장과 맞닿아 생기는 상호작용 때문이다.
④ '다이나모 이론'은 지구의 자전과는 상관이 없다.
⑤ 지구는 자전으로 인하여 외계의 방사선과 같은 위험으로부터 보호받는다.

13 다음 글에 자연스럽게 이어지도록 〈보기〉의 (가)~(라)를 순서대로 배열한 것은?

자동차를 설계하거나 수리할 때 나사, 도선, 코일 등의 최하부 단위의 수준에서 설계나 수리를 할 수도 있지만 그렇게 하면 일이 매우 복잡해지고 어려워진다. 차 내부를 열어 보아도 어디서부터 어디까지가 시동 장치인지 변속 장치인지 구분할 수 없을 정도로 온통 나사, 도선, 코일 등으로 가득 찬 경우를 상상해 보라.

보기

(가) 이처럼 나사, 도선, 코일 등과 같은 최하부에 일반적으로 사용되는 부품들과 달리 시동 장치, 변속기 등과 같은 것들은 특정 목적을 수행할 수 있는 의미 있는 구성단위가 된다. 또한 이들 구성단위는 다시 모여서 엔진, 제동 시스템과 같은 상위 구성단위를 이룰 수도 있다.

(나) 현대 사회에서 멀티미디어의 사용이 증가하고 좀 더 직관적이고 편리한 사용자 인터페이스가 요구됨에 따라 소프트웨어가 갈수록 복잡하고 거대해지고 있다. 따라서 소프트웨어의 제작과 유지·보수 등이 얼마나 효율적인가가 소프트웨어 발전의 중요한 열쇠가 되고 있다.

(다) 이러한 원리를 소프트웨어에서도 도입하였다. 즉, 전체 소프트웨어를 AND, OR, Loop 등의 최하부 단위로 표현하기보다 상위의 단위로 구성하고 표현하면 설계, 제작, 유지·보수 등이 훨씬 효과적으로 이루어질 수 있다.

(라) 실제로 차 내부를 열어 보면 확실하게 변속기, 시동 장치, 냉각기 등으로 구분되어 있는 것을 볼 수 있다. 이렇게 구분해 주면 시동 장치나 냉각기만을 전문으로 제작하는 업체가 생길 수 있고 차의 고장 진단이나 유지·보수도 훨씬 쉬워질 것이다.

① (가) - (나) - (라) - (다) ② (나) - (가) - (다) - (라)
③ (나) - (라) - (다) - (가) ④ (라) - (가) - (다) - (나)
⑤ (라) - (다) - (나) - (가)

14 다음 글의 내용과 일치하지 않는 것은?

세금은 정부가 사회 안전과 질서를 유지하고 국민 생활에 필요한 공공재를 공급하는 비용을 마련하기 위해 가계나 기업의 소득을 가져가는 부(富)의 강제 이전(移轉)이다. 납세자들은 정부에서 제공하는 각종 재정 활동, 즉 각종 공공시설, 보건 의료, 복지 및 후생 등의 편익에 대해서 더 큰 혜택을 원한다. 그러나 공공 서비스 확충을 위하여 세금을 더 많이 내겠다고 나서는 사람은 보기 드물다.

역사적으로 볼 때 시민 혁명이나 민중 봉기 등의 배경에는 정부의 과다한 세금 징수도 하나의 요인으로 자리 잡고 있다. 현대에 들어서도 정부가 세금을 인상하여 어떤 재정 사업을 하려고 할 때, 국민들은 자신들에게 별로 혜택이 없거나 부당하다고 생각될 경우 납세 거부 운동을 펼치거나 정치적 선택으로 조세 저항을 표출하기도 한다. 그래서 세계 대부분의 국가는 원활한 재정 활동을 위한 조세 정책에 골몰하고 있다.

애덤 스미스 등 많은 경제학자들이 제시하는 바람직한 조세 원칙 중 가장 대표적인 것이 공평과 효율의 원칙이다. 공평의 원칙이란 특권 계급을 인정하지 않고 국민은 누구나 자신의 능력에 따라 세금을 부담해야 한다는 의미이고, 효율의 원칙이란 정부가 효율적인 제도로 세금을 과세해야 하며 납세자들로부터 불만을 최소화할 수 있는 방안으로 징세해야 한다는 의미이다. 조세 원칙을 설명하려 할 때 프랑스 루이 14세 때의 재상 콜베르의 주장을 대표적으로 원용한다. 콜베르는 가장 바람직한 조세의 원칙은 거위의 털을 뽑는 것과 같다고 하였다. 즉, 거위가 소리를 가장 적게 지르게 하면서 털을 가장 많이 뽑는 것이 가장 훌륭한 조세 원칙이라는 것이다. 거위의 깃털을 뽑는 과정에서 거위를 함부로 다루면 거위는 소리를 지르거나 달아나 버릴 것이다. 동일한 세금을 거두더라도 납세자들이 세금을 내는 것 자체가 불편하지 않게 해야 한다는 의미이다. 또 어떤 거위도 차별하지 말고 공평하게 깃털을 뽑아야 한다. 이것은 모든 납세자들에게 공평한 과세를 해야 한다는 의미이다. 신용카드, 영수증, 복권 제도나 현금카드 제도 등도 공평한 과세를 위한 것이다. 더불어 거위 각각의 상태를 감안하여 깃털을 뽑아야 한다. 만일 약하고 병든 거위에게서 건강한 거위와 동일한 수의 깃털을 뽑게 되면 약하고 병든 거위들의 불평·불만이 생길 것이다. 더 나아가 거위의 깃털을 무리하게 뽑을 경우 거위는 죽고 결국에는 깃털을 생산할 수 없게 될 것이다.

① 대다수의 국민들은 양질의 공공 서비스를 받기를 원하나 세금을 더 많이 내는 것은 꺼린다.
② 정부의 과다한 세금 징수는 시민 혁명이나 민중 봉기의 가장 큰 원인이었다.
③ 공평의 조세 원칙에 따르면 국민은 누구나 자신의 능력에 따라 세금을 부담해야 한다.
④ 현금카드 제도는 공평한 과세를 위한 한 방편이다.
⑤ 프랑스의 재상 콜베르는 거위의 털에 빗대 바람직한 조세 원칙을 제시하였다.

15 과자의 원가에 이익을 40% 붙여서 정가를 정하였다. 이 정가에서 800원을 할인해서 팔았더니 이익을 8% 얻었다고 한다. 이 물건의 원가를 구하면?

① 2,000원　　　　　　　　　　　　　　② 2,500원
③ 3,000원　　　　　　　　　　　　　　④ 3,500원
⑤ 4,000원

16 흰 구슬 2개와 검은 구슬 3개로 구슬 5개가 각각 들어 있는 주머니 A, B가 있다. 주머니 A에서는 구슬 2개를 동시에 꺼내고, 주머니 B에서는 구슬 1개를 꺼내어 확인하고 다시 주머니에 넣은 뒤 구슬 1개를 더 꺼낸다고 한다. A, B 중 흰 구슬이 적어도 1개 이상 나올 확률이 더 큰 주머니와, 이때의 확률을 구하면?

① A, $\dfrac{16}{25}$　　　　　　　　　　　　② A, $\dfrac{7}{10}$

③ B, $\dfrac{12}{25}$　　　　　　　　　　　　④ B, $\dfrac{9}{10}$

⑤ A, $\dfrac{8}{15}$

17 12% 농도의 소금물 300g에 6% 농도의 소금물을 섞은 후 물을 증발시켜 14% 농도인 소금물을 만들었다. 증발된 물의 양이 100g이라고 할 때, 6% 농도의 소금물의 양은?

① 40g　　　　　　　　　　　　　　　② 50g
③ 100g　　　　　　　　　　　　　　　④ 150g
⑤ 200g

18 지우는 평소 시속 4km의 속력으로 걸어서 등교를 하는데, 어느 날 30분 늦게 출발하여 자전거를 타고 시속 15km의 속력으로 달렸더니 평소 도착 시간보다 3분 일찍 학교에 도착할 수 있었다. 이때 집에서 학교까지의 거리는?

① 1km   ② 2km

③ 3km   ④ 4km

⑤ 5km

19 다음은 일정한 규칙으로 수를 나열한 것이다. 빈칸에 들어갈 수로 옳은 것은?

1	2	5	14	41	122	365	( )

① 729   ② 730

③ 941   ④ 1095

⑤ 1094

20 다음은 일정한 규칙으로 수를 나열한 것이다. 빈칸에 들어갈 수로 옳은 것은?

7	17	15	25	23	33	31	( )

① 45   ② 43

③ 41   ④ 38

⑤ 36

21 다음은 우리나라의 고령화 및 인구 구조에 대한 자료이다. 이에 대한 설명으로 옳은 것을 〈보기〉에서 모두 고르면?

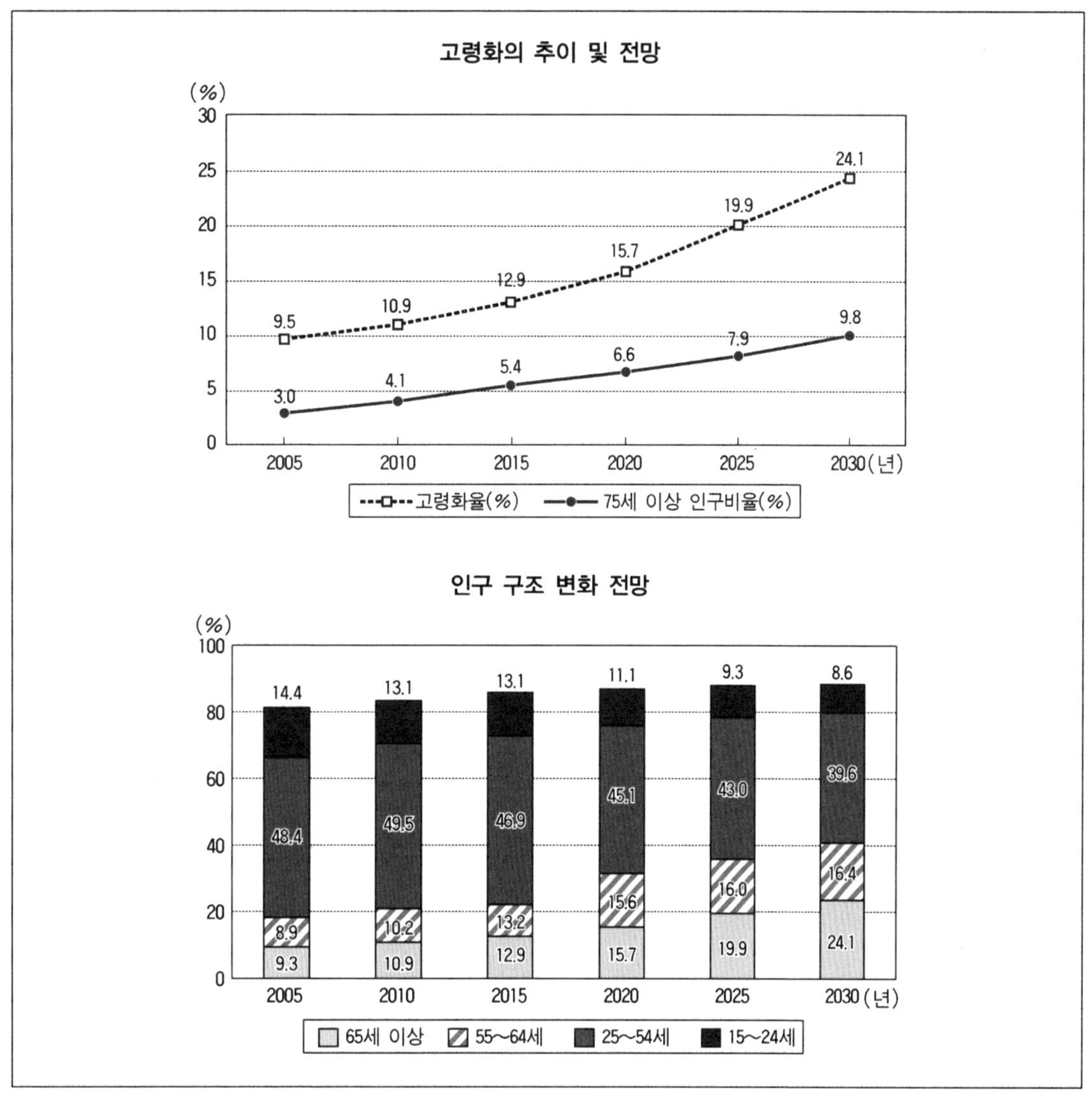

> **보기**
>
> ㉠ 55~64세 인구비율은 점차 증가하는 추세이며, 2030년에는 2005년 대비 약 1.8배 증가할 것으로 전망된다.
> ㉡ 2030년에는 25~54세 인구비율이 15~24세 인구비율보다 4배 이상 많을 것으로 전망된다.
> ㉢ 2030년 전체 인구수가 2020년보다 10% 감소한 4,680만 명이라고 할 때, 2020년과 2030년 75세 이상 인구수의 차이는 약 115만 명이다.
> ㉣ 65세 이상 인구비율과 15~24세 인구비율 차이는 2005년에는 5%p 미만이나 2030년에는 15%p 이상이 될 것으로 전망된다.

① ㉠, ㉡　　　　　　　　　② ㉡, ㉢

③ ㉡, ㉣　　　　　　　　　④ ㉠, ㉡, ㉢

⑤ ㉠, ㉢, ㉣

22 다음은 2024년 실시한 국내외 5개 크루즈 업체에 대한 이용자 만족도 조사 결과 그래프이다. 이에 대한 설명으로 적절하지 않은 것은?

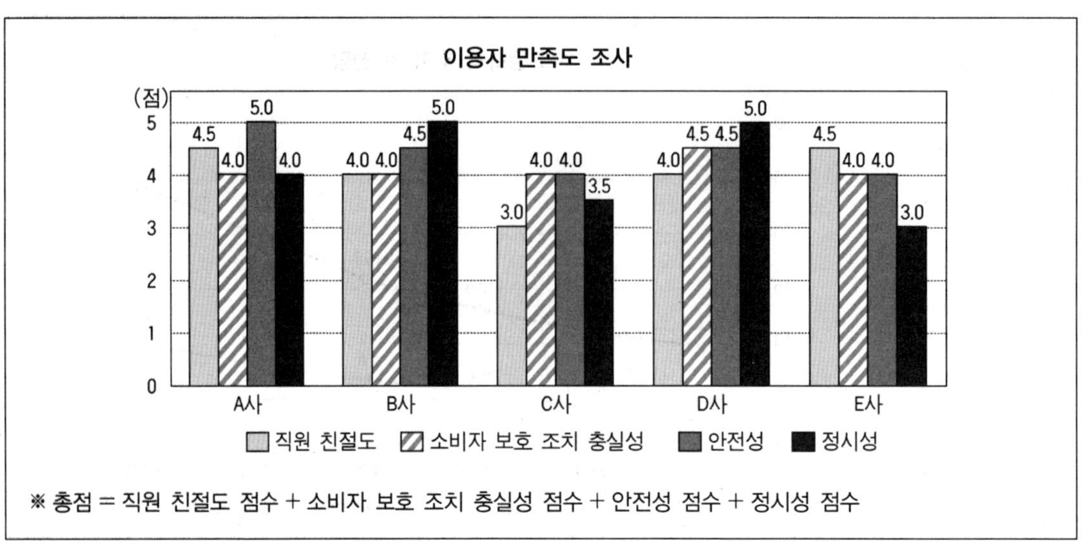

※ 총점 = 직원 친절도 점수 + 소비자 보호 조치 충실성 점수 + 안전성 점수 + 정시성 점수

① A사와 B사의 4개 부문 총점은 같다.
② B사의 안전성 점수와 C사의 안전성 점수의 합계는 D사의 정시성 점수와 E사의 정시성 점수의 합계보다 높다.
③ 4개 부문 총점이 가장 낮은 업체는 C사이다.
④ '소비자 보호 조치 충실성' 부문에서 가장 높은 점수를 받은 업체는 D사이다.
⑤ 직원 친절도와 정시성에 각각 0.2, 소비자 보호 조치 충실성과 안정성에 각각 0.3의 가중치를 부여하면 총점이 가장 높은 업체는 달라진다.

[23~24] 다음은 2024년 국내외 2분기 화물 및 여객 운항 실적에 대한 자료이다. 이를 보고 이어지는 물음에 답하시오.

국내 항공사 화물 및 여객 운항 실적

항공사	노선 수	총 운항 횟수	화물 운항 횟수	여객 운항 횟수
D항공	134	771	136	635
A항공	93	594	82	512

국외 항공사 화물 및 여객 운항 실적

항공사	노선 수	총 운항 횟수	화물 운항 횟수	여객 운항 횟수
K항공	11	14	3	11
B항공	12	33	11	22
P항공	4	7	6	1
N항공	3	8	6	2
S항공	3	22	9	13
L항공	10	8	3	5
R항공	8	5	3	2
E항공	6	41	22	19
T항공	16	63	40	23
U항공	4	24	15	9

※ 여객지수 $= \dfrac{\text{여객 운항 횟수}}{\text{총 운항 횟수}} = 1 - \text{화물지수}$

※ 항공사 간 노선 중복 및 공동운항은 없음

23 위 자료에 대한 설명으로 옳은 것은? (단, 소수점 셋째 자리에서 반올림한다.)

① 국외 항공사 중 여객지수가 세 번째로 높은 곳은 B항공이다.
② 국내 D항공보다 여객지수가 높은 국외 항공사는 한 곳이다.
③ 국외 항공사 중 여객지수가 낮은 순서대로 나열하면 P항공, N항공, U항공이다.
④ 화물지수가 높다는 것은 총 운항 횟수 중 여객 운항 횟수 또한 많다는 것을 의미한다.
⑤ 국내외에서 노선 수 대비 총 운항 횟수가 가장 많은 항공사는 S항공이다.

24 2025년 2분기 D항공의 총 운항 횟수는 전년 동분기 대비 200% 증가했고, A항공의 여객 운항 횟수는 50% 감소했다고 한다. 이때 2025년 2분기 D항공의 총 운항 횟수와 A항공의 여객 운항 횟수의 차로 옳은 것은?

① 2,013
② 2,057
③ 2,082
④ 2,108
⑤ 2,114

25 다음은 2024년 상반기 전국의 교통사고 관련 자료이다. 이에 대한 설명으로 옳지 않은 것은?

2024년 상반기 교통사고 건수 및 사망자 · 부상자 수

(단위: 건, 명)

구분		주간	야간
1월	사고건수	8,035	7,981
	사망자수	190	199
	부상자수	12,589	12,505
2월	사고건수	7,241	6,946
	사망자수	136	199
	부상자수	11,440	10,215
3월	사고건수	9,036	8,429
	사망자수	198	211
	부상자수	13,599	12,862
4월	사고건수	9,620	8,411
	사망자수	164	216
	부상자수	14,722	13,073
5월	사고건수	10,593	9,093
	사망자수	215	205
	부상자수	15,843	13,833
6월	사고건수	9,960	8,369
	사망자수	195	241
	부상자수	15,161	12,512

① 매월 사고건수와 부상자수는 주간이 야간보다 많다.

② 2024년 상반기 사망자수가 가장 많은 달과 가장 적은 달의 사망자수 차이는 100명 이상이다.

③ 2월의 사고건수당 부상자수는 야간이 주간보다 많다.

④ 2024년 상반기 야간의 사고건수당 부상자수가 두 번째로 많은 달은 4월이다.

⑤ 2~6월 중 전월 대비 주간의 교통사고 사망자수 증감률이 가장 큰 달은 3월이다.

[26~27] 다음은 A국 음악산업 직무별 업종별 총산업인력과 기술인력 현황에 관한 자료이다. 이를 보고 이어지는 물음에 답하시오.

A국 음악산업 직무별 업종별 총산업인력과 기술인력 현황

(단위 : 명, %)

직무	업종	총산업인력	기술인력 현원	비중	부족인원	부족률
사업기획	음악 기획업	287,860	153,681	53.4	4,097	( )
	음반녹음시설 운영업	61,855	50,100	( )	256	( )
	음반 복제업	178,734	92,873	( )	1,528	1.6
	음반 배급업	94,364	31,572	33.5	1,061	( )
	음반도매업	131,485	36,197	( )	927	2.5
	음반소매업	325,461	118,524	( )	2,388	2.0
	인터넷/모바일 음악서비스업	416,111	203,988	( )	5,362	2.6
	음원대리중개업	107,347	60,301	56.2	651	( )
	음악공연 기획	122,066	65,289	( )	1,250	1.9
	기타음악공연서비스업	341,750	126,006	36.9	4,349	3.3
제작	음악 오디오물 출판업	234,940	139,454	( )	6,205	( )
	음악 오디오물 제작업	111,049	23,120	20.8	405	( )

※ 1) 기술인력 비중(%) $= \dfrac{\text{기술인력 현원}}{\text{총산업인력}} \times 100$

2) 기술인력 부족률(%) $= \dfrac{\text{기술인력 부족인원}}{\text{기술인력 현원 + 기술인력 부족인원}} \times 100$

26 위 자료에 대한 설명으로 옳은 것을 〈보기〉에서 모두 고르면?

> ┌ 보기 ┐
> ㉠ 음악녹음시설 운영업의 기술인력 비중은 80% 미만이다.
> ㉡ 기술인력 비중이 50% 이상인 업종은 6개다.
> ㉢ 음악 오디오물 출판업의 기술인력 부족률은 5% 미만이다.
> ㉣ 기술인력 부족률이 두 번째로 낮은 업종은 음반 복제업이다.

① ㉠, ㉡   ② ㉠, ㉢
③ ㉡, ㉢   ④ ㉡, ㉣
⑤ ㉢, ㉣

27 총산업인력이 두 번째로 많은 업종과 세 번째로 적은 업종의 기술인력 비중과 기술인력 부족률의 차가 바르게 짝지어진 것은? (단, 소수점 둘째 자리에서 반올림하여 계산한다.)

① 16.1%p, 2.2%p   ② 3.4%p, 2.1%p
③ 16.1%p, 2.1%p   ④ 19.3%p, 2.1%p
⑤ 19.3%p, 2.2%p

28 A~E 5명이 다음 규칙에 따라 게임을 하고 있다. 4 → 1 → 1의 순서로 숫자가 호명되어 게임이 진행되었다고 할 때, 네 번째 술래는 누구인가?

> • A → B → C → D → E 순으로 반시계 방향으로 동그랗게 앉아 있다.
> • 한 명의 술래를 기준으로 술래는 항상 숫자 3을 배정 받고, 반시계 방향으로 술래 다음 사람이 숫자 4를, 그 다음 사람이 숫자 5를, 그 다음 사람이 숫자 1을, 그 다음 사람이 숫자 2를 배정받는다.
> • 술래는 1~5의 숫자 중 하나를 호명하고, 호명된 숫자에 해당하는 사람이 다음 술래가 된다. 새로운 술래를 기준으로 다시 위의 조건에 따라 숫자가 배정되며 게임이 반복된다.
> • 첫 번째 술래는 A이다.

① A
② B
③ C
④ D
⑤ E

29 다음 명제가 모두 참이라고 할 때 반드시 참인 명제는?

> • 환율이 상승하면 국내 수출기업의 해외시장에서의 가격경쟁력이 강화된다.
> • 가격경쟁력이 강화되면 수출의 증가로 연결된다.
> • 수출이 증가하면 경상수지가 개선된다.

① 수출이 증가하면 국내 수출기업의 해외시장에서의 가격경쟁력이 강화된다.
② 경상수지가 개선되면 수출이 증가한다.
③ 수출이 증가하면 환율이 상승한다.
④ 경상수지가 악화되면 환율이 하락한다.
⑤ 환율의 하락은 국내 수출기업의 해외시장에서의 가격경쟁력을 약화시킨다.

30 A, B, C, D, E, F, G 7명은 함께 식사를 하기로 했다. 한식, 양식, 중식, 일식 식당 중 각자 가고 싶은 식당에 투표를 해서 다수결로 식사할 식당을 결정하기로 했을 때, 다음 중 불가능한 진술은?

- A와 C는 일식을 먹고 싶다.
- G와 F는 먹고 싶은 음식 종류가 다르다.
- D는 일식과 중식을 싫어한다.
- E와 B는 일식과 양식을 싫어하고, 서로 좋아하는 음식 종류가 다르다.
- 동일한 득표수를 받은 음식 종류가 있을 경우, E가 싫어하는 음식은 피한다.

① 일식 식당에 가기로 했다.
② 중식 식당에 가기로 했다.
③ 양식 식당에 가기로 했다.
④ 한식 식당에 가기로 했다.
⑤ 중식, 일식, 양식의 득표수가 같아서 E가 좋아하는 중식 식당에 가기로 했다.

31 다음 규칙에 따라 甲과 乙이 게임을 할 때, 〈보기〉에서 옳은 것만을 모두 고르면?

- 甲과 乙은 각각 10개의 사탕을 가지고 게임을 시작한다.
- 매 게임마다 출제자는 자신이 가진 사탕 중 원하는 만큼을 상대방이 보지 못하게 양손에 쥔다. 이때 사탕은 1개 이상 쥐어야 한다. 답변자는 출제자가 손에 쥔 사탕의 개수가 홀수인지 짝수인지 말한다.
- 답변자가 홀수인지 짝수인지를 맞추어 이기면 출제자는 자신이 손에 쥔 개수만큼의 사탕을 답변자에게 준다. 맞추지 못한다면 반대로 답변자는 그만큼의 사탕을 출제자에게 준다. 다만 주어야 할 사탕이 부족하다면 가진 사탕을 모두 주어야 한다.
- 게임이 시작되면 첫 번째 게임은 甲이 출제자이고 乙이 답변자이며, 두 번째 게임부터는 번갈아 출제자와 답변자가 된다.
- 한 명의 사탕이 모두 없어질 때까지 게임을 계속하며, 게임 결과 상대방의 사탕을 모두 가져온 사람이 최종 승리자가 된다.
- 甲과 乙은 자신이 최종 승리자가 되려고 최선을 다한다.

> **보기**
> ㉠ 甲이 첫 번째 게임에서 사탕을 7개 쥐어 지고 두 번째 게임에서도 지면, 乙이 최종 승리자가 된다.
> ㉡ 甲과 乙이 매 게임마다 사탕을 4개씩 손에 쥔다면, 최종 승리자를 결정하기 위한 최소 게임 횟수는 3회이다.
> ㉢ 甲과 乙이 매 게임마다 사탕을 3개씩 손에 쥔다면, 최종 승리자를 결정하기 위한 최소 게임 횟수는 5회이다.
> ㉣ 甲이 첫 번째 게임에서 사탕을 9개 쥐어 이기면, 甲이 최종 승리자가 된다.

① ㉠, ㉡   ② ㉠, ㉢
③ ㉡, ㉢   ④ ㉡, ㉣
⑤ ㉢, ㉣

[32~33] 다음은 내집마련 디딤돌 대출과 관련된 자료이다. 이를 보고 이어지는 물음에 답하시오.

---

1. **대출대상**
   - 부부합산 연소득 6천만 원 이하(생애최초 주택구입자, 2자녀 이상 가구 또는 신혼가구는 연소득 7천만 원 이하)
   - 순자산가액 5.06억 원 이하 무주택 세대주

2. **신청시기**
   소유권이전등기를 하기 전에 신청. 단, 소유권이전등기를 한 경우에는 이전등기 접수일로부터 3개월 이내까지 신청

3. **대상주택**
   주거 전용면적이 85m²(수도권을 제외한 도시지역이 아닌 읍 또는 면 지역은 100m²) 이하 주택으로 대출 접수일 현재 담보주택의 평가액이 5억 원(신혼가구 및 2자녀 이상 가구 6억 원) 이하인 주택

4. **대출한도**
   - 일반 2.5억 원(생애최초 일반 3억 원)
   - 신혼가구 및 2자녀 이상 가구 4억 원 이내(LTV 70%, 생애최초 주택구입자는 LTV 80%, DTI 60% 이내)

5. **대출금리**
   - 연 2.15% ~ 연 3.00%

소득수준(부부합산연소득) \ 대출기간	10년	15년	20년	30년
2천만 원 이하	연 1.85%	연 1.95%	연 2.05%	연 2.10%
2천만 원 초과 ~ 4천만 원 이하	연 2.00%	연 2.10%	연 2.20%	연 2.25%
4천만 원 초과 ~ 7천만 원 이하	연 2.15%	연 2.25%	연 2.35%	연 2.40%

   - 금리우대(각 항목 중복 적용 불가)
     ① 연소득 6천만 원 이하 한부모가구 연 0.5%p
     ② 장애인가구 연 0.2%p
     ③ 다문화가구 연 0.2%p
     ④ 신혼가구 연 0.2%p
     ⑤ 생애최초주택구입자 연 0.2%p
   - 추가금리우대(각 항목 중복 적용 가능)
     ① 청약(종합)저축 가입자(본인 또는 배우자)
        - 가입기간 1년 이상이고 12회차 이상 납입한 경우: 연 0.1%p
        - 가입기간 3년 이상이고 36회차 이상 납입한 경우: 연 0.2%p
          (단, 대출접수일로부터 6개월 이내 일괄 납부된 경우 우대금리 회차 인정대상에서 제외하고 선납은 포함)
        - 청약(종합)저축 가입자 민영주택 청약 지역별(청약가입 시 주민등록지 또는 대출접수일 현재 주민등록지 기준) 최소 예치금액 납입이 완료된 날로부터 1년 이상 0.1%p, 3년 이상 0.2%p
     ② 부동산 전자계약 체결(2023.12.31. 신규 접수분까지) 연 0.1%p
     ③ 다자녀가구 연 0.7%p, 2자녀가구 연 0.5%p, 1자녀가구 연 0.3%p
     ④ 신규 분양주택 가구(준공 전 분양아파트 또는 준공 후 분양전환 임대아파트의 최초 분양계약체결 가구) 연 0.1%p
   - 우대금리 적용 후 최종금리가 연 1.5% 미만인 경우에는 연 1.5%로 적용
   - 자산심사 부적격자의 경우 가산금리 부과

6. **대출기간**
   10년, 15년, 20년, 30년(거치 1년 또는 비거치)

---

32 위 자료의 내용과 일치하지 않는 것은?

① 신혼가구가 아닌 1자녀가구인 경우, 최대 2억 5천만 원까지 대출받을 수 있다.

② 부부합산 연소득이 6,500만 원이고 2자녀가구인 경우에 대출을 받을 수 있다.

③ 소유권이전등기를 2023년 1월 5일에 했다면, 2023년 3월 5일에는 대출 신청이 가능하다.

④ 서울에 위치한 주거 전용면적 87m²의 아파트인 경우 주택 평가액이 5억 원 이하여도 대출을 받을 수 없다.

⑤ 본인이나 배우자 중 한 명이 청약저축 가입자라면 최대 연 0.2%p 대출금리우대가 가능하다.

33 다음 〈보기〉의 (가)~(라)는 내집마련 디딤돌 대출을 받으려는 무주택자 세대주들의 사례를 나타낸 것이다. 위 자료를 바탕으로 했을 때, (가)~(라) 중 대출금리가 가장 높은 경우와 가장 낮은 경우를 차례로 나열한 것은?

> ┌ 보기 ┌
> (가) 연소득 4천만 원이며, 미성년 딸 1명을 키우는 한부모가구다. 대출기간 15년에 2억 원을 대출받으려 한다.
> (나) 부부합산 연소득이 7천만 원이며, 2명의 미성년 자녀를 키우는 부부이다. 세대주가 청약저축을 10년간 가입하였고 100회 이상 납입한 상태이다. 대출기간 30년에 3억 5천만 원을 대출받으려 한다.
> (다) 부부합산 연소득이 6천만 원이며, 생애최초주택구입자이다. 자녀는 없으며, 부부 중 한 명이 장애인이다. 세대주가 청약저축에 2년간 가입하였고 20회차 납입한 상태이다. 대출기간 10년에 1억 2천만 원을 대출받으려 한다.
> (라) 부부합산 연소득이 6,500만 원이며, 생애최초주택구입자이다. 미성년 자녀가 1명이며, 대출기간 15년에 1억 5천만 원을 대출받으려 한다.

① (다), (나)　　　　　② (나), (가)

③ (다), (가)　　　　　④ (라), (나)

⑤ (라), (가)

[34~35] ○○공사 인사팀에서는 직원 교육에 사용할 교재를 외부 업체에 위탁하여 제작하려 한다. 업체들이 제출한 교재 시안을 다음과 같이 평가하여 채택한다고 할 때, 이어지는 물음에 답하시오.

1. 평가 결과

   업체가 제출한 시안을 5개의 항목으로 평가하고, 평가점수의 총합이 가장 높은 2개의 시안을 채택한다. 5개의 업체(A ~ E)가 제출한 시안에 대한 평가 결과는 다음과 같다.

   (단위 : 점)

평가항목(배점) \ 업체	A	B	C	D	E
학습내용(30)	28	㉠	24	22	21
학습체계(30)	23	25	30	26	20
교수법(20)	19	17	14	20	㉡
학습평가(10)	10	8	9	6	9
학습매체(10)	7	10	9	9	8

   ※ 단, 점수는 자연수로만 매겨진다.

2. 가산 부여 및 시안 채택 기준

   위 평가점수 총합이 가장 높은 2개의 업체에, 다음과 같이 가점을 부여하여 최종 평가점수가 더 높은 시안을 채택한다.
   - 사업기간이 10년 이상이면 2점, 5년 이상 10년 미만이면 1점의 가점을 부여한다.
   - 업체 제시가격이 공사 기준 가격의 95% 이상을 만족하면 3점의 가점을, 90% 이상 95% 미만을 만족하면 1점의 가점을 부여한다.
   - 연평균 실적건수가 업계 평균보다 높을 경우 1점의 가점을 부여한다.
   - 최종 평가점수가 동일할 경우에는 '학습내용' 평가항목의 점수가 높은 업체의 시안을 선택한다.

평가부문 \ 업체	A	B	C	D	E
사업기간(년)	17	23	12	5	17
공사 기준 제시가격 수준(%)	95	90	98	90	88
연평균 실적건수(건)	37	27	34	40	35

   ※ 전체 업계의 연평균 실적건수는 32건이다.

34 B업체의 학습내용 점수는 업체들 중 가장 높고, E업체의 교수법 점수는 C업체보다는 높고 B업체보다는 낮다. 이때, 시안 채택과 관련된 설명으로 옳은 것은?

① 학습체계 점수가 가장 높은 업체의 시안이 채택된다.

② ㉠, ㉡에 들어갈 점수의 합은 45 이하이다.

③ 시안이 채택되는 업체는 3점의 가점을 부여받는다.

④ ㉡에 들어갈 점수가 '16'이라면 E업체는 A~E업체의 가점을 제외한 최종평가 점수가 세 번째로 높은 업체가 된다.

⑤ ㉠에 들어갈 점수가 '30'이라면 B업체의 시안이 채택된다.

35 위 평가 결과표의 ㉠, ㉡에 들어갈 점수가 각각 20, 17일 때, 시안이 채택되는 업체는 어디인가?

① A업체

② B업체

③ C업체

④ D업체

⑤ E업체

36 다음은 기숙사형 · 청년 매입임대주택 입주자격을 나타낸 표이다. 이에 대한 설명으로 옳은 것을 〈보기〉에서 모두 고르면?

공급유형	신청자격	입주순위		자산기준(만 원)	
				총자산	자동차
기숙사형 청년주택	무주택자인 미혼청년 (대학생, 대학원생, 만 19~39세인 자)	1순위	• 생계 · 의료수급자 가구 • 차상위 계층가구, 지원대상 한부모가족	−	−
		2순위	본인과 부모의 월평균소득이 전년도 도시근로자 가구원수별 가구당 월평균소득 100% 이하	−	−
		3순위	본인의 월평균소득이 전년도 도시근로자 1인가구 월평균소득 100% 이하	−	−
청년 매입임대	무주택자인 미혼청년 (대학생, 취준생, 만 19~39세인 자)	1순위	• 생계 · 주거 · 의료수급자 가구 • 차상위 계층가구, 지원대상 한부모가족	−	−
		2순위	본인과 부모의 월평균소득이 전년도 도시근로자 가구원수별 가구당 월평균소득 100% 이하 (국민임대 자산기준 충족)	34,500	3,708
		3순위	본인의 월평균소득이 전년도 도시근로자 1인가구 월평균소득 100% 이하 (행복주택 청년 자산기준 충족)	27,300	3,708

┌ 보기 ┌

㉠ 본인과 부모의 월평균소득이 전년도 도시근로자 가구원수별 가구당 월평균소득 100% 이하인 대학원생 L씨가 3,800만 원인 자동차를 소유하고 있다면 기숙사형 청년주택에 입주할 수 없다.

㉡ 지원대상 한부모가족에 속하는 대학생 Y씨는 청년 매입임대주택보다 기숙사형 청년주택 입주 신청을 하는 것이 입주확률이 더 높다.

㉢ 의료수급자 가구에 속하는 취업준비생 K씨는 총자산 기준과 상관없이 청년 매입임대주택 입주자격 1순위가 된다.

㉣ 본인의 월평균소득이 전년도 도시근로자 1인가구 월평균소득 100% 이하인 만 30세 취업준비생 Y씨가 3,610만 원인 자동차를 소유하고 있는 경우 청년 매입임대주택 입주 3순위가 될 수 없다.

① ㉠

② ㉢

③ ㉠, ㉢

④ ㉡, ㉣

⑤ ㉢, ㉣

[37~38] 다음은 ○○공사의 직원 승진을 위한 인사평가 요소와 승진 대상자의 평가점수 정보이다. 이를 보고 이어지는 물음에 답하시오.

평가 요소		승진 대상자				
구분	요소	갑	을	병	정	무
업무능률	업무 효율성(10점)	8	6	7	5	9
	업무 지식(5점)	4	3	3	5	2
	업무 속도(5점)	2	4	4	5	1
업무태도	협조성(5점)	3	2	3	4	1
	책임감(10점)	5	4	7	8	4
	근면성(5점)	2	2	5	1	3
	적극성(5점)	3	2	4	1	5
업무능력	이해판단력(5점)	4	4	2	2	5
	실행력(10점)	8	9	4	6	5
	창의력(5점)	3	3	5	2	1
관리능력	위기대처력(10점)	5	7	8	3	1
	지도력(10점)	5	9	4	7	8
	신뢰성(10점)	9	6	4	8	3
	사고 유연성(5점)	3	5	2	1	1

37 위에 제시된 인사평가 요소에 대한 점수를 산정하여 갑~무 중 승진자 1명을 선정하려고 한다. 평가요소별 점수를 합산한 총점이 높은 1명을 선정하고, 총점이 동일한 경우에는 관리능력이 높은 사람을 우선하여 승진자로 선정한다고 할 때, 승진하는 직원은?

① 갑   ② 을
③ 병   ④ 정
⑤ 무

38 위 문제의 승진자와는 별개로 업무능률과 업무태도 점수가 가장 높은 직원에 한하여 각각 총점의 15%를 가산하여 계산한 총점이 가장 높은 사람에게 상여금을 지급하려고 한다. 이때, 상여금을 받는 직원은 누구인가?

① 갑   ② 을
③ 병   ④ 정
⑤ 무

39 단어 간 관계가 다음과 같은 것을 고르면?

외투 : 옷장

① 식탁 : 싱크대 ② 책상 : 의자
③ 신발 : 운동화 ④ 거울 : 화장대
⑤ 그릇 : 찬장

40 단어 간 관계가 다음과 같은 것을 고르면?

긍지 : 자부심

① 갹출 : 추렴 ② 찬양 : 무시
③ 입원 : 간호 ④ 처방 : 진료
⑤ 감사 : 감동

LH한국토지주택공사

직업기초능력평가

박문각

LH한국토지주택공사

직업기초능력평가

봉투모의고사

4회

제4회 직업기초능력평가
(40문항 / 60분)

[01~02] 다음 글을 읽고 이어지는 물음에 답하시오.

'패시브 하우스(Passive House)'는 단열을 강화하여 에너지 손실을 최대한 줄인 건축물이다. 이 건축물은 실내의 에너지 손실을 최소화하면서도 햇빛과 신선한 공기를 공급받을 수 있고, 습도 조절을 잘 할 수 있도록 설계된 것이다. 패시브 하우스는 특히 겨울철에 건물 안으로 들어온 에너지와 안에서 발생한 에너지가 오랫동안 건물 안에 머물러 있도록 만들어진다. 에너지 손실을 최소화하기 위해서는 열이 빠져나가지 않게 전체 단열 계획을 잘 짠 다음, 까다로운 기준에 부합하는 특수 단열재로 시공해야 한다.

건물의 실내에는 신선한 공기가 공급되어야 한다. 일반적인 건물은 창문을 열거나 환풍기를 돌려서 신선한 공기를 공급받지만, 패시브 하우스에서는 그렇게 할 수 없다. 왜냐하면 외부 공기가 공급되면 실내 에너지가 빠져 나가기 때문이다. 이러한 문제는 나가는 공기가 품고 있는 에너지를 들어오는 공기가 회수해 올 수만 있으면 해결할 수 있다. 패시브 하우스에서 이 일을 가능하게 해 주는 것이 열 교환 환기 장치이다. 이 장치는 주로 실내 바닥이나 벽면에 설치하는데, 실내의 각 방과 실외로 연결되는 배관을 따로 시공하여 실내외 공기를 교환한다. 팬, 열 교환 소자, 공기 정화 필터, 외부 후드 등으로 구성된다.

그중 핵심 요소인 열 교환 소자는 열과 수분의 투과율을 높이기 위해 열전도율이 뛰어나도록 만든다. 실내외의 공기가 나가고 들어올 때 이 열 교환 소자를 통과하는데, 그 과정에서 실내 공기의 주 오염원인 CO_2는 통과시켜 배출한다. 하지만 열 교환 소자는 나가는 공기가 지니고 있던 80% 내외의 열과 수분을 배출하지 않고 투과시켜 들어오는 공기와 함께 실내로 되돌아오게 한다. 이러한 장치 덕분에 창문을 열지 않아도 환기가 가능하다. 실외의 황사나 꽃가루 등은 공기 정화 필터로 걸러지므로 외부로부터 신선한 공기를 공급받을 수 있다.

햇빛을 통한 에너지 공급도 건물에서는 중요하다. 햇빛은 창호를 통해 들어오는데, 여기서 (가   ) 일반적으로 실내에 햇빛을 많이 공급하기 위해서는 두께가 얇은 유리나 창호지를 사용해야 한다. 그러나 두께가 얇을수록 에너지의 손실이 더 커질 수밖에 없다. 패시브 하우스에서는 이 문제를 해결하기 위해서 3중 로이유리(Low-E Glass)를 사용한다. 이것에는 두께가 얇고 투명한 유리 세 장에 에너지 흐름을 줄이는 금속 막이 씌워져 있고, 이들 유리 사이에는 무거운 기체가 채워져 있다. 투명한 유리는 햇빛을 많이 통과시키고, 금속 막과 무거운 기체는 실내 에너지가 빠져나가는 것을 막는다.

습도 조절도 중요한 요소이다. 일반 건물에서 습도 조절이 제대로 이루어지지 않아 곰팡이가 피게 되면, 외부 공기가 스며들어 벽체 표면의 습도를 높이기 때문이다. 또, 곰팡이는 집 안 전체의 습도가 아주 높거나, 전체 습도는 낮고 벽체 표면이나 벽체 속의 습도가 높아도 생긴다. 그러나 패시브 하우스는 밀폐성과 단열성이 뛰어나 겨울철 벽체의 온도와 실내 온도가 거의 비슷하기 때문에 이슬 맺힘이나 곰팡이가 생기지 않는다.

01 **윗글의 (가)에 들어갈 내용으로 가장 적절한 것은?**

① 햇빛을 실내에 많이 공급하는 것이 중요하다.

② 에너지의 손실 방지와 햇빛의 공급 사이에 모순이 생긴다.

③ 창호는 에너지 보존에 효과적인 재료이다.

④ 난방을 위해 지속적으로 에너지를 공급하는 것이 필요하다.

⑤ 환기와 난방은 상호 보완적인 관계이다.

02 다음 〈보기〉를 참고하여 윗글을 이해한 것으로 옳지 않은 것은?

> ┌ 보기 ┐
> '패시브 하우스(Passive House)'는 수동적(passive)인 집이라는 뜻으로 능동적(active)으로 에너지를 끌어 쓰는 액티브 하우스(Active House)에 대응하는 개념이다. 액티브 하우스가 태양열 등 외부에너지를 적극적으로 활용하여 지속적으로 에너지를 공급하여 난방을 유지하는 반면, 패시브 하우스는 집 안의 열의 유출을 억제하여 에너지 사용량을 최소화하는 에너지 절감형 주택이다. 이를 위해 단열재 등을 충분히 활용하고 벽채도 두껍게 하며 창문도 삼중창을 사용하는 등 단열효과를 극대화한다. 1991년 독일에서 처음 도입됐고 이후 오스트리아, 영국 등 유럽에 확산되고 있는 추세이다.

① 패시브 하우스와 달리 액티브 하우스는 환기를 위해서 특별한 장치가 필요하구나.

② 액티브 하우스와 패시브 하우스는 난방을 위해 에너지를 활용하는 방법에 차이가 있구나.

③ 패시브 하우스는 난방설비를 통한 인위적인 에너지 공급을 최소화하기 위해 고안한 것이구나.

④ 패시브 하우스는 집안 내부 에너지를 이용하는 기술이구나.

⑤ 액티브 하우스와 패시브 하우스는 에너지를 이용하는 방식에서 차이가 있구나.

[03~04] 다음 글을 읽고 이어지는 물음에 답하시오.

주자의 "중용장구(中庸章句)" 서문을 보면, '공(公)으로 사(私)를 극복하라'는 점이 강조되고 있다. 그런데 만약 공은 사회적인 것이고 사는 개인적인 것이라는 이분법으로 접근할 경우, 앞선 주자의 말을 '사회를 위해 개인을 희생하라'는 의미로 오해하기 쉽다.

유교에서는 '공'과 '사'가 모든 사람들의 '자기(自己)' 안에 공존한다고 보았다. 이때 공과 사는 모두 개인의 내부에 공존하며 뒤엉켜 있는 내적 생각 또는 욕망에 해당한다. 따라서 공을 주체의 바깥에 있는 '사회'를 가리키는 개념으로 보거나, 주체의 외부와 내부로 선을 그어 공과 사를 나눌 수 없다. 이러한 관점에서 볼 때, 유교의 공사(公私) 개념은 타고난 순수한 품성에서 기인한 도심(道心)을 지니고 살아가고자 하면서도 한편으로는 사적 욕망에서 기인한 인심(人心)을 지닐 수밖에 없는 복합적 욕망의 주체로서의 인간을 규정하는 개념이다. 따라서 '공으로 사를 극복하라'는 말은 도심으로써 인심을 제어하라는 뜻이다.

또한 유교에서는 공과 사만이 아니라, '자기'와 '사회' 역시 분리되지 않는다. 유교는 자기 안의 공적(公的) 욕망이 사회 일반의 생각이나 행동인 '공(共)'으로 이어진다고 보고, '공공(公共)'을 추구하는 인간을 이상적으로 여긴다. 따라서 유교적 의미의 '자기'는 '나'와 '너'의 경계 없이 서로 의존하고 상호 작용하는 공동체 문화에 기반한 개념으로서, 타인이나 사회와 분리되지 않는 개념으로 이해할 수 있다. 결국 이러한 유교적 '자기'는 '나'와 '너'를 구별하는 서구식의 '개인'과는 분명히 다른 개념인 것이다.

결국, 공공을 추구해야 한다는 유교의 명제는 개인의 욕구가 도심에서 비롯함으로써, 사회 전체의 생각과 합일해야 한다는 뜻으로 이해할 수 있다. 따라서 주자가 말한 '공으로 사를 극복하라'는 말은 사회가 개인을 억압하는 일을 정당화해 주는 논리가 아니라, 사람들로 하여금 내 안에 타고난 도심이 인심에 가려 흐려지는 일이 없도록, 자신의 생각과 욕망을 바로잡는 수양을 강조하는 것으로 이해할 수 있다.

03 윗글의 주제로 적절한 것은?

① 유교에서는 개인의 욕구가 도심에서 비롯되고, 사회 전체와 합일해야 한다고 주장한다.
② 주자가 말한 공과 사의 개념은 동양이나 서양이나 비슷하다.
③ 공으로 사를 극복하라는 말은 도심으로 인심을 제어하라는 말이다.
④ 유교에서의 '나'는 서구식의 '개인'과는 다른 개념이다.
⑤ 공으로 사를 극복하라는 말은 사회를 위해 개인을 희생하라는 말이다.

04 윗글에 대한 설명으로 옳지 않은 것은?

① '공으로 사를 극복하라'는 말에 대해, 공은 사회적인 것이고 사는 개인적인 것이라는 이분법적 사고로 이해하려 한다면 그 의미를 오해할 수 있다.
② '공'과 '사'는 외부와 내부로 선을 그어 분리할 수 있는 것이 아닌, 모두 개인의 내부에 공존하는 것이다.
③ 유교적 의미의 '자기'는 타인이나 사회와 분리되지 않는 개념으로 볼 수 있다.
④ '공으로 사를 극복하라'는 말은 자신의 생각과 욕망을 바로 잡는 수양을 강조하는 것으로 볼 수 있다.
⑤ 사람은 타고난 순수한 품성에서 기인한 인심을 지니고 살아가면서도 사적 욕망에서 기인한 도심을 지닐 수밖에 없다는 것이 유교에서의 공사 개념이다.

05 'LH 찾아가는 일자리상담 및 취업 · 복지 연계서비스' 사업에 대한 설명이 다음 보도자료와 일치하는 것은?

> LH는 2023년 3월 17일, 경기남부지역본부에서 '2022년 찾아가는 일자리상담 및 취업 · 복지 연계 서비스' 성과보고회를 개최했다고 밝혔다. 'LH 찾아가는 일자리상담 및 취업 · 복지 연계서비스' 사업은 일자리 및 복지 전문 상담사들이 LH 임대주택 단지에 직접 방문해 일자리를 필요로 하는 입주민을 대상으로 취업상담 및 컨설팅을 하는 사업이다. 더불어, 직업훈련 연계서비스, 복지서비스 지원 등을 종합적으로 제공하며 개인별 맞춤형 서비스가 가능하다는 것이 가장 큰 특징이다.
> 성과보고회에서는 입주민들의 일자리 상담서비스를 통해 많은 입주민들의 취업을 도운 10개 임대주택단지에 대한 LH 사장상 수여가 진행됐다. 아울러, 우수 상담사례 및 우수성과를 달성한 상담사에게는 한국고용복지사회적협동조합연합회에서 상장을 시상하는 등 그간 상담사들의 노고를 격려하고, 입주민들에 더 나은 복지 안전망을 구축하기 위한 다짐을 나누는 시간을 가졌다.
> LH는 2022년 사업 추진을 위해 예산을 2배 이상 확대하고 서비스 지역 또한 기존 수도권에서 5대 광역시까지 확대해 212개 임대주택단지 입주민들의 일자리 찾기에 힘을 쏟았다. 그 결과, 취업을 희망하는 8,887명에게 맞춤형 취업 · 교육 · 복지관련 상담 서비스를 제공해 2,355명이 일자리를 얻게 됐으며, 472명에게는 취업관련 교육 및 컨설팅을 함께 지원했다. 또한, 정부의 취업정책과도 연계해 자립준비청년, 홀몸어르신, 다문화가정 등 일자리 사각지대에 있는 입주민들을 고용노동부에 추천함으로써 보다 촘촘한 입주민 복지 제공을 위해 노력했다. 서비스를 이용한 입주민들은 '나에게 맞는 맞춤형 상담을 받을 수 있어 좋았다', '고용노동부 지방지청과 연계한 많은 취업 정보를 알게 됐다', '취업지원뿐만 아니라 지자체의 돌봄, 생계비 및 건강 및 보건상담 서비스까지 받을 수 있었다'라며 LH와 전문 상담사에게 고마움을 전했다.
> LH는 2023년에도 보다 많은 입주민들에게 일자리를 지원하기 위해 '찾아가는 일자리상담 및 취업 · 복지 연계 서비스'를 지속적으로 추진할 예정이다.

① LH 임대주택 입주민을 대상으로 취업상담 및 컨설팅을 해주는 사업으로, 입주민에 대한 복지서비스 지원은 이 사업과 별도로 진행된다.

② 입주민들이 LH 지역본부에서 전문 상담사와 맞춤형 상담을 진행한다.

③ 개인별 맞춤 상담을 제공하며, 2023년에는 사업 추진 예산을 2배 이상 확대할 계획이다.

④ 2022년에는 수도권과 5대 광역시를 대상으로 서비스를 진행하였으며, 그 결과 2,000명 넘는 입주민이 일자리를 얻었다.

⑤ 성과보고회에서는 우수성과를 달성한 상담사에 대해 LH 사장상을 수여했다.

06 다음 보도자료의 내용과 일치하는 것을 〈보기〉에서 모두 고르면?

LH, 청년·자립준비청년 전세임대 입주자 모집

한국토지주택공사(LH)는 2025년 2월 7일부터 청년, 자립준비청년을 대상으로 전세임대주택 입주자 상시 모집을 진행한다. 전세임대주택은 입주대상자로 선정된 청년이 거주할 주택을 직접 찾으면 LH가 주택 소유자와 전세 계약을 체결한 뒤 이를 입주대상자에게 저렴하게 재임대하는 제도이다. 이번 공고는 전국을 대상으로 하며, 청년(1순위 유형)은 총 7,000호를 모집하고 자립준비청년은 제한 없이 모집한다. '청년 1순위' 전세임대는 신청일 현재 무주택자이면서 혼인을 하지 않은 대학생, 취업준비생, 만 19세 이상 39세 이하인 자 중 수급자, 한부모가족, 차상위계층인 경우 신청 가능하다. 전세보증금은 수도권 1억 2,000만 원, 광역시 9,500만 원, 기타 지역 8,500만 원 한도로 지원한다. 입주자는 100만 원의 입주자 부담 보증금과 지원금액(전세금에서 입주자 부담 보증금을 제외한 금액)에 대한 금리(연 1~2%)를 월 임대료로 부담하게 된다. 최초 임대 기간은 2년이며, 최초 임대 기간 경과 후 재계약 기준 충족 시 2년 단위로 총 4회 재계약이 가능해 최대 10년 거주할 수 있다.
'자립준비청년' 전세임대는 혼인 중이 아닌 무주택자이면서 아동복지법상 가정위탁 보호조치가 종료되거나 아동복지시설에서 퇴소한 지 5년 이내인 경우 신청할 수 있다. 전세보증금은 청년 1순위와 동일하나, 월 임대료의 경우 만 22세 이하는 무이자, 전세임대주택 거주 5년 이내는 50% 감면 적용된다. 최초 임대 기간은 2년으로 최초 임대 기간 경과 후 재계약 기준 충족 시 2년 단위로 총 14회 재계약이 가능해 최대 30년 거주할 수 있다.
2025년 12월 31일까지 수시로 청약접수 가능하며, 자세한 사항은 LH청약플러스(https://apply.lh.or.kr)에 게시된 공고문을 통해 확인할 수 있다. LH 전세임대 콜센터(1670-0002)를 통한 전화 상담도 가능하다.

보기

ⓐ '청년 1순위' 전세임대 입주자 갑이 지원받을 수 있는 전세보증금은 1억 2,000만 원을 넘지 못한다.
ⓑ 아동복지시설에서 퇴소한 지 2년 된 을이 혼인을 했다면 '자립준비청년' 전세임대 신청이 불가하다.
ⓒ 아동복지시설에서 퇴소한 지 1년인 만 20세 병은 '자립준비청년' 전세임대 시 월 임대료가 50% 감면된다.
ⓓ '자립준비청년' 전세임대는 '청년 1순위' 전세임대와 동일하게 최대 30년 거주가 가능하며, 이때 재계약 기준을 충족해야 한다.

① ㉠, ㉡   ② ㉠, ㉢
③ ㉡, ㉢   ④ ㉡, ㉣
⑤ ㉢, ㉣

07 다음은 경남 진주에 있는 LH 토지주택박물관 1층에 개관한 주택도시역사관에 대한 자료이다. 자료의 내용과 일치하지 않는 것은?

주택도시역사관은 우리나라 주택과 도시의 역사를 시간 흐름에 따라 보여주는 연대기적 전시로 구성돼 있으며, 총 4개의 전시존(Zone)이 있다. 각 전시존에는 시대 배경, 국가정책, 그리고 주택과 도시를 만들어온 LH의 각종 노력이 담겨 있다.

1존에는 '절망을 넘어서는 집, 집, 집'을 주제로 한국전쟁 이후 발생한 심각한 주택난 속에서 대한주택영단이 공급한 재건주택, 부흥주택, 희망주택 등 다양한 유형의 공공주택이 전시돼 있다. 2존에서는 '집의 혁명, 아파트 시대'를 주제로, 1960~70년대 주거 문화를 주도했던 아파트 혁명과 대한주택공사 창립에 관한 내용을 관람할 수 있다. 특히, 최초의 단지형 아파트인 마포아파트, 중대형 아파트의 효시인 한강맨션아파트, 강남 시대를 연 반포아파트와 잠실아파트를 볼 수 있다. 3존에는 '한국형 신도시의 출발'을 주제로 1980~90년대 주거 문제 해결을 위한 신도시 건설의 역사가 전시돼 있다. 1기 신도시 외에도 개성공단, 산업단지, 경제자유구역 등 국가 성장의 원동력이 된 도시 조성의 과정이 담겨 있으며, 한국토지공사 창립에 관한 내용도 확인할 수 있다. 마지막 4존에서는 '모두를 품는 상생도시'를 주제로 한 2000년대 이후 다원화된 사회 속에서 생겨난 다양한 도시·주거문화에 관한 내용을 확인할 수 있다. 세종시와 혁신도시, 2기·3기 신도시, 도시재생 뿐만 아니라 다양한 주거복지 사업에 대해 전시하고 있으며, LH 출범에 관한 내용도 담겨 있다.

또한, 주택도시역사관은 인포그래픽 월(Wall), 영상관 및 재현공간 등 다양한 방식으로 전시 내용을 제공해 관람객들의 흥미를 더욱 북돋는다.

- 존 패널: 전시 내용을 1분 분량의 그림 영상으로 제작해 어린이들도 쉽게 이해할 수 있도록 했다. 외국인 관람객을 위해 영어, 중국어, 아랍어 자막도 제공된다.
- 인포그래픽 월: 주택·도시 관련 통계 자료를 활용해 주거 문화의 변화와 우리나라 경제 발전을 한 눈에 알아볼 수 있도록 디지털 인포그래픽 월도 설치돼 있다.
- 재현 공간: 1존과 2존에 각각 영단주택, 한강맨션아파트 재현 공간이 마련돼 있어 당시의 주거생활을 생생하게 체험해볼 수 있다.
- 주제 영상관: 전시 내용을 더욱 풍부하고 입체적으로 전달하기 위한 영상관도 마련돼 있다. 대형 영상관은 3존에 설치돼 있으며, 4존에는 3면으로 이뤄진 입체 영상관이 있다.

한편, 주택도시역사관에는 529점의 유물이 전시돼 있는데, LH는 그간 직원들을 대상으로 사사 자료 공모전을 개최하고, 관련 기관에서 유물을 기증받는 등 자료 수집을 위해 전사적인 노력을 기울여 왔다. 한국전쟁 당시 비상 탈출용으로 미국 공군이 사용했던 한반도 지도, 국내에 2장만 남은 제1차 경제개발 5개년 계획 도표 등 아파트 건설과 신도시 조성 관련 중요한 유물이 다수 전시돼 있다. 아울러, 전남 장흥 고택 자현당으로부터 일괄 기증받은 유물로 재현공간을 더욱 사실적으로 꾸밀 수 있었다. 뿐만 아니라, 주택도시역사관에서는 도시공간과 각종 주거문화를 만드는 데 노력해온 LH 직원들의 모습도 볼 수 있다. 주택도시역사관 관람은 월요일~일요일, 오전 10시부터 오후 5시까지 가능하며, 입장료는 무료이다. 향후, LH는 시민과 학생을 대상으로 역사관 관람 프로그램도 개발해 운영할 예정이다.

① 주택도시역사관 3존에서는 1기 신도시와 개성공단 조성과정을 살펴볼 수 있다.
② LH 출범에 대한 내용을 소개하고 있는 곳은 주택도시역사관 4존이다.
③ 주택도시역사관의 존 패널은 전시 내용을 1분 분량의 그림 영상으로 제작해 쉽게 이해할 수 있도록 만든 것이다.
④ 주택도시역사관에는 LH 직원을 대상으로 공모전을 개최해 모은 자료 및 기증받은 유물을 포함해 500점 넘는 유물이 전시돼 있다.
⑤ 주택도시역사관 입장료는 무료이며, 주말을 제외하고 오전 10시부터 오후 5시까지 관람이 가능하다.

08 다음 글을 통해 알 수 있는 내용이 아닌 것은?

전자책이라 하면 크게 콘텐츠를 지칭하는 '디지털 책(digital book)' 그리고 디지털 책을 읽게 해 주는 '전자책 리더(reader)' 두 가지를 의미한다. 디지털 책은 CD-ROM과 같은 패키지 매체나 인터넷망 등 유무선 네트워크를 통해 전달되는 정보나 지식을 표현하는 구조화된 비트들의 모음이라 할 수 있다. 전자책 리더는 컴퓨터나 태블릿에서 디지털 책을 구현해 주는 전자책 애플리케이션 또는 다른 기능은 배제한 채 전자책 전용 리더로 개발된 단말기를 의미한다. 전자책의 확산으로 전자책 제조 업체나 유통 업체는 물론 출판사, 잡지사, 신문사 등 종이 미디어 업체들까지 전자책을 둘러싼 경쟁에 뛰어들고 있다. 이러한 경쟁으로 전자책은 급속하게 확산되고, 반대급부로 종이 인쇄물은 쇠퇴하고 있다. 한 예로 애플의 아이패드(iPad) 등장을 계기로 아이패드와 유사한 태블릿PC 또는 전자책 전용 리더 사이의 경쟁이 치열해지고 있다.

전자책의 특징은 하나의 콘텐츠가 여러 플랫폼을 넘나들며 유통되어도 텍스트의 내용이 변질되지 않고 전자책 리더의 종류와 상관없이 동일하게 제공될 수 있다는 점이다. 예를 들어 동일한 디지털 책이 스마트폰, 태블릿, 데스크톱 등 다양한 스크린을 통해 제공될 때 텍스트는 디바이스에 적합한 포맷으로 자동 변환되어 제공된다. 이를 '확장성(scalability)'이라 부르는데, 이러한 변환이 이용자나 제공자의 명시적인 조작이나 개입 없이도 자동으로 이루어진다는 점은 전자책 확산에 주요한 영향력을 제공하고 있다.

하지만 전자책의 콘텐츠가 종이책의 디지털 번역이라면, 전자책에서도 종이책의 '텍스트성(textuality)'이 유지되는가 하는 점이 소비자들의 입장에서는 중요한 문제라고 할 수 있다. 예를 들어 종이 신문의 기사가 인터넷을 통해 제공될 때 그 기사에는 어떤 변화가 나타나는가와 같은 문제이다. 구현하는 매체와 관계없이 그 내용은 유지된다는 본질주의적 입장이 일반적이고, 기사의 내용은 그대로이지만 구현하는 매체의 전환이 내용을 담는 '언어적 코드' 이외에 '서지적 코드', 즉 매체의 물질성이 작용하면서 텍스트성의 변화를 초래해 본질적인 내용이 훼손된다는 주장도 있다.

오늘날 전자책이 본질적인 내용은 훼손시키지 않으면서 소비자들에게 얼마나 영향을 미치고 미디어 지형에 변화를 줄지는 예측하기 어렵다. 다만 현재 전자책이 책 읽기를 부활시키고 나아가 종이 매체와 연관된 산업을 활성화시키고 있다는 사실은 부정할 수 없다. 아이패드의 등장 이후 미국과 일본 신문사, 잡지사 등의 적극적인 관심과 투자가 일어났고, 이는 전자책이 '죽은 종이 미디어'를 부활시킬 수 있는 가능성을 보여 주고 있다. 또한 전자책은 글쓰기 테크놀로지로서 새로운 '글쓰기 공간(writing space)'을 창출하고 있다. 이 글쓰기 공간은 시각을 넘어 청각, 촉각 등 다중 감각에 소구하는 멀티미디어 공간이 될 것이고, 표현 양식의 재매개나 콘텐츠 유통 측면에서 다른 미디어와의 관계가 강화되는 네트워크 공간이 될 것이다. 또한 다양한 문화적, 매체적 전통이 혼합·융합되는 공간이 될 것임은 자명한 사실이다.

① 전자책은 디지털 책과 전자책 리더를 의미한다.
② 확장성이란 텍스트가 다양한 디바이스에 적합한 포맷으로 자동 변환되어 제공됨을 의미한다.
③ 전자책은 책 읽기를 부활시키고 전체 미디어 산업의 활성화를 견인하였다.
④ 전자책으로 인한 글쓰기 공간은 다른 미디어와의 관계를 강화시킬 것이다.
⑤ 전자책을 둘러싼 경쟁이 확대된 것은 아이패드의 등장 이후이다.

09 다음 글에서 추론할 수 없는 것은?

> 기존 경제학의 인간상은 '합리적인 인간'으로, 어떤 행동을 할 때 효율을 극대화하는 방향으로만 선택한다. 그렇기 때문에 기존 경제학은 인간의 비합리적 행동을 설명할 수 없고, 이를 보완하기 위한 방안으로 나온 것이 인간은 '제한적으로 합리적'이라고 설명하는 행동경제학이다. 특정 상황 속 개인은 가장 효율적 선택을 하기 위한 모든 정보를 갖고 있지 않고, 설령 그렇다 하더라도 정보를 처리하는 인간의 능력엔 한계가 있다는 것이다.
>
> 행동경제학의 뼈대를 이루는 것은 '기대 이론'이다. 사람들은 결과를 계산해 합리적인 선택을 하기보단 직관적으로 판단해 편향된 행동을 하는 경우가 많았다. 기대 이론 중 현실에서 흔히 발견할 수 있는 특징으로 '손실회피성'이 있다. 손실회피성은 똑같은 금액의 이익과 손실이 있을 때 이익보다도 손실을 더 크게 평가하는 경향을 말한다. 또 다른 기대 이론을 지지하는 개념 중 하나로 '심적 회계'가 있다. 이것은 심리가 무의식적으로 조작되는 현상으로 사람들이 자신들의 경제활동을 평가, 관리, 기록할 때 나타난다. 예를 들어 영화를 보러 갔다고 가정하자. 상황 1은 영화를 보기 위해 만 원짜리 티켓을 사려는데 만 원 지폐 한 장을 잃어버린 사실을 알게 된 경우고, 상황 2는 전날 만 원을 주고 산 티켓을 갖고 영화관을 갔는데 티켓을 잃어버린 사실을 알게 된 경우다. 이때 만 원짜리 티켓을 다시 살 거냐는 질문에 '예'라고 답한 확률은 상황 1보다 상황 2에서 훨씬 낮았다. 심적 회계에 따라 무의식적으로 상황 2에서 잃어버린 만 원은 오락비에 포함되지만, 상황 1에서 잃어버린 만 원은 포함되지 않기 때문이다. 따라서 상황 2의 오락비 2만 원은 상황 1의 오락비 1만 원보다 비싸기 때문에 지출 의사의 비율도 줄어든 것이다. 이 현상은 기존 경제학의 시각과 대립된다.

① 상황 1과 상황 2에서 질문에 대한 답변의 차이는 기존 경제학으로는 설명할 수 없는 현상이다.

② 손실회피성과 심적 회계는 인간이 제한적인 합리성을 가지게 되는 요인에 해당한다.

③ 행동경제학은 기존 경제학의 오류 및 한계를 최소화하기 위해 도입되었다.

④ 기대이론에 따르면 상황 1에서 잃어버린 돈이 만 원보다 크다면 사람들의 선택은 달라질 것이다.

⑤ 손실회피성을 고려했을 때, 원안 포기 시의 손실과 수정안 선택 시의 이익이 같다면 사람들은 원안을 선택할 것이다.

10 다음 글의 내용과 일치하지 않는 것은?

기술은 그 내부적인 발전 경로를 이미 가지고 있으며, 따라서 어떤 특정한 기술(혹은 인공물)이 출현하는 것은 '필연적'인 결과라고 생각하는 사람들이 많다. 이러한 통념을 약간 다르게 표현하자면, 기술의 발전 경로는 이전의 인공물보다 '기술적으로 보다 우수한' 인공물들이 차례차례 등장하는, 인공물들의 연쇄로 파악할 수 있다는 것이다. 그리고 기술의 발전 경로를 '단일한' 것으로 보고, 따라서 어떤 특정한 기능을 갖는 인공물을 만들어 내는 데 있어서 '유일하게 가장 좋은' 설계 방식이나 생산 방식이 있을 수 있다고 가정한다. 이와 같은 생각을 종합하면 기술의 발전은 결코 사회적인 힘이 가로막을 수 없는 것일 뿐 아니라 단일한 경로를 따르는 것이므로, 사람들이 할 수 있는 일은 이미 정해져 있는 기술의 발전 경로를 열심히 추적해 가는 것밖에 남지 않게 된다는 결론에 이른다.

그러나 다양한 사례 연구에 의하면 어떤 특정 기술이나 인공물을 만들어 낼 때, 그것이 특정한 형태가 되도록 하는 데 중요한 역할을 하는 것은 그 과정에 참여하고 있는 엔지니어, 자본가, 소비자, 은행, 정부 등의 이해관계나 가치체계임이 밝혀졌다. 이렇게 보면 기술은 사회적으로 형성된 것이며, 이미 그 속에 사회적 가치를 반영하고 있는 셈이 된다. 뿐만 아니라 복수의 기술이 서로 경쟁하여 그중 하나가 사회에서 주도권을 잡는 과정을 분석해 본 결과, 이 과정에서 중요한 역할을 하는 것은 기술적 우수성이나 사회적 유용성이 아닌, 관련된 사회집단들의 정치적·경제적 영향력인 것으로 드러났다고 한다. 결국 현재에 이르는 기술 발전의 궤적은 결코 필연적이고 단일한 것이 아니었으며, '다르게' 될 수도 있었음을 암시하고 있는 것이다.

기술의 발전이 사회에 영향을 준다는 것은 부인할 수 없는 사실일 것이다. 하지만 기술과 사회의 관계에 대한 통념은 기술이 사회에 영향을 미친다는 정도를 넘어 그것이 사회의 형태와 변화 방향을 '결정'한다는 견해로까지 나아가는 경우가 많다. 새로운 동력 기술이 자본주의를 낳았다는 주장, 새로운 정보 기술이 과거의 산업사회와는 근본적으로 다른 사회를 낳는다는 주장 등이 그 사례가 될 것이다. 실제로 우리의 일상에서는 새로운 기술의 도입으로 사회적 관계와 행동 양식이 바뀌어 나가는 경우가 많기에 이러한 주장은 상당히 그럴듯하게 들린다. 그러나 기술이 사회적인 영향력을 갖는다는 것과 기술이 사회를 결정한다는 주장은 분명히 구분되어야 한다. '기술이 사회를 결정한다'는 주장의 근저에는 기술을 스스로 진화하는 실체로 여기는 사고가 놓여 있다. 그러나 앞서 살펴보았듯이 기술은 결코 독자적으로 발전하는 실체가 아니며 '사회적인 영향력 속에서 구성되는' 존재이다. 특정한 기술의 발전 궤적을 들여다보면, 그것이 사회로부터 영향을 받기보다는 사회에 거의 결정적인 영향을 주는 것처럼 여겨지는 것들도 있다. 핵 발전 기술처럼 이미 우리 사회 속에 깊숙이 자리 잡은 거대 기술시스템들은 사회 구성원들의 통제를 벗어난 자율적 실체로 보이지 않는가? 이러한 지적은 얼핏 보기에는 타당한 것 같다. 그러나 이러한 경우에도 기술이 사회로부터 벗어나 완전히 자율적인 실체가 되는 것은 아니라는 점을 강조하지 않을 수 없다. 거대 기술시스템을 지탱하는 요소 역시 궁극적으로는 사회적인 이해관계의 총체이기 때문이다.

① 거대 기술시스템은 사회적인 이해관계의 총체라고 할 수 있다.
② 새로운 기술의 도입으로 사회적 관계와 행동 양식이 바뀔 수도 있다.
③ 많은 사람들이 기술의 발전 경로를 인공물의 연쇄로 파악하고 있다.
④ 현재의 기술 발전의 궤적은 필연적이고 단일한 형태로 발전되어 온 것이다.
⑤ 어느 기술이 사회에서 주도권을 잡을 수 있는 것은 관련된 사회집단들의 영향력 때문이다.

11 다음 글의 전체적인 맥락을 고려하여 (가)에 들어갈 문장으로 가장 적절한 것을 고르면?

우리는 도시의 세계에 살고 있다. 2010년에 인류 역사상 처음으로 전 세계 도시 인구수가 농촌 인구수를 넘어섰다. 이제 우리는 도시가 없는 세계를 상상하기 힘들며, 세계 최초의 도시들을 탄생시킨 근본적인 변화가 무엇이었는지를 상상하는 것도 쉽지 않다. 인류는 1만 년 전부터 5천 년 전까지 도시가 아닌 작은 농촌 마을에서 살았다. 이 시기 농촌 마을의 인구는 대부분 2천 명 정도였다. 약 5천 년 전부터 이라크 남부, 이집트, 파키스탄, 인도 북서부에서 1만 명 정도의 사람이 모여 사는 도시가 출현하였다. 이런 세계 최초의 도시들을 탄생시킨 배경은 무엇인가? 이 질문에 대해서 몇몇 사람들은 약 1만 년 전부터 5천 년 전 사이에 일어난 농업의 발전에 의해서 농촌의 인구가 점차적으로 증가해 도시가 되었다고 말한다. 과연 농촌의 인구는 점차적으로 증가했는가? 고고학적 연구는 그렇지 않다고 말해주는 듯하다. (가   ) 그러나 2천 명이 넘는 인구를 수용한 마을은 거의 발견되지 않았다. 이 점은 약 5천 년 전 즈음 마을의 거주 인구가 비약적으로 증가했다는 것을 보여준다.

① 농업 기술의 발전에 의해서 마을이 점차적으로 거대화되었다면, 거주 인구가 2천 명과 1만 명 사이인 마을들이 빈번하게 발견되어야 한다.
② 농업 기술의 발전에 의해서 마을이 점차적으로 거대화되었다면, 약 1만 년 전 농촌 마을의 거주 인구는 2천 명 정도여야 한다.
③ 거주 인구가 비약적으로 증가하기 위해서는 사람들을 조직하고, 이웃들 간의 분쟁을 해소하는 것과 같은 문제들을 해결하는 사회적 제도의 발명이 필수적이다.
④ 거주 인구가 2천 명이 넘지 않는 마을은 도시라고 할 수 없다.
⑤ 행정조직, 정치제도, 계급과 같은 사회적 제도 없이 사람들이 함께 모여 살 수 있는 인구규모의 최대치는 2천 명 정도밖에 되지 않는다.

[12~13] 다음 글을 읽고 이어지는 물음에 답하시오.

국민의 복지를 위한 정부 개입의 정도는 시대나 상황의 요구에 따라 달랐다. 나치 독일의 전쟁국가에 대한 대립 개념으로 등장한 복지국가는 1942년 <베버리지 보고서>에 의해 '요람에서 무덤까지' 개인의 복지를 국가가 책임진 다는 개념으로 정착되었다. 즉 복지국가란 일반 국민들에게 최저 소득의 보장, 사회 안전망의 제공, 최상의 사회 서비스의 보장 등을 위한 목적으로 국가가 개입하는 한 형태를 지칭한다. 제2차 세계대전 이후 선진국들은 사회주 의 국가와의 대결 과정에서 이러한 복지 지출의 과다로 복지병에 시달린 경험이 많아 최근에는 복지국가 개념이 크게 쇠퇴하고 있다. 하지만 국민 소득이 높은 북유럽의 국가들은 여전히 높은 수준의 복지제도를 유지하고 있다. 결국 복지의 정도는 국가의 경제력 유무에 달려 있다고 해야 할 것이다.

여기서 우리는 복지의 정도가 아니라 어떠한 복지제도가 지속 가능할 것인가에 대해 관심을 가질 필요가 있다. 아무리 강한 경제에서 출발하여 복지국가를 지향한다 하더라도 발전의 기본원리인 경제적 차별화에 따른 분배, 즉 각자가 자신이 이뤄낸 성과에 부합하는 보상을 받는 분배를 부정하는 방식으로 복지가 시행되어서는 안 된다. 경제 자체의 발전이 잠식됨으로써 복지국가의 지속 가능성이 훼손될 가능성이 있기 때문이다. 이러한 가능성은 두 가지 경로를 통해 나타나게 된다.

첫째, 복지를 위한 재원의 조달 과정에서 스스로 노력하는 자들에게 지나치게 과도한 세금을 부과하게 되면 차별화 원리에 훼손이 오고 나아가 경제·사회 발전의 역동성이 약화된다. 둘째, 단지 '그늘진 환경에 있다'는 이유만으로 복지의 지출이 이뤄진다면 도덕적 해이 현상이 나타날 수 있다. 건강한 노동력을 보유한 계층이 단지 그늘진 계층 이라는 이유만으로 지원을 받게 되면 그 계층에 계속 안주하려는 도덕적 해이가 발생할 뿐만 아니라, 그보다 형편 이 더 나은 계층으로 하여금 그늘진 계층으로 내려가게 하는 또 다른 형태의 도덕적 해이를 유발하게 된다.

따라서 경제의 역동성을 유지하면서도 복지국가로서의 기능을 다하려면 다음의 방식이 매우 유용하다. 즉, 복지 재원 조달방식이 스스로 노력하는 자들을 역차별할 정도로 지나치게 고율이어서는 안 된다는 것과, 복지 제도가 음지에 있는 사람들을 양지로 이끌어내는 데 그 근본 목적을 두어야 한다는 것이다. 결국 복지 지출은 (가   )

---

12 **윗글의 내용과 일치하지 <u>않는</u> 것은?**

① 복지국가를 실현하기 위해서는 국가의 개입이 필요하다.
② 복지제도의 확대에는 경제 발전의 역동성이 전제되어야 한다.
③ 복지정책은 자력갱생을 돕는 방향으로 추진되어야 한다.
④ 제2차 세계대전 이후의 경제적 어려움이 복지국가 쇠퇴의 가장 큰 원인이다.
⑤ 경제적 차별화 원리는 복지국가 유지를 위해 필요하다.

13 **윗글의 (가)에 들어갈 내용으로 가장 적절한 것은?**

① 형편이 더 나은 계층과 좋지 않은 계층의 차이를 서서히 좁히는 방향으로 이루어져야 한다는 것이다.
② '스스로 돕는 자'가 되려고 노력하는 사람들을 우대하는 방향으로 이루어져야 한다는 것이다.
③ 재원을 부담하는 계층에 어느 정도의 부담을 지울 수밖에 없다는 한계를 가진다.
④ 복지제도의 수혜를 입는 계층의 도덕적 해이가 나타나지 않는 선에서 최소한으로만 주어져야 한 다는 것이다.
⑤ 지금까지보다 더 적극적이고 많은 양의 재원을 쏟아부어야 가시적 성과가 나타난다는 말이다.

14 알코올 도수 40%인 보드카 80mL에 알코올 도수 15%인 리큐르를 섞어 칵테일을 제조하려고 한다. 칵테일 도수를 20% 이하로 만들려고 할 때, 리큐르를 최소 몇 mL 이상 넣어야 하는가?

① 240mL
② 280mL
③ 320mL
④ 360mL
⑤ 400mL

15 A회사에서는 워크숍을 가기 위해 차량을 대절하여 각 차량에 탑승할 직원을 배정하려고 한다. 한 차에 5명씩 배정하면 직원 4명이 남고, 6명씩 배정하면 차량이 2대 남는다고 할 때, 워크숍에 참여하는 최대 인원은?

① 105명
② 106명
③ 107명
④ 108명
⑤ 109명

16 한강 유람선은 일정한 속력으로 잠실 선착장을 출발하여 하류로 10km 내려갔다가, 다시 강물을 거슬러 올라 잠실 선착장으로 돌아온다. 강을 따라 내려가는 시간은 거슬러 올라가는 시간보다 5분 짧고, 왕복하는 데 55분이 걸린다고 한다. 이때 한강 유람선의 속력은?

① 20km/h
② 21km/h
③ 22km/h
④ 23km/h
⑤ 24km/h

17 A와 B가 지름 18km인 원형 운동장에서 서로 반대 방향으로 동시에 출발하여 운동장의 한 지점에서 만나기로 하였다. A는 시속 5km의 속도로 달렸고, B는 시속 7km의 속도로 달려서 일정 시간 경과 후 운동장 한 지점에서 만났을 때, A와 B가 이동한 거리의 차이와 소요된 시간은 얼마인가?

① 2km, 1시간
② 2km, 1시간 30분
③ 3km, 1시간
④ 3km, 1시간 30분
⑤ 4km, 1시간

18 다음은 일정한 규칙으로 수를 나열한 것이다. 빈칸에 들어갈 수로 옳은 것은?

3	6	12	15	30	33	66	( )

① 99
② 69
③ 63
④ 60
⑤ 59

19 다음은 일정한 규칙으로 수를 나열한 것이다. 빈칸에 들어갈 수로 옳은 것은?

( )	88	48	28	18	13

① 176
② 168
③ 158
④ 148
⑤ 138

20 다음은 S극장에서 장기 상연 중인 뮤지컬 작품 3개의 관객 수 자료이다. 이에 대한 설명으로 옳지 않은 것은?

뮤지컬 작품별 관객 수

(단위: 천 명)

연도	Y작품		N작품		H작품	
	남자	여자	남자	여자	남자	여자
2020년	654	530	758	490	531	545
2021년	670	501	780	513	557	531
2022년	678	487	801	527	592	518
2023년	637	453	823	569	603	498
2024년	621	423	859	587	609	478

뮤지컬 작품별 40대 남자 관객 수

(단위: 천 명)

연도	Y작품	N작품	H작품
2020년	289	358	251
2021년	301	371	263
2022년	313	389	271
2023년	278	412	289
2024년	265	423	293

① H작품을 제외하고는 매년 모든 작품에서 남자 관객 수가 여자 관객 수보다 많다.

② 제시된 뮤지컬 세 작품의 40대 남자 관객 수 합이 가장 많은 해에 Y작품의 남자 관객 수는 전년보다 감소하였다.

③ 2020년 대비 2023년 뮤지컬 세 작품의 총 관객 수는 증가하였다.

④ 매년 40대 남자 관객 수가 계속하여 증가한 뮤지컬은 매년 여자 관객 수도 증가하였다.

⑤ 2024년 Y작품 남자 관객 중 40대의 비중은 N작품 남자 관객 중 40대의 비중보다 낮다.

21 다음은 우리나라의 대인도 수출액 및 2024년도 대인도 5대 수출품 현황에 관한 자료이다. 이에 대한 설명으로 옳은 것은?

대인도 연도별 수출액 및 증감률

(단위 : 백만 달러, %)

구분	2020년	2021년	2022년	2023년	2024년
수출액	7,012	8,123	8,823	8,213	9,010
증감률	32.3	15.8	8.6	−6.9	9.7

2024년 대인도 5대 수출품 현황

(단위 : 천 달러, %)

구분	품목명	수출액	전년도 대비 증감률
1	전자집적회로	4,453,123	8.7
2	기계류	1,123,507	10.9
3	스마트폰	900,457	−1.9
4	철강제품	234,509	2.3
5	석유화학제품	193,233	−3.7
전체 수출품 합계		9,010,039	9.7

① 대인도 5대 수출품 중에서 2023년 수출액이 가장 낮았던 수출품은 철강제품이다.

② 2023년 대인도 수출액은 3년 전에 비해 20% 이상 증가했다.

③ 2024년 전자집적회로와 기계류의 대인도 수출액이 전체 대인도 수출액에서 차지하는 비중은 60% 이상이다.

④ 2024년 대인도 스마트폰 수출액은 전년 대비 2,000만 달러 이상 감소했다.

⑤ 2019년도 대인도 수출액은 2023년도 대인도 수출액의 60% 미만이다.

[22~24] 다음은 R카페에서 근무하는 바리스타가 커피를 구입한 고객들을 대상으로 2020~2023년 진행한 설문조사 결과이다. 이를 보고 이어지는 물음에 답하시오.

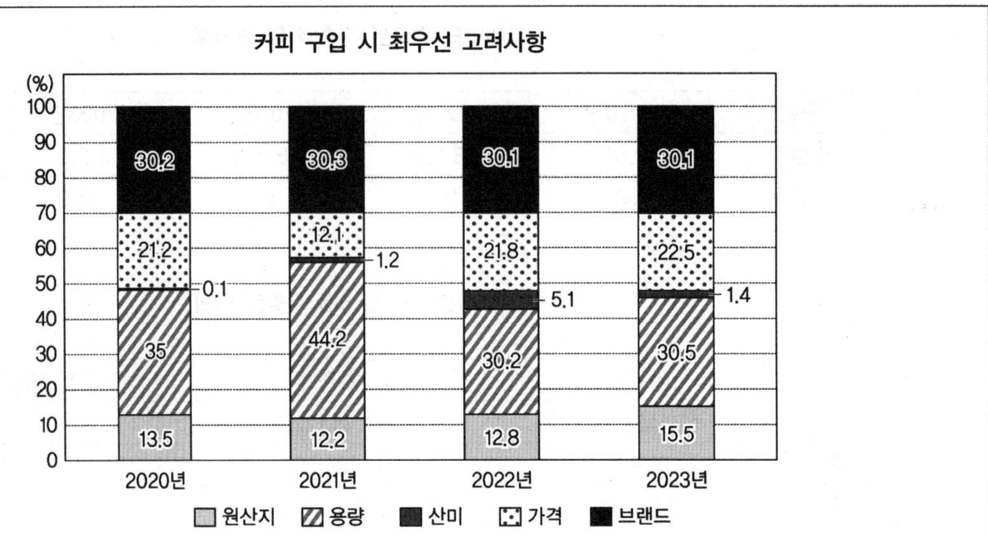

커피 종류별 만족도

(단위 : 점)

구분	2020년	2021년	2022년	2023년
블렌디드	6.8	8.0	6.1	5.1
에스프레소	4.0	5.7	6.8	7.2
콜드 브루	3.3	5.2	7.3	7.5
블론드	6.1	6.9	8.3	7.7
디카페인 커피	4.6	5.5	6.8	6.9
프라푸치노	6.8	8.0	7.1	6.4
논 커피	4.6	5.8	7.3	6.7

선호하는 커피 원두 생산지

구분	1위	2위	3위	4위
2020년	콜롬비아	브라질	에티오피아	인도네시아
2021년	브라질	콜롬비아	베트남	인도네시아
2022년	인도네시아	에티오피아	콜롬비아	과테말라
2023년	브라질	인도네시아	멕시코	콜롬비아

22 위 설문조사 결과에 대한 설명으로 옳지 않은 것을 〈보기〉에서 모두 고르면?

> **보기**
>
> ㉠ 2020년부터 2023년까지 고객들이 가장 선호하는 커피 원두 생산지 중 4위 안에 항상 콜롬비아가 있다.
> ㉡ 2020년 대비 2023년 만족도 점수의 증감량이 가장 큰 커피 종류는 에스프레소이다.
> ㉢ 모든 커피 종류의 만족도 점수가 매해 상승하고 있음을 봤을 때 전체적으로 R카페의 서비스는 발전하고 있음을 알 수 있다.
> ㉣ 2023년 설문조사에 응답한 고객 수가 12,600명이라고 하면 커피를 구입할 때 가격을 최우선으로 고려한 고객은 2,835명이다.

① ㉠, ㉡
② ㉡, ㉢
③ ㉡, ㉣
④ ㉡, ㉢, ㉣
⑤ ㉠, ㉡, ㉣

23 2022년 커피 구입 시 최우선 고려사항 중 두 번째로 많은 비중을 차지하는 항목의 비율을 $a\%$, 같은 해 커피 종류별 만족도에서 가장 높은 점수를 b, 선호하는 커피 원두 생산지 중 브라질이 조사기간 동안 순위 안에 들어간 횟수를 c라 할 때, $\dfrac{10a+100b}{c}$의 값은?

① 343
② 352
③ 377
④ 382
⑤ 396

24 2023년 설문조사에 응답한 고객이 10,000명이라고 했을 때, 커피 구입 시 최우선 고려사항이 원산지인 고객들이 선호하는 커피 원두 생산지 비율이 브라질, 인도네시아, 멕시코, 콜롬비아 순서대로 4 : 3 : 2 : 1이라면 이 고객들 중 인도네시아산 커피 원두를 선호하는 고객은 총 몇 명인가?

① 465명
② 495명
③ 520명
④ 612명
⑤ 775명

[25~26] 다음 자료는 2018년과 2023년 A종합병원에 내원한 청소년 환자를 대상으로 다빈도 질병에 관해 조사한 자료이다. 이를 보고 이어지는 물음에 답하시오.

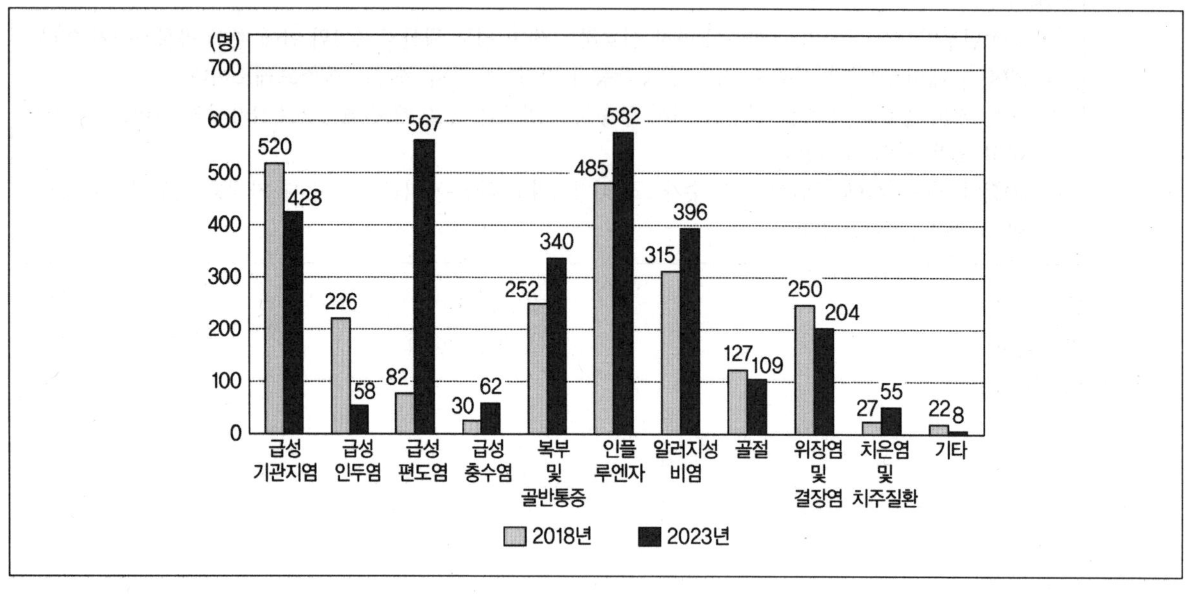

25 위 자료에 대한 설명으로 옳지 않은 것은?

① 2018년 급성인두염과 알러지성 비염 환자 수의 합은 2023년 급성편도염 환자수보다 적다.

② 2018년 청소년 환자 다빈도 질병 1~3위와 질병과 2023년 다빈도 질병 1~3위 질병은 동일하지 않다.

③ 2018년과 2023년을 비교했을 때 환자 수 차이가 5배 이상 나는 질병은 급성편도염뿐이다.

④ 기타 질병을 제외하고 2018년 대비 2023년에 환자 수 변화가 가장 적은 질병은 골절이다.

⑤ 2018년과 2023년 청소년 환자 수가 가장 많았던 질병의 환자 수 차이는 50명 이내이다.

26 2023년 청소년 환자가 가장 많은 3개 질병의 환자 수의 합이 2028년에는 10% 늘어난다고 할 때, 2028년 이 3개 질병 환자 수는 2018년에 비해 몇 % 늘어났겠는가? (단, 환자 수 계산 시 소수점 이하는 버림하고, 비율은 소수점 둘째 자리에서 반올림하여 계산한다.)

① 22.0% ② 48.4%
③ 55.2% ④ 59.5%
⑤ 65.8%

27 甲~戊는 모두 한 건물에 살고 있다. 이들의 직업은 각각 교사, 의사, 판사, 연구원, 승무원이고 이들의 현관문 색깔은 각각 주황색, 초록색, 파란색, 보라색, 검은색이다. 건물은 1층부터 4층까지 있고 각 층마다 1호와 2호 두 개의 호실이 옆집으로 나란히 있다. 조건이 다음과 같을 때, 옳지 않은 것은?

> 1. 甲은 교사이고 甲의 옆집에는 丙이 살고 있다.
> 2. 乙의 현관문은 검은색이고, 아래층은 1호, 2호 모두 비어 있다.
> 3. 丙의 바로 아랫집에서 고양이를 키운다.
> 4. 丁은 판사이고 1호에 살고 있다.
> 5. 戊의 현관문은 주황색이고, 고양이를 키운다.
> 6. 교사는 2층, 연구원은 1층, 판사는 4층에 산다.
> 7. 의사의 현관문은 보라색이고, 판사의 현관문은 초록색이 아니다.
> 8. 1호에 사는 사람들의 현관문은 초록색과 파란색뿐이다.

① 甲의 현관문은 초록색이다.
② 乙은 승무원이다.
③ 丙의 바로 아랫집에는 의사가 살고 있다.
④ 丁의 현관문은 파란색이고, 판사이다.
⑤ 戊의 바로 윗집에는 丙이 살고 있다.

28 다음 조건을 보고, A, B의 진술에 대해 바르게 설명한 것을 고르면?

> 아이보다 청소년의 식욕이 더 강하다.
> 어른보다 청소년의 식욕이 더 강하다.
> 노인은 어른과 동일한 식욕을 보이지만, 아이보다 식욕이 강하지 않다.

> A: 어른은 아이보다 식욕이 강하지 않다.
> B: 청소년의 식욕은 노인의 식욕보다 강하다.

① 모두 항상 옳다.
② A와 B 모두 옳은지 그른지 알 수 없다.
③ A와 B 모두 그르다.
④ B를 제외한 답이 옳다.
⑤ A를 제외한 답이 옳다.

29 다음 명제가 모두 참일 때, 밑줄 친 부분에 들어가기에 가장 적절한 문장은?

> 6시에 퇴근하는 사람은 서울주민이 아니다.
> ____
> 8시 이후에 집에 도착한 사람은 지하철을 탄 사람이다.
> 그러므로, 서울주민이면 8시 이후에 집에 도착하지 않는다.

① 6시에 퇴근하지 않으면 지하철을 타지 않는다.
② 지하철을 타지 않은 사람은 8시 이후에 집에 도착하지 않는다.
③ 6시에 퇴근하지 않으면 지하철을 탄다.
④ 지하철을 탄 사람은 6시에 퇴근하지 않는다.
⑤ 지하철을 탄 사람은 서울주민이 아니다.

30 K씨는 다음의 조건에 따라 나라들을 여행하려고 한다. 이때 거짓인 것은?

> • 영국을 여행하지 않으면 독일을 여행하지 않는다.
> • 스위스를 여행하면 영국을 여행하지 않는다.
> • 이탈리아를 여행하지 않으면 프랑스를 여행한다.
> • 프랑스를 여행하면 독일을 여행한다.

① 프랑스를 여행하면 스위스를 여행하지 않는다.
② 스위스를 여행하면 독일을 여행하지 않는다.
③ 영국을 여행하지 않으면 프랑스를 여행한다.
④ 이탈리아를 여행하지 않으면 영국을 여행한다.
⑤ 독일을 여행하지 않으면 이탈리아를 여행한다.

[31~32] ○○공사에서는 △△사업에 대해 매년 사업자 자격 요건 재허가 심사를 실시한다. 재허가 심사가 다음과 같이 이루어질 때, 이어지는 물음에 답하시오.

◎ 기본심사 점수에서 감점 점수를 뺀 최종심사 점수가 70점 이상이면 '재허가', 60점 이상 70점 미만이면 '허가 정지', 60점 미만이면 '허가 취소'로 판정한다.
  - 기본심사 점수: 100점 만점으로, ㉮ ~ ㉭의 4가지 항목(각 25점 만점) 점수의 합이다.(단, 점수는 자연수)
  - 감점 점수: 과태료 부과는 1회당 2점, 제재 조치는 경고 1회당 3점, 주의 1회당 1.5점, 권고 1회당 0.5점이다.

◎ 사업자 A ~ D의 기본심사 점수 및 감점 사항은 아래와 같다.

사업자	기본심사 항목별 점수			
	㉮	㉯	㉰	㉱
A	20	23	17	?
B	18	21	18	?
C	23	18	21	16
D	20	24	15	18

사업자	과태료 부과 횟수	제재 조치 횟수		
		경고	주의	권고
A	3	–	–	6
B	5	–	3	2
C	4	1	2	–
D	1	1	1	4

31 사업자 자격 요건 재허가 심사에 관한 설명으로 옳지 않은 것은?

① A의 ㉱ 항목 점수가 15점이라면 A는 '재허가' 판정을 받는다.
② B의 ㉱ 항목 점수가 19점 미만이라면 허가가 취소된다.
③ C가 과태료를 부과받은 적이 없다면 심사 결과가 달라진다.
④ C와 D가 받는 재허가 심사 결과는 동일하다.
⑤ D의 제재 조치 중 경고와 주의 횟수가 2회씩 누락된 것을 발견하여 수정한다면 D의 심사 결과는 달라진다.

32 감점 점수가 과태료 부과의 경우 1회당 5점, 제재 조치의 경우 경고 1회당 3점, 주의 1회당 2점, 권고 1회당 0.5점으로 변경되었다. 이때, 사업자 C와 D의 사업자 자격 요건 재허가 심사에 관한 설명으로 옳지 않은 것을 〈보기〉에서 모두 고르면?

┌ 보기 ┐
㉠ C의 심사 결과는 감점 점수가 변경되기 전과 변화가 없다.
㉡ D의 심사 결과는 감점 점수가 변경되기 전과 변화가 없다.
㉢ C와 D의 최종심사 점수는 감점 점수가 변경되기 전보다 모두 5점 이상 낮아졌다.
㉣ D의 ㉮와 ㉰ 항목 점수가 각각 3점씩 올라간다면, 심사 결과는 달라진다.

① ㉠, ㉢   ② ㉠, ㉣
③ ㉢, ㉣   ④ ㉠, ㉢, ㉣
⑤ ㉡, ㉢, ㉣

[33~34] 다음 자료를 보고 이어지는 물음에 답하시오.

○○회사는 최근 3개의 프로젝트를 진행했고, 프로젝트에 참여한 직원들에게 성과급을 지급하려고 한다. 인사팀에서는 프로젝트 알파, 베타, 감마에 참여한 직원과 직원별 업무 수행등급 및 기여도를 다음과 같이 평가하였다.

프로젝트 알파

구분	직급	업무 수행등급	기여도
갑	부장	A	25%
을	차장	A	25%
병	과장	A	25%
정	대리	C	15%
무	대리	B	10%

프로젝트 베타

구분	직급	업무 수행등급	기여도
갑	부장	B	30%
정	대리	C	25%
무	대리	B	25%
기	사원	B	20%

프로젝트 감마

구분	직급	업무 수행등급	기여도
을	차장	A	40%
병	과장	B	35%
경	대리	A	25%

- 프로젝트 A, B, C의 전체 성과급은 각각 1,200만 원, 700만 원, 500만 원이다.
- 개인별 기여도에 따라 성과급을 비율대로 지급한다. 이때, 직급 가중치가 적용되는데, 차장 이상은 5%, 과장 및 대리는 2%로, 개인별 성과급에 최종 적용된다.(사원 및 주임은 직급 가중치가 적용되지 않는다.)
- 업무 수행등급이 C 이하인 경우에는 위에서 계산된 성과급에서 −20만 원을 적용하여 지급한다.(해당 프로젝트별로 적용)

33 위 자료에 따를 때, 차장 이상 직급인 직원들의 성과급 합은 얼마인가?

① 15,025,000원
② 13,520,000원
③ 12,845,000원
④ 1,0605,000원
⑤ 9,850,000원

34 직급 가중치를 부장 이상은 5%, 차장과 과장은 2%로 바꾸고, 그 이하 직급은 없애기로 성과급 방침이 바뀌었다. 바뀐 방침이 적용된 직원별 최종 성과급이 바르게 연결되지 않은 사람은?

① 을, 5,100,000원
② 병, 4,750,000원
③ 정, 3,150,000원
④ 무, 2,950,000원
⑤ 기, 1,400,000원

[35~36] 다음 자료는 어느 회사에서 진행한 신입사원 채용전형에서의 점수 산정에 관한 사항과, 서류전형부터 면접까지 지원자 A~F의 전형별 점수를 나타낸 것이다. 이를 보고, 이어지는 물음에 답하시오.

지원자별 채용전형 점수

(단위 : 점)

구분	서류전형(등급)	입사시험	토론면접	PT면접	최종면접
A	3	96	32	38	8.7
B	1	89	32	37	6.4
C	2	94	28	31	7.2
D	2	86	37	29	6.9
E	1	84	31	34	8.9
F	3	92	34	37	9.1

- 서류전형 1등급은 50점, 2등급은 45점, 3등급은 40점, 4등급은 35점, 5등급은 30점이 부여된다.
- 입사시험 100~94점은 30점, 93~87점은 25점, 86~81점은 20점, 80~75점은 15점, 75점 미만은 10점이 부여된다.
- 토론면접과 PT면접은 각각 40점 만점이며, 최종면접은 10점 만점이다.
- 채용전형 점수는 각 전형의 점수를 합한 170점이 만점이며, 각 전형 점수의 합인 총점으로 순위를 매긴다.

35 위 자료에 대한 〈보기〉의 설명 중 옳은 것을 모두 고르면?

> 보기
>
> ㉠ 총점이 가장 높은 사람은 A이다.
> ㉡ A~F 중 총점이 높은 2명만 채용한다고 할 때, B는 채용된다.
> ㉢ 다른 전형은 그대로 두고, 최종면접 점수를 현재 10점 만점에서 40점 만점 배점으로 하여 다시 채점하면, 총점이 두 번째로 높은 사람은 F가 된다.
> ㉣ 입사시험 점수와 PT면접 점수가 모두 하위 2명에 포함되는 사람을 탈락시킨다면, 탈락되는 사람은 없다.

① ㉠, ㉢ 　　　　　　　② ㉠, ㉣
③ ㉡, ㉢ 　　　　　　　④ ㉡, ㉣
⑤ ㉢, ㉣

36 위 점수산정에 관한 사항 중 일부를 〈보기〉와 같이 수정하고 총점이 높은 2명을 채용한다고 할 때, 채용되는 지원자는?

> 보기
>
> - 입사시험은 100점 만점으로, 제시된 점수 그대로 반영한다.
> - 서류전형 1등급은 10점, 2등급은 7점, 3등급은 5점을 반영한다.
> - 토론면접과 PT면접, 최종면접은 원래 제시된 산정방법 그대로 반영하여 총 전형 점수는 200점 만점이 된다.

① A, C 　　　　　　　② A, F
③ B, D 　　　　　　　④ B, E
⑤ C, F

[37~38] 영업팀 정 주임은 오늘 회사에서 출발해 A, B, C, D 4곳의 거래업체를 순서대로 방문한 후 퇴근하려 한다. 이동 경로 및 지하철 − 버스 간 이동정보가 다음과 같을 때, 이어지는 물음에 답하시오.

- 업체 간 이동 시 지하철 또는 버스를 이용한다. 이 중 시간이 가장 적게 걸리는 방법으로 이동한다.
- 회사에서 A업체까지 이동 시에는 도보로 15분이 소요된다.
- 지하철 한 정거장을 이동할 때 3분, 버스 한 정거장을 이동할 때 2분이 걸린다.
- 업체 1곳당 머문 시간은 20분이다.
- 지하철역과 버스 정류장에서의 대기시간은 없다고 가정한다.

업체 방문 순서 및 지하철 − 버스 간 이동정보

방문 순서	업체명	인근 지하철역	인근 버스 정류장	지하철 역↔업체 편도 이동거리	버스 정류장↔업체 편도 이동거리	다음 업체 이동 시 지하철 및 버스 이동구간 횟수
1	A업체	가	갑	도보 10분	도보 5분	지하철 4정거장, 버스 6정거장
2	B업체	나	을	도보 8분	도보 10분	지하철 5정거장, 버스 10정거장
3	C업체	다	병	도보 10분	도보 6분	지하철 1정거장, 버스 4정거장
4	D업체	라	정	도보 8분	도보 3분	−

37 정 주임이 회사에서 출발하여 A~D업체의 이동과 방문이 순서대로 차질 없이 이루어졌을 경우 마지막 D업체 방문을 마칠 때까지 걸리는 시간은?

① 3시간 46분 ② 3시간 33분
③ 3시간 15분 ④ 3시간 8분
⑤ 2시간 52분

38 정 주임은 오후 2시에 회사에서 출발하였는데, 버스와 지하철 파업으로 인해 대기시간이 버스는 5분, 지하철은 10분 걸린다고 한다. 마지막 D업체 방문을 마치고 나올 때는 몇 시가 되겠는가?

① 오후 4시 52분 ② 오후 5시 7분
③ 오후 5시 10분 ④ 오후 5시 12분
⑤ 오후 5시 22분

39 단어 간 관계가 다음과 같은 것을 고르면?

무기 : 폭탄

① 도시 : 시골　　　　　　　　　② 와인 : 맥주
③ 전쟁 : 군인　　　　　　　　　④ 비행기 : 기차
⑤ 금속 : 구리

40 다음 중 단어 간 관계가 나머지와 다른 하나는?

① 제시 - 표명　　　　　　　　　② 누설 - 발설
③ 거론 - 언급　　　　　　　　　④ 신장 - 수축
⑤ 사주 - 종용

LH한국토지주택공사

직업기초능력평가

박문각

LH한국토지주택공사

직업기초능력평가

봉투모의고사

5회

제5회 직업기초능력평가

(40문항 / 60분)

01   다음 글에서 추론할 수 있는 것은?

예금보험제도는 금융회사가 영업정지나 파산 등으로 고객의 예금을 지급하지 못하게 될 경우를 대비하여 평소에 기금을 적립하고, 금융회사가 고객에게 예금을 지급할 수 없게 되면 금융회사를 대신하여 기금의 관리자가 예금자에게 보험금을 지급하는 제도이다. 예금보험제도는 대공황기에 처음으로 도입되어 은행 파산 사태를 막는 데 지대한 공헌을 했다.

그러나 다른 보험과 마찬가지로 예금보험에도 도덕적 해이 문제가 발생한다. 특히 예금기관은 예금보험이 없는 경우보다 더 많은 위험을 감수하게 된다. 예금자들의 입장에서도 예금보험이 존재하는 상황에서는 예금기관이 가진 자산의 위험에 관심을 가지지 않게 된다. 따라서 예금보험이 건전한 금융기관의 자기실현적 예측에 따른 파산을 막을 수는 있지만, 은행으로 하여금 고수익-고위험 자산에 투자하게 만들어 오히려 파산을 증가시킬 수 있다.

예금기관에 나타나는 도덕적 해이의 또 다른 예는 이른바 대마불사주의이다. 이는 정책당국이 대형 예금기관에서 발생하는 예금자들의 손실에 대해 보호한도 이상일지라도 보호해주는 것을 말한다. 이것은 예금자의 손실이 광범위한 금융공황을 가져올 수 있기 때문이다. 실제로 1984년 당시 미국 10대 대형 은행 중 하나였던 'Continental Illinois Bank'가 파산했을 때, 미국 연방예금보험공사는 보호한도인 100,000달러를 넘겨 예금자들에게 보상을 해주었다. 그러나 이런 대형 은행들이 예금자 손실에 대해 암묵적으로 보험에 가입되어 있다고 판단한다면, 작은 은행들에 비해 고위험-고수익 자산을 더 많이 보유하려는 유인을 가질 것이다.

① 예금보험제도의 도입은 모든 면에서 은행의 파산 가능성을 감소시킨다.
② 예금기관의 대마불사주의는 작은 은행의 위험 자산 비율에 영향을 미친다.
③ 예금보험 기금의 관리자는 은행이 파산하면 은행에 보험금을 지급한다.
④ 일반적으로 보험은 도덕적 해이를 초래한다.
⑤ 예금자들은 종국에는 예금보험의 보호한도와 상관없이 예금이 보호된다고 기대한다.

[02~03] 다음 글을 읽고 이어지는 물음에 답하시오.

(가) 물질을 구성하는 작은 입자들의 배열 상태는 어떻게 생겼을까? 이것은 '부피를 최소화시키려면 입자들을 어떻게 배열해야 하는가?'의 문제와 관련이 있다. 모든 입자들이 구형이라고 가정한다면 어떻게 쌓는다고 해도 사이에는 빈틈이 생긴다. 문제는 이 빈틈을 최소한으로 줄여서 쌓인 공이 차지하는 부피를 최소화시키는 것이다.

(나) 이러한 규칙적인 배열 방식에 대한 검토를 통해, 케플러는 인접입방격자 방식이 알려진 규칙적인 배열 중 가장 효율이 높은 방식임을 주장했다.

(다) 이 문제를 해결하기 위해 케플러는 여러 가지 다양한 배열 방식에 대하여 그 효율성을 계산하는 방식으로 연구를 진행하였다. 그가 제안했던 첫 번째 방법은 인접입방격자 방식이었다. 이것은 수평면(제1층)상에서 하나의 공이 여섯 개의 공과 접하도록 깔아 놓은 후, 움푹 들어간 곳마다 공을 얹어 제1층과 평행한 면상에 제2층을 쌓는 방식이다. 이 경우 제2층의 배열 상태는 제1층과 동일하지만 단지 전체적인 위치만 약간 이동하게 된다. 이러한 방식의 효율성은 74%이다.

(라) 다른 방법으로는 단순입방격자 방식이 있다. 이것은 공을 바둑판의 격자 모양대로 쌓아가는 방식으로, 이 배열에서는 수평면상에서 하나의 공이 네 개의 공과 접하도록 배치된다. 그리고 제2층의 배열 상태를 제1층과 동일한 상태로 공의 중심이 같은 수직선상에 놓이도록 배치한다. 이 방식의 효율성은 53%이다. 이 밖에 6각형격자 방식이 있는데, 이것은 각각의 층을 인접입방격자 방식에 따라 배열한 뒤에 층을 쌓을 때는 단순입방격자 방식으로 쌓는 것이다. 이 방식의 효율성은 60%이다.

---

02 (가)~(라)를 문맥상 전개 순서에 맞게 순서대로 배열한 것은?

① (나) - (가) - (라) - (다)　　　　② (나) - (가) - (다) - (라)

③ (가) - (다) - (나) - (라)　　　　④ (가) - (다) - (라) - (나)

⑤ (가) - (라) - (다) - (나)

03 윗글에 대한 설명으로 옳지 않은 것은?

① 부피를 최소화하기 위한 입자 배열 방식으로 인접입방격자 방식과 단순입방격자 방식, 6각형격자 방식 등이 있다.

② 부피를 최소화하기 위해서는 물질을 구성하는 입자 배열 시 빈틈이 없어야 한다.

③ 인접입방격자 방식의 효율성은 74%인데, 이는 하나의 공이 여섯 개의 공과 접하도록 배치한 후 움푹 들어간 곳마다 공을 얹어 2층을 쌓는 방식이다.

④ 단순입방격자 방식은 수평면상에서 하나의 공이 네 개의 공과 접하도록 배치하는 것이다.

⑤ 6각형격자 방식은 인접입방격자 방식과 단순입방격자 방식을 합친 것이다.

[04~05] 다음 글을 읽고 이어지는 물음에 답하시오.

(가) 끝으로 조선 시대에는 남의 재물을 강탈한 자를 처벌할 때 초범인 경우에는 60대를 쳤다. 그런데 재범이거나 세 사람 이상 무리를 이루어 남의 재물을 강탈했을 때에는 처벌이 더 엄했다. 이런 사람에 대한 처벌로는 100대를 때렸다. 남의 재물을 강탈한 자의 경우 형문할 때와 본형으로 처벌할 때 택하는 매의 종류가 같았다.

(나) 평문이나 형문을 통해 범죄 사실이 확정되면 '본형'이 집행되었다. 그런데 본형으로 매를 맞을 사람에게는 형문 과정에서 맞은 매의 수만큼 빼 주도록 규정되어 있었다. 또 형문과 본형에서 맞은 매의 합계가 그 죄의 대가로 맞도록 규정된 수를 초과할 수 없었다. 형문과 본형을 막론하고, 맞는 매의 종류는 태형과 장형으로 나뉘어졌다. 태형은 길고 작은 매를 사용해 치는 것인데, 어떤 경우에도 50대를 넘겨서 때릴 수 없었다. 태형보다 더 큰 매로 치는 장형은 '곤장'이라고도 부르는데, 죄목에 따라 60대부터 10대씩 올려 100대까지 칠 수 있었다. 장형을 칠 때, 대개는 두께가 6밀리미터 정도인 '신장'이라는 도구를 사용했다. 그런데 종이 상전을 다치게 했을 경우에는 신장보다 1.5배 정도 더 두꺼운 '성장'이라는 도구를 사용해 매를 쳤다. 또 반역죄와 같이 중한 죄인을 다룰 때에는 더 두꺼운 '국장'을 사용하였다.

(다) 조선 시대에는 어떤 경우라도 피의자로부터 죄를 자백 받도록 규정되어 있었고, 죄인이 자백을 한 경우에만 형이 확정되었다. 관리들은 자백을 받기 위해 심문을 했는데, 대개 말로 타일러 자백을 받아내는 '평문'을 시행했다. 그러나 피의자가 자백을 하지 않고 버틸 때에는 매를 쳐 자백을 받는 '형문'을 시행했다. 형문 과정에서 매를 칠 때에는 한 번에 30대를 넘길 수 없었고, 한 번 매를 친 후에는 3일이 지나야만 다시 매를 칠 수 있었다. 이렇게 두 번 매를 친 후에는 형문으로 더 이상 매를 칠 수 없었다.

(라) 매를 때리다가 피의자가 죽는 경우도 있었는데, 이때는 책임자를 파직하거나 그로 하여금 장례비용을 내게 했다. 단, 반역죄인에게 때리는 매의 수에 제한은 없었고, 형문이나 본형 도중 반역죄인이 사망한다고 해서 책임자를 문책한다는 규정도 없었다.

04 (가)~(라)를 문맥상 전개 순서에 맞게 바르게 배열한 것은?

① (가) - (다) - (라) - (나)
② (가) - (다) - (나) - (라)
③ (다) - (라) - (나) - (가)
④ (다) - (나) - (라) - (가)
⑤ (다) - (나) - (가) - (라)

05 윗글의 내용과 일치하지 않는 것은?

① 남의 재물을 강탈한 경우 형문과 본형에서 처벌하는 매의 종류가 달랐다.
② 형문에서 매를 맞은 사람은 본형에서 그만큼 매의 수를 빼줬다.
③ 태형은 길고 작은 매를 사용했고, 장형은 태형보다 더 큰 매를 사용하였으며 '곤장'이라고 불렸다.
④ 형문 과정에서는 매를 한 번에 30대 이상 칠 수 없었고, 한 번 매를 친 후 3일이 지나야 다시 칠 수 있었다.
⑤ 매를 때리다가 피의자가 죽으면 책임자가 파직되거나 장례비용을 내도록 했다.

[06~07] 다음은 LH 스마트시티 적용 R&D 공모 '제5차 스마트UP! 스타트UP!' 공모 공고문의 일부이다. 이를 보고 이어지는 물음에 답하시오.

---

1. 공모명: 제5차 '스마트UP! 스타트UP! 지원사업' 공모

2. 대상기업: 중소기업기본법 제2조 해당 중소기업

3. 공모분야
- 일반: 교통, 환경, 방범·방재, 시설물관리, 기타 스마트 서비스 전 분야
- 특화: 데이터허브센터, 자율주행, 로봇, AIoT와 관련하여 우리 공사의 스마트도시 사업지구 내 실증테스트가 가능한 분야(별첨 '공모분야')

4. 지원내용

개발비 지원한도	사업비 부담 비율		비고
3억 원 이내 ('25년~'27년 LH 지원분)	LH: 사업비 75% (최대 3억 원, VAT 포함)		개발기간 최대 2년
	중소기업: 사업비 25% (최대 1억 원, VAT 포함)		

※ 과제평가 결과 실패 시에는 개발비 지원이 환수 조치됨에 유의
※ 지원금 사용범위: 작성요령 참조(별첨 '작성양식')
※ 정부지원금 등 타 지원금과 중복 집행이 불가하며 양산재료, 설비, 연구장비 등 사업화 비용 사용 시에는 사전허가 필요

5. 신청방법
- 제출서류: 작성양식 1식(별첨 '작성양식'), 가점 및 감점항목 증빙서류(별첨 '서약서' 및 증빙서류), 공장등록증(제조업 이외는 사업자등록증), 국세·지방세 납부증명서, 최근 2년간 재무제표
- 접수기간: 2025년 02월 10일 09:00부터 12일 18:00까지(3일간)
- 접수처: 온라인 COTIS(공모관리-스마트도시-공모관리 란에서 신청)

6. 추진절차

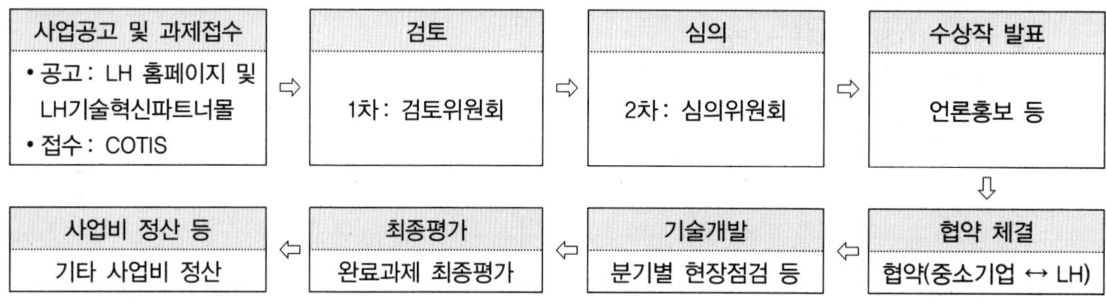

7. 심의 · 선정 방법
- 평가방식
  - LH 1차 평가(검토위원회): 적정/부적정 판정
  - LH 2차 평가(심의위원회): 종합평가(평점 + 가점) 80점 이상 기업을 대상으로 고득점자 순서로 선정(과제책임자 프레젠테이션 있음)
    ※ 가점: 특화공모 부문 가점부여
    ※ 동점자: 평가표상 개발 필요성 > 현장 적용성 > 사업화 가능성 > 사업비 적정성 고득점자 순서로 선정(별첨 '평가내용' 참조)
- LH 선정 과제: 최대 4건 선정(종합평가 80점 미만 과제 제외)

06 위 공고문의 내용과 일치하는 것은?

① LH는 선정된 중소기업에 최대 3억 원의 사업비를 지원하며, 과제평가 결과 실패 시에는 개발비 지원액의 50%가 환수된다.

② 시설물관리, 환경, 교통, 자율주행은 일반 공모분야에 속한다.

③ LH의 지원금은 정부지원금과는 중복 집행될 수 없으며, 설비나 연구장비 등에 지원금을 사용하는 데에는 별도의 협의나 허가가 필요 없다.

④ 공모 신청은 온라인을 통해 가능하며, 접수기간은 일주일간이다.

⑤ LH는 공모를 통해 과제를 최대 4건까지 선정할 수 있으며, 협약 체결 후 완료과제를 최종평가한 후 사업비를 정산한다.

07 위 공고문에 따를 때, 과제 평가방식에 대한 이해가 잘못된 것은?

① 1차 평가와 2차 평가로 나누어 평가가 진행된다.

② 로봇 분야, AIoT 분야에 공모한 기업에는 가점이 부여된다.

③ 2차 평가에서 프레젠테이션이 실시되는데, 이때 프레젠테이션은 종합평가에서 일정 점수 이상을 받은 기업만 할 수 있다.

④ 프레젠테이션 순서는 종합평가에서 고득점을 받은 기업이 순서를 정하는 우선권을 가진다.

⑤ 평가에서 동점자가 나올 경우 평가표의 '개발 필요성' 점수가 가장 높은 기업을 우선한다.

08 다음은 LH 홈페이지에 게재된 고객을 맞이하는 자세에 관한 자료이다. 자료의 내용과 일치하는 것은?

---

1. 직접 방문하시는 경우
- 우리는 항상 친절하고 밝은 얼굴로 고객을 맞이하겠습니다.
- 모든 직원은 단정한 복장으로 근무하며, 고객을 맞이할 때는 먼저 자신의 소속부서와 이름을 밝히겠습니다.
- 고객이 오래 기다리시는 일이 없도록 최선을 다하겠습니다.
- 담당직원이 부재중일 경우 대기예정시간을 알려드리거나 다른 직원이 업무를 처리할 수 있도록 하겠습니다.
- 고객창구는 항상 청결하고 정돈된 상태로 유지하여 고객이 이용하시는 데 불편함이 없도록 하겠습니다.

2. 전화하시는 경우
- 전화벨이 3번 이상 울리기 전에 신속히 받겠습니다.
- 인사말과 소속, 이름을 정확하게 밝히고 정중하고 친절하게 응대하겠습니다.
- 문의사항은 가급적 처음 받는 직원이 답변하겠으며 다른 직원에게 전화를 연결하여야 할 경우 양해를 구한 후 담당직원의 소속, 성명 및 전화번호를 알려드리고 연결하겠습니다.
- 고객이 찾으시는 담당자가 없을 경우 메모를 전달하여 고객께 전화를 걸도록 하겠습니다.
- 상담 후 고객께 이해 여부를 물어 본 뒤 인사말과 함께 마치도록 하겠습니다.

3. 고객을 방문하는 경우
- 방문하기 전 전화로 방문목적을 알리고 고객의 편리한 시간에 약속한 후 방문하겠습니다.
- 약속시간은 정확하게 지키며, 신분증을 제시하도록 하겠습니다.
- 사후연락 등 고객편의를 위하여 명함이나 연락처를 드리겠습니다.

4. 인터넷 상담을 하는 경우
- 공사 홈페이지를 통해 최신정보를 자세히 소개하고 고객이 쉽게 이용할 수 있도록 관리하겠습니다.
- 인터넷으로 상담 및 서비스를 신청하신 경우 상담내용이 회신될 때까지 담당자를 지정하여 처리상황 등을 알려드리겠습니다.

5. 민원 접수 처리 기준
- 민원은 우편·방문·팩스·인터넷 등 고객께서 편리한 방법을 통해 신청이 가능하도록 하겠으며, 신청한 민원은 신속히 처리하겠습니다.
- 접수된 민원은 법정처리기간을 기다리지 않고 최대한 신속히 처리하겠습니다.
- 민원 처리가 부득이한 사유로 기간 내 처리가 불가능할 경우 지연사유, 중간처리상황을 사전에 알려드리겠습니다.
- 민원처리가 완료되면 서면, 이메일, 문자 등 고객께서 원하시는 방법으로 결과를 알려드리겠습니다.

6. 정보제공 및 비밀보장
- 고객의 알권리 보장과 행정의 투명성 확보를 위하여 행정정보 공개제도를 다음과 같은 절차로 충실히 운영하겠습니다.
  *행정정보 공개절차
  정보공개청구서 제출 → 접수 → 청구서 분류·이송 → 정보공개여부 결정(청구 받은 날부터 10일 이내) → 결정통지 → 청구인 확인 → 수수료 징수 → 공개처리
- 업무와 관련하여 알게 된 개인정보에 대하여는 비밀을 준수하여 고객의 권익이 침해되는 일이 없도록 하겠습니다.

① 접수된 민원은 법정처리기간에 맞춰 최대한 정확하게 처리한다.

② 민원 처리가 기간 내 처리가 불가능한 경우, 처리한 뒤에 지연된 사유를 민원인에게 소상히 설명한다.

③ 전화가 올 경우 전화벨이 3번 이상 울리기 전에 받고, 인사말과 소속, 이름을 밝힌 후 응대한다.

④ 전화로 문의가 올 경우, 가급적 담당 직원이 답변하도록 하기 위해 해당 직원에게 연결하여 처리한다.

⑤ 행정정보 공개 여부는 청구를 받은 날부터 14일 이내로 결정하여 통지하며, 이때 결정통지를 청구인이 확인한 후 수수료를 받는다.

09　다음 글에서 추론할 수 없는 것은?

2023년 여름 전 세계 곳곳이 이례적인 폭염에 시달렸다. 세계기상기구(WMO)는 2023년 7월의 지구 표면 평균 기온은 16.95도로, 1940년 관측과 기록이 시작된 이후 역대 가장 높은 기온을 기록했다고 밝혔다. EU의 코페르니쿠스 기후변화서비스(C3S) 보고서를 분석한 자료에서는 1991년부터 2020년까지의 평균 기온과 비교하면 0.72도 높고, 이전 역대 최고 기록이었던 2019년 7월의 기온보다는 0.33도 높다고 설명했다. 특히 WMO는 2023년 7월이 국제 사회가 기후변화의 마지노선으로 꼽는 '산업화 이전 대비 1.5도 상승'과 유사한 수준이라 덧붙였다. 여기다 해수면 온도도 역대 최고 기록을 경신했는데, 전 세계 평균 해수면 온도는 2023년 4월부터 계속 상승세를 이어가다 7월에는 20.95도에 달했다. 이는 1991년부터 2020년까지의 평균 해수면 온도보다 0.51도 높은 것으로, WMO는 이에 대해 해양 폭염과 엘니뇨 현상이 계속 발달한 결과라고 분석했다.

폭염은 일사병·열사병 등의 온열질환을 일으켜 건강상 위협으로 작용하는 것은 물론 전 지구적 식량난과 인간의 노동 능력에까지 영향을 미친다. 특히 폭염은 홍수나 태풍과 달리 그 피해가 가시화되기 어렵고 취약계층에 주로 발생해 '소리 없는 살인자'로까지 불린다. 무엇보다 문제는 이러한 폭염이 앞으로 일상이 될 가능성이 높다는 점이다.

미국 뉴욕타임스(NYT)는 2023년 7월 미국을 덮친 기록적인 폭염으로 경제 활동이 급격하게 위축되면서 막대한 규모의 생산성 손실이 발생하고 있다고 보도했다. 학술지 〈란셋〉의 통계에 따르면 지난 2021년 더위 노출로 인해 미국 농업·건설·제조업·서비스업 부문에서 25억 시간 이상의 노동력이 손실됐다고 NYT는 전했다. 또 영국 '데이터 속 세계' 연구소는 옥스퍼드대와 분석한 자료를 통해 2016~2020년 기상 재해로 전 세계가 입은 피해액의 규모가 연평균 1,629억 2,157만 달러에 달한다는 결과를 내놓기도 했다. 여기다 국제노동기구(ILO)는 2030년에는 폭염으로 3,000조 원 이상의 경제적 손실이 전 세계에 닥칠 것이라고 예측했으며, 국제 신용평가사 무디스는 폭염으로 인한 만성적 신체위험이 세계적으로 국내총생산(GDP)을 2100년까지 최대 17.6% 위축시킬 수 있다고 추정했다.

무엇보다 폭염으로 인해 가장 직접적인 영향을 받는 것은 식량 분야야. 잦은 홍수와 가뭄은 전 지구적 식량난을 일으킬 수 있는데, 이에 극한 폭염이 식품 물가를 끌어올린다는 뜻의 '히트플레이션'이라는 용어가 등장하기도 했다. 농업의 경우 기후변화에 따라 수급구조 불안과 가격 상승이 지속될 것으로 전망된다. 폭염과 폭우 등 극한 기상이 일상으로 자리 잡을 것이라는 전망이 계속되면서 2015년 파리기후변화협약을 통해 전 세계가 목표로 했던 산업화 대비 1.5도 이하로 제한하기 위한 노력이 급박해졌다. 세계기상기구(WMO)는 향후 5년 내에 지구 평균 기온이 산업화 이전(1850~1900년) 시기보다 1.5도 이상 높아질 확률이 66%에 달할 것이라고 관측하고 있다. 이러한 상황에서 2023년 11월 개최된 제28차 유엔기후변화협약 당사국총회(COP28)는 2015년 파리협약 이후 가장 중요한 회의가 될 것이라는 전망이 나오면서 관심을 받았으나, '화석연료에서 멀어지는 전환'이라는 모호한 결론만을 남긴 채 폐막했다.

① 폭염이 경제활동에 미치는 손실은 더위 노출로 인한 노동력 상실과 더위로 인한 신체적 위험으로 인해 발생한다.

② 2019년 7월의 지구 표면 평균 기온은 당시 관측 이래 최고치를 기록했으며, 1991년부터 2020년까지의 평균 기온보다 0.72도 높았다.

③ 폭염은 그 피해가 홍수나 태풍보다 쉽게 눈에 띄지 않으며 주로 취약계층에게 발생한다는 점에서 위협적이다.

④ 세계기상기구는 향후 5년 이내에 지구 평균 기온이 산업화 이전과 비슷한 수준으로 유지되기는 어렵다고 예측하고 있다.

⑤ 2023년 열린 제28차 유엔기후변화협약 당사국총회 결과는 기후변화 정책 등에 큰 영향을 주지는 못하였다.

10 다음 글의 (가)와 (나)에 들어갈 내용이 바르게 연결된 것은?

> 가상자산(Virtual Asset)은 지폐·동전 등의 실물이 없고 온라인에서 거래되는 자산을 뜻하는 말로, 처음 고안한 사람이 정한 규칙에 따라 가치가 매겨지는 특징이 있다. 가상자산의 대표 격인 비트코인(Bitcoin)이 2008년 나카모토 사토시라는 익명의 개발자에 의해 탄생한 이후, 가상자산 시장은 상승 열기를 타며 투자자들이 급증했다.
>
> 가상자산은 각국 정부나 중앙은행이 발행하는 일반 화폐와 달리 처음 고안한 사람이 정한 규칙에 따라 가치가 매겨진다. 또 정부나 중앙은행에서 거래 내역을 관리하지 않고 블록체인 기술을 기반으로 유통되기 때문에, (가   ) 보통 가상자산은 블록체인 기술을 활용하는 분산형 시스템 방식으로 처리되는데, 이 분산형 시스템에 참여하는 채굴자들은 블록체인 처리의 보상으로 코인 형태의 수수료를 받게 된다. 가상자산은 이와 같은 구조로 유지되기 때문에 자산 발행에 따른 생산비용이 전혀 들지 않고 이체비용 등의 거래비용을 대폭 절감할 수 있다. 또 컴퓨터 하드디스크 등에 저장되기 때문에 보관비용이 들지 않고, 도난·분실의 우려가 없기 때문에 가치저장 수단으로서의 기능도 뛰어나다는 장점을 가지고 있다. 그러나 거래의 비밀성이 보장되기 때문에 마약 거래나 도박, 비자금 조성을 위한 돈세탁에 악용될 수 있고 과세의 어려움으로 탈세수단이 될 수 있다는 문제점이 있다.
>
> 가상자산의 핵심기술인 블록체인(Blockchain)은 비트코인 등의 거래 내역을 기록하기 위해 개발된 분산형 장부기록 데이터베이스 기술로, 누구나 열람할 수 있는 장부에 거래 내역을 투명하게 기록하고 여러 대의 컴퓨터에 이를 복제해 저장하는 것이다. 즉, 새로운 거래가 발생할 때마다 그 정보를 별도의 블록으로 만들고, 이 블록을 기존 장부에 연결하는 방식이다. 이는 중앙집권적 은행이 거래 장부를 책임지는 것이 아니라, 이 거래 시스템에 참여하는 모든 사람들이 같은 장부를 보관한다는 특징이 있다. 특히 거래가 일어날 때마다 분산된 장부들을 서로 대조하기 때문에 장부 조작이 극히 어려워 강력한 보안을 유지할 수 있다. 그러나 블록체인으로 성사된 거래는 취소하기 어렵고, 중앙기관이라는 개념이 없어 문제 발생 시 책임 소재가 모호하다는 단점이 있다.
>
> 블록체인은 크게 퍼블릭 블록체인(Public Blockchain)과 프라이빗 블록체인(Private Blockchain)으로 나뉜다. 퍼블릭 블록체인은 불특정 다수가 네트워크에 참여하는 것으로, 거래를 하는 모든 사람이 기록을 가지고 있어 신뢰도가 높다는 장점이 있지만 최초 규칙을 바꾸기 어렵고 속도가 느리다는 단점이 있다. 반면 프라이빗 블록체인은 (나   )

① (가) 정부가 그 가치나 지급을 보장하지 않는다.
　(나) 참여자가 제한돼 있기는 하지만, 퍼블릭에 비해 시간이 빠르고 효율도 높다는 장점이 있다.
② (가) 정부가 그 가치나 지급을 보장하지 않는다.
　(나) 가상자산의 거래가 확대되며 사용자가 늘어나고 있다.
③ (가) 거래 시 위험성이 일반화폐보다 크고 손실을 모두 개인이 떠맡아야 한다는 위험성이 존재한다.
　(나) 가상자산의 거래가 확대되며 사용자가 늘어나고 있다.
④ (가) 정부에게 받는 규제가 일반 화폐보다 강하다는 특징이 있다.
　(나) 가상자산의 거래가 확대되며 사용자가 늘어나고 있다.
⑤ (가) 정부에게 받는 규제가 일반 화폐보다 강하다는 특징이 있다.
　(나) 참여자가 제한돼 있기는 하지만, 퍼블릭에 비해 시간이 빠르고 효율도 높다는 장점이 있다.

11 다음 글에서 추론할 수 없는 것은?

> 유대인들은 역사 속에서 엄청난 대가를 치르면서도, 그들의 동질성을 유지하고 정체성을 지켜온 것으로 유명하다. 따라서 자연스럽게 유대인이 자신들의 언어를 소중하게 지켜 왔으리라고 생각하게 된다. 그러나 사실은 이와 크게 다르다. 유대인들은 별다른 고민이나 갈등 없이 자신들의 언어를 수차례 바꾸었다. 팔레스타인에 살던 유대인들은 기원전 6세기경 바빌로니아에 종속되었고 이어 페르시아의 지배를 받았다. 이후 유대인들은 전통적 언어인 히브리어 대신 바빌로니아 상인들의 국제어이면서 페르시아 제국의 공용어였던 아랍어를 더 많이 사용하게 되었다. 기원전 2세기경 유대인들은 마침내 아랍어를 일상어로 쓰기 시작하였고 일부 지식인 계층만이 히브리어를 사용하였다. 기원전 3세기 전반에 편집된 성서의 '느헤미야'는 히브리어가 살아 있는 언어였을 때 만들어진 마지막 책이다. 대부분의 유대인들이 히브리어를 잊었으므로 그들을 위한 아랍어 성서가 나오기 시작했다. 이 성서는 번역을 뜻하는 아랍어 '탈굼'으로 불렸는데, 구전으로는 기원전 6세기 말엽부터, 기록된 것은 기원후 1세기부터 나오기 시작하였다.
>
> 알렉산더 대왕의 정복 후에는 팔레스타인이 프톨레마이오스 왕조가 집권한 이집트에 종속되었다. 알렉산드리아를 중심으로 하는 이집트의 유대인들은 이제 아랍어를 버리고 그리스어를 쓰게 되었다. 자연히 히브리어도 아랍어도 모르는 유대인들을 위해 그리스어로 번역된 성서가 필요해졌고, 이에 따라 기원전 3세기에서 2세기에 걸쳐 알렉산드리아의 학술원에서 번역판을 펴냈다. 이 성서가 이후 기독교도들의 경전이 된 '칠십인역'이다.
>
> 로마 제국이 득세하자 유대인들은 로마에 대항했다가 참담한 피해를 입었고 뿔뿔이 흩어졌다. 이렇게 되자 유대인들은 아랍이나 그리스어를 버리고 그들이 이민 가서 정착한 곳의 언어를 쓰거나 이디시어, 라디노어와 같은 혼성어를 공용어로 썼다. 히브리어는 유대교 학자들에 의해 명맥이 이어지는 언어가 되었다.
>
> 그동안 히브리어를 되살리려는 노력은 꾸준히 이어졌다. 이 같은 노력은 근세에 특히 활발하여 히브리어를 글로 쓰일 뿐 아니라 말해지기도 하는 언어로 만들려는 움직임도 나왔다. 1948년에 이스라엘이 세워지면서 그런 노력은 성공을 이루었다. 세계 곳곳에서 모여든 여러 언어를 쓰는 사람들은, 일부 지식층의 주도 아래에 그리고 순전히 정치적인 이유만으로, 2천 년 이상 오직 학자들의 언어에 불과했던 언어를 공용어로 채택했던 것이다. 히브리어의 부활은 언어의 끈질긴 생명력을 드러내는 사건인 것처럼 보이지만, 한편으로는 사람들이 쉽게 언어를 버리고 채택한다는 것을 보여준다.

① 유대인들은 세계 각지로 흩어져도 자신들의 종교를 유지했으나, 언어는 현지화하는 경향을 보였다.
② '느헤미야'는 히브리어가 살아있을 때 나온 책으로, 처음 나올 당시 '탈굼'은 존재하지 않았다.
③ 이스라엘이 히브리어를 공용어로 선택한 데에는 정치적 이유가 자리 잡고 있다.
④ 유대인들의 아랍어 선택은 히브리어를 특정 계층의 언어로 만든 계기가 되었다.
⑤ 그리스어로 된 '칠십인역'은 유대인들의 일상어가 바뀌었음을 보여 주는 증거이다.

12　다음 글의 내용을 통해 추론할 수 없는 것은?

목장의 소가 인근 옥수수밭의 농작물을 훼손하여 목장 주인과 농부 사이에 분쟁이 생길 때, 울타리를 목장 주변에 쳐야 할까 아니면 옥수수밭 주변에 쳐야 할까? 그리고 누가 그 비용을 부담해야 할까? 또 식당과 같은 공공장소에서의 흡연 문제를 해결하고자 할 때, 흡연자와 비흡연자 사이의 갈등을 어떻게 해결할 수 있을까? 당사자들 간의 적절한 타협으로 가능할까 아니면 정부 당국의 강제적 개입이 필요할까? 이러한 법률이나 정책의 문제와 관련하여 경제학의 이론들은 이들 법과 정책을 평가하는 데 유용한 규범적 기준을 제시하고 있는데, 그 한 예로 교섭 이론을 들 수 있다.

경제학적 관점에서 볼 때, 거래 당사자끼리의 자발적 합의에 의한 교섭은 모두에게 이익이 되는 '협력적 잉여'를 창출할 수 있다. 또한 교섭은 부정적 외부성으로 인한 비효율성을 제거하는 데에도 유용하다. 경제학에서 '외부성'이란 의도성이 없음에도 타인에게 부정적 혹은 긍정적 영향을 미치는 것을 의미하는데, 흡연자가 주변 사람들에게 손해를 끼치는 것, 과수원이 주변 양봉업자에게 이익을 주는 것 등이 이에 해당한다.

코즈 교수는 교섭을 위해 드는 비용을 총칭하는 의미로 '거래 비용'이라는 용어를 사용하였다. 교섭을 위해 거래 상대방의 정보를 탐색하는 데 드는 비용, 상대방과의 의사소통 공간을 마련하기 위한 비용 등이 이에 해당한다.

코즈 교수는 거래 비용이 0인 경우, 법에 의지하여 강제를 하지 않더라도 사적 교섭을 통하여 문제를 효율적으로 해결할 수 있다고 보았다. 그에 의하면, 거래 비용은 0에서 무한대의 범위를 가지며, 거래 비용의 수준에 따라 교섭이 가능한지 혹은 교섭이 어려워 다른 대체적 수단이 필요한지가 결정된다. 거래 비용의 범위는 교섭 영역과 비교섭 영역으로 구분할 수 있는데, 그 기준이 되는 거래 비용의 역치가 존재한다. 여기서 '거래 비용의 역치'란 교섭이 가능한 거래 비용의 최대치로, 이 역치보다 거래 비용이 적으면 교섭이 이루어질 수 있지만, 그 반대의 경우에는 법과 같은 강제적 개입이 필요하다.

그리고 이 역치는 사람들에 따라 다를 수 있다. 상대적으로 높은 거래 비용 수준에서 역치를 갖는 사람의 경우는 상대적으로 높은 거래 비용 수준에서도 교섭이 성공할 것으로 믿을 것이다. 반면 낮은 거래 비용 수준에서 역치를 갖는 사람은 보다 낮은 거래 비용 수준에서만 교섭이 이루어질 수 있다고 판단하게 되고 따라서 그는 보다 많은 상황에서 법의 개입을 선호하게 된다.

이처럼 경제학의 원리는 법이나 정책의 방향을 설정하고 법적 분쟁의 효율적 해결을 위한 법률가들의 부담을 줄여 줄 수 있다. '사적 교섭을 저해하는 장애 요인들을 제거할 수 있는 법을 구성한다.'라는 '규범적 코즈의 정리'나 '사적 합의의 실패에 의한 손해를 극소화할 수 있도록 하는 법을 구성한다.'라는 '규범적 홉스의 정리'는 법률가들에게 하나의 길잡이가 될 수 있는 것이다.

① 경제학의 이론들은 법률이나 정책 문제를 평가하는 데 기준을 제시할 수 있다.
② 상대방과 합의를 하기 위해 함께 한 저녁식사 비용도 거래 비용에 포함된다.
③ 거래 당사자가 높은 거래 비용 수준의 역치를 가질수록 법의 개입을 선호하게 된다.
④ 거래 비용의 역치보다 거래 비용이 클 경우 법률 등 강제적 개입이 필요하다.
⑤ 거래 비용의 역치가 비슷한 사람들끼리 교섭을 할 경우 성공 가능성이 높아진다.

13　다음 글에서 추론한 것으로 적절하지 않은 내용은?

1932년 4월 29일 윤봉길의 의거는 전 세계를 놀라게 한 역사적인 사건이었다. 그날 상하이 홍커우 공원에서는 일왕의 생일인 천장절 겸 전승 축하 기념식이 개최됐다. 현재 일왕의 할아버지인 히로히토 일왕의 생일과 함께 상하이 점령을 자축했던 행사장은 윤봉길 의사의 폭탄으로 아수라장이 되었다.

윤봉길 의거의 역사적 의의를 이해하기 위해서는 먼저 이전 상황을 살펴볼 필요가 있다. 윤봉길 의거 발생 7개월 전인 1931년 9월, 일본은 만주사변을 일으켜 중국 본토인 만주 침략을 감행하였다. 당연히 이에 대한 중국인들의 거센 저항과 비판적인 세계 여론이 뒤따를 수밖에 없었다. 일본은 이러한 상황을 타파하고자 1932년 1월 상하이 사변을 일으키게 된다. 당시 상하이에는 이미 외국인 구역인 조계를 경비하는 일본군이 주둔하고 있었다. 상하이에 주둔하던 일본군과 중국군 간에 무력 충돌이 발생하게 되자, 이때를 기다렸다는 듯 일본은 추가로 육군 3개 사단을 파견하여 기존 중국군들을 몰아내고 상하이를 점령했다. 이러한 방식으로 일본이 상하이를 점령한 뒤 벌인 행사가 바로 1932년 4월 29일의 천장절(일왕 생일) 겸 전승 축하 기념식이었다. 국내 항일운동 상황을 살펴보면, 윤봉길 의사의 의거가 일어나기 3개월 전인 1932년 1월 이봉창 의사가 히로히토 일왕 암살에 착수한 바 있으나 이는 미수에 그쳤다. 이는 더욱 철저한 일왕 암살 계획으로 이어졌다.

윤봉길 의사의 결연한 행동만큼이나 상하이라는 장소가 주는 상징성도 크다. 일본은 조선을 거쳐 궁극적으로는 중국 본토를 장악할 야심을 가지고 있었다. 이러한 야심을 충족시키기 위해 일본이 일으킨 만주사변에 대한 비판적 분위기를 돌파할 목적으로 새롭게 중국 본토에 대한 침략을 개시한 곳이 바로 상하이였다. 한국뿐만 아니라 중국에게도 상하이에서의 윤봉길 의거는 특별하게 받아들여질 수밖에 없다. 당시 중국은 세계 제국주의의 경쟁이 가장 활발하게 진행되던 장소였기 때문이다. 윤봉길 의사의 의거는 단순히 한국의 독립운동을 뛰어넘어, 일본 제국주의의 중국 침략에 대한 항거를 보여주는 세계사적 의의를 가지는 큰 사건이었다.

윤봉길 의거는 1919년 3·1 운동 및 임시정부 수립 이후 침체기를 거쳤던 독립운동이 다시 활기를 찾는 계기가 되었다. 더불어 한국의 독립운동의 영역을 중국으로 확대하는 데 지대한 공헌을 했다. 중국의 군대도 해내지 못한 일을 작은 나라의 한 청년이 해냈다는 데 대한 중국인들의 충격이 상당했다. 윤봉길 의사의 의거에 대한 중국인들의 충격과 감동은 한국과 중국이 일본이라는 하나의 적을 둔 동지라는 인식으로 이어졌다. 중국인들의 시선에서 상하이에서 벌어진 일왕에 대한 암살 시도는 한국 독립운동을 중국 항일투쟁과 동일시하게 만들었다.

후에 일본의 횡포가 더욱 극심해지며 한국 국내에서 독립운동을 전개하기 어려운 상황이 되었을 때 중국에서 김원봉이 조선의용대를, 김구가 한국광복군을 창설할 수 있었던 배경에도 이러한 중국인들의 의식이 긍정적으로 작용하였다. 1945년 일제가 패망하고 한국이 독립할 때까지 한국과 중국이 긴밀한 연대를 유지하는 데 윤봉길 의사의 의거가 결정적인 기반이 되어 준 것이다.

① 중국인들의 입장에서 윤봉길 의사의 홍커우 공원 거사는 이웃 국가의 테러가 아닌 제국주의에 대한 항의의 의미로 받아들여졌다.

② 당시 일본은 만주 침략을 중국 본토에 대한 침략을 본격적으로 실현할 수 있는 계기로 삼았다.

③ 윤봉길 의거에 대한 중국인들의 긍정적인 반응은 후에 중국인들이 한국 독립군의 중국을 거점으로 한 항일운동을 시혜적 관점으로 용인하는 계기가 되었다.

④ 1932년 4월 29일 상하이 홍커우 공원에서 열린 천장절 겸 전승 축하 기념식은 중국인들에게 일본의 위상을 상징적으로 표출하기 위한 수단으로 기획되었다.

⑤ 윤봉길 의사의 의거는 의거가 일어난 상하이라는 특수한 상징성을 가진 공간과 결합되어 더욱 세계적 주목을 끄는 역사적 사건으로 인식되었다.

14 둘레의 길이가 300m인 호수가 있다. 완희는 뛰고 지은이는 걸어서 이 호수 주위를 돌고 있다. 두 사람이 같은 지점에서 동시에 출발하여 같은 방향으로 호수를 돌면 100초 뒤에 처음으로 다시 만나고, 서로 반대 방향으로 돌면 60초 뒤에 처음으로 다시 만난다고 할 때, 완희는 1초에 몇 m를 가는지 구하면?

① 4m   ② 5m
③ 6m   ④ 7m
⑤ 8m

15 A, B 두 종류의 경기를 하여 각각에 대하여 상을 주는데 상을 받은 사람은 모두 20명이고, A, B 두 종목 모두에서 상을 받은 사람은 10명이다. 이때 A종목에서 상을 받은 사람은 B종목에서 상을 받은 사람보다 2명이 많다고 할 때, A종목에서 상을 받은 사람 수를 구하면?

① 16명   ② 18명
③ 20명   ④ 22명
⑤ 24명

16 알코올 도수 40%인 보드카 50ml, 알코올 도수 30%인 리큐르 100ml, 알코올 도수 20%인 리큐르 50ml와 주스를 섞어 알코올 도수가 15%인 칵테일을 만들려고 한다. 이때 넣어야 하는 주스의 양은 얼마인가?

① 200ml   ② 250ml
③ 300ml   ④ 350ml
⑤ 400ml

17 가죽 공방에서 일하는 도윤이와 서윤이는 지갑 300개를 주문받았다. 도윤이는 하루에 15개의 지갑을 만들 수 있고, 서윤이는 하루에 20개의 지갑을 만들 수 있다. 도윤이 혼자서 먼저 작업을 시작하였고, 서윤이는 휴가를 며칠 다녀온 후 그때부터 작업을 같이 시작하여 12일 만에 작업을 완료했다고 한다. 서윤이와 도윤이가 함께 작업한 날은 며칠인가?

① 3일   ② 4일

③ 6일   ④ 8일

⑤ 12일

18 다음은 일정한 규칙으로 수를 나열한 것이다. 빈칸에 들어갈 수로 옳은 것은?

5	5	10	30	120	600	( )

① 1200   ② 1800

③ 2400   ④ 3000

⑤ 3600

19 다음은 일정한 규칙으로 수를 나열한 것이다. 빈칸에 들어갈 수로 옳은 것은?

3	5	10	12	24	26	52	( )

① 54   ② 58

③ 102   ④ 104

⑤ 106

[20~21] 다음은 불연성 폐기물 발생량 관련 자료이다. 이를 보고 이어지는 물음에 답하시오.

2019~2024년 불연성 폐기물 발생량

(단위 : 만 톤)

불연성 폐기물＼연도	2019	2020	2021	2022	2023	2024
폐토사류	30.9	25.8	28.1	38.6	77.1	92.2
연탄재	7.2	6.8	5.6	8.3	12.8	( )
폐유리류	50.4	54.3	50.4	54.0	58.2	56.3
폐타일 및 도자기류	22.7	23.8	37.3	38.7	50.5	63.1
폐금속류	41.4	47.7	52.5	69.4	76.0	87.4
기타	9.0	11.8	21.7	42.7	97.9	85.3
전체	161.6	170.2	195.6	( )	372.5	( )

2024년 발생한 종류별 불연성 폐기물 비중

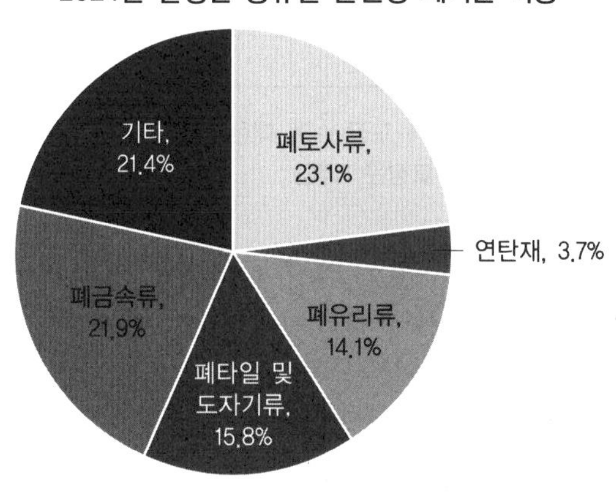

20 위 자료에 대한 설명으로 옳은 것을 〈보기〉에서 모두 고르면?

> ┌ 보기 ┌
> ㉠ '기타'를 제외하고 2019년 대비 2024년 발생량이 가장 큰 비율로 증가한 불연성 폐기물은 폐토사류이다.
> ㉡ '기타'를 제외하고 2019~2024년 동안 발생량이 매년 증가한 불연성 폐기물 종류는 3개이다.
> ㉢ 2023년 폐금속류 발생량은 같은 해 연탄재 발생량의 6배 이상이다.
> ㉣ 전체 불연성 폐기물 발생량 중 폐토사류 발생량의 비중은 2024년이 2022년보다 크다.

① ㉠, ㉡   ② ㉠, ㉢   ③ ㉠, ㉣
④ ㉡, ㉢   ⑤ ㉢, ㉣

21 2025년 연탄재 발생량이 전년 대비 20% 증가하고, 폐금속류 발생량이 2023년 대비 25% 증가한다고 할 때, 2025년 연탄재와 폐금속류 발생량 합은 얼마가 되겠는가? (단, 백 톤 이하는 반올림하여 계산한다.)

① 112.8만 톤   ② 116.8만 톤
③ 119.1만 톤   ④ 125.6만 톤
⑤ 127.1만 톤

22 다음은 A국가의 학교급별 여성 교장 수 및 비율을 1999년부터 3년마다 조사한 자료이다. 이에 대한 설명으로 옳지 않은 것은?

학교급별 여성 교장 수 및 비율

(단위 : 명, %)

조사연도 \ 구분	초등학교		중학교		고등학교	
	여성 교장 수	비율	여성 교장 수	비율	여성 교장 수	비율
1999	1,518	11.8	366	13.6	177	7.4
2002	1,612	15.9	398	14.9	180	8.0
2005	1,830	22.5	416	14.3	184	9.1
2008	1,928	23.8	581	19.6	206	8.8
2011	2,084	28.7	555	20.9	212	7.5
2014	2,132	31.0	630	22.0	239	10.4
2017	2,271	38.7	680	23.2	282	12.5
2020	2,358	42.5	713	24.3	311	13.9
2023	2,488	40.2	897	28.4	322	12.4

※ 학교급별 여성 교장 비율은 학교급별 전체 교장 수에 대한 여성 교장 수 비율을 나타낸 것임
※ 교장이 없는 학교는 없으며, 각 학교의 교장은 1명임

① 2005년 이후 중학교 여성 교장 비율은 매년 증가하고 있다.
② 초등학교 수는 2011년이 2014년보다 많다.
③ 2023년의 중학교 여성 교장 수는 2002년보다 2.5배 이상 많지는 않다.
④ 고등학교 남성 교장 수는 2002년이 2008년보다 많다.
⑤ 2023년 초등학교 수는 같은 해 중학교 수와 고등학교 수의 합보다 많다.

23 다음은 OECD 주요 국가별 특허 출원·등록 현황에 관한 자료이다. 이때, 아래의 〈조건〉에 근거하여 A~D에 해당하는 국가를 바르게 나열한 것은?

OECD 주요 국가별 특허 출원·등록 현황

(단위 : 건)

국가 \ 구분	특허출원접수		특허등록	
	2023년	2024년	2023년	2024년
한국	208,830	204,775	108,875	120,662
A	318,381	318,479	203,087	199,577
미국	605,571	606,956	303,049	318,829
캐나다	34,745	35,022	26,424	24,099
B	16,218	16,247	12,374	11,865
독일	67,899	67,712	15,652	15,653
C	22,059	22,072	5,602	6,311
D	28,394	28,906	23,744	22,742

┌ 조건 ┌

1. OECD 주요 국가들 중 2024년 특허출원접수 건수 대비 특허등록 건수 비율이 높은 상위 두 국가는 오스트레일리아와 프랑스이다.
2. OECD 주요 국가들 중 2023년 대비 2024년 특허등록 건수의 증가율이 높은 상위 두 국가는 한국과 영국이다.
3. OECD 주요 국가들 중 2023년 대비 2024년 특허출원접수 건수의 변동폭이 세 번째로 작은 국가는 일본이다.

	A	B	C	D
①	일본	프랑스	오스트레일리아	영국
②	일본	프랑스	영국	오스트레일리아
③	프랑스	오스트레일리아	일본	영국
④	프랑스	일본	영국	오스트레일리아
⑤	일본	오스트레일리아	프랑스	영국

[24~25] 다음은 20~40대 성인 600명을 대상으로 실시한 여행 관련 설문조사 결과이다. 이를 보고 이어지는 물음에 답하시오.

여행의 목적

(단위 : 명)

구분	휴식	관광지 방문	새로운 경험	식도락	합계
20대	84	52	38	26	200
30대	102	20	44	34	200
40대	10	94	38	58	200
합계	196	(A)	120	118	600

인기 여행지

(단위 : 명)

구분	동남아	유럽	일본	국내	합계
20대	20	28	98	54	200
30대	60	18	100	22	200
40대	(B)	30	70	26	200
합계	154	76	268	102	600

여행지 관련 정보 검색 방법

(단위 : 명)

구분		인터넷 검색	여행사 홈페이지	SNS	지인	합계
성별	남자	116	26	90	68	300
	여자	106	46	48	100	300
나이	20대	88	30	36	(C)	200
	30대	62	18	46	74	200
	40대	72	24	56	48	200
합계		222	72	138	168	600

24 위 자료에서 (A)+(B)+(C)의 값은?

① 265   ② 286

③ 291   ④ 299

⑤ 302

25 위 자료에 대한 설명으로 옳은 것은?

① 20대는 지인을 통해서, 40대는 인터넷 검색을 통해 여행지 관련 정보를 얻는다고 응답한 사람이 가장 많다.

② 20~40대 모두 일본을 가장 인기 있는 여행지로 생각한다.

③ 여행의 목적을 휴식이라고 생각하는 응답자의 비율은 전체의 30% 이상이다.

④ 전체 응답자 중 여행지 관련 정보를 여행사 홈페이지를 통해 얻는다고 응답한 사람의 비율과 SNS를 통해 얻는다고 응답한 사람의 비율의 차는 약 15%p이다.

⑤ 20, 30, 40대가 각각 고른 두 번째로 인기 있는 여행지의 응답자 수 합은 전체 응답자 수의 35% 이상이다.

26 다음은 A국의 프랜차이즈 업종별 가맹점 현황이다. 이에 대한 설명으로 옳지 않은 것은?

A국의 프랜차이즈 업종별 가맹점 현황

(단위 : 개, %)

구분		2023년	2024년	구성비	전년 대비 증감	증감률
전체 업종		206,515	208,618	100.0	2,103	1.0
12대 주요 업종	편의점	39,549	41,359	19.8	1,810	4.6
	의약품	3,893	3,632	1.7	−261	( )
	안경 · 렌즈	2,925	3,184	1.5	259	8.9
	한식	28,240	29,209	( )	969	3.4
	외국식	6,482	7,561	3.6	1,079	16.6
	제과점	7,815	7,354	3.5	−461	( )
	피자 · 햄버거	11,755	11,576	5.5	−179	−1.5
	치킨	24,654	25,110	12.0	456	1.8
	김밥 · 간이음식	11,856	13,077	6.3	1,221	10.3
	생맥주 · 기타주점	12,026	11,676	5.6	−350	−2.9
	커피 · 비알코올 음료	16,795	17,615	8.4	820	4.9
	두발미용	3,459	3,897	1.9	438	12.7

① 2024년 12대 주요업종 중 구성비가 가장 높은 3곳의 비율은 전체의 50% 이하이다.
② 2024년 전체 업종에서 12대 주요업종을 제외한 업종들의 비중은 15% 이상이다.
③ 2023년 대비 2024년의 의약품 가맹점 수 감소율은 같은 기간 제과점 가맹점 수 감소율보다 크다.
④ 2024년 12대 주요업종 중 전년 대비 증감률이 세 번째로 큰 업종은 김밥 · 간이음식이다.
⑤ 2024년과 2023년의 12대 주요업종 가맹점 수 순위는 일치한다.

27 다음은 명준이가 대학에서 받은 교육과 관련된 명제이다. 다음 명제가 모두 참일 때, 반드시 옳은 것은? (단, 전공과 부전공은 동일할 수 없다.)

> • 명준이는 경제학 혹은 정치학을 전공하였다.
> • 명준이가 경제학을 전공하였다면 거시경제학 수업을 들었다.
> • 명준이가 국제정치학을 수강하였다면 정치학을 전공하였다.
> • 명준이는 정치학 혹은 철학을 부전공하였다.

① 명준이가 경제학을 전공하였다면 반드시 국제정치학을 듣지 않았을 것이다.
② 명준이가 철학을 부전공하였다면 반드시 거시경제학을 수강하였을 것이다.
③ 명준이는 거시경제학을 반드시 들었다.
④ 명준이가 정치학을 전공이나 부전공으로 선택하지 않았다면 반드시 국제정치학을 수강하지 않았을 것이다.
⑤ 명준이가 정치학을 전공 혹은 부전공하였다면 반드시 국제정치학을 수강하였을 것이다.

28 다음 조건으로 보아 48마리의 강아지 중 달리는 속도가 가장 빠른 강아지 1, 2위를 결정하기 위해 필요한 최소 경기 수는?

> • 전국 강아지 달리기 대회에 48마리의 강아지가 참가한다.
> • 경주 레인은 총 6개이고, 경기당 각 레인에 한 마리의 강아지만 배정할 수 있으나, 한 경기에 모든 레인을 사용할 필요는 없다.
> • 배정된 레인 내에서 결승점을 먼저 통과하는 순서대로 순위를 정한다.
> • 속력과 시간의 측정은 불가능하고, 오직 경기 결과에 의해서만 순위를 결정한다.
> • 강아지별로 달리는 속력은 모두 다르고 각 강아지의 속력은 항상 일정하다.

① 7경기 ② 8경기
③ 9경기 ④ 10경기
⑤ 11경기

29 다음 결론을 도출하기 위해 전제해야 할 문장은?

전제 1 : ________________________
전제 2 : 영화를 좋아하는 사람은 햄버거를 좋아한다.
전제 3 : 감자튀김을 좋아하지 않는 사람은 게임을 좋아하지 않는다.
결론 : 영화를 좋아하는 사람은 감자튀김을 좋아한다.

① 감자튀김을 좋아하는 사람은 게임을 좋아한다.
② 햄버거를 좋아하는 사람은 게임을 좋아하지 않는다.
③ 게임을 좋아하지 않는 사람은 햄버거를 좋아하지 않는다.
④ 영화를 좋아하는 사람은 게임을 좋아하지 않는다.
⑤ 감자튀김을 좋아하는 사람은 영화를 좋아한다.

30 민지, 정민, 유정, 성태, 슬기 5명은 5개의 음식 A~E가 무엇인지 맞히는 게임을 하고 있다. 5개의 음식은 각각 구절판, 스테이크, 짜장면, 초밥, 떡볶이 중 하나이다. 이들에게 아주 짧은 시간 동안 5개 음식의 일부를 보여준 후 음식의 종류를 2개씩 진술하게 하였다. 이때, A~E에 해당하는 음식을 바르게 짝지은 것은? (단, 5명이 진술한 음식은 다음과 같고, 모두 하나씩만 정확하게 맞혔다.)

구분	진술
민지	A : 스테이크, B : 떡볶이
정민	A : 스테이크, E : 짜장면
유정	C : 떡볶이, D : 짜장면
성태	B : 구절판, E : 짜장면
슬기	C : 초밥, D : 구절판

① A : 스테이크, D : 짜장면
② B : 구절판, C : 떡볶이
③ A : 초밥, E : 짜장면
④ C : 구절판, D : 떡볶이
⑤ D : 구절판, E : 스테이크

31 다음은 행복주택 입주 관련 안내문이다. 이를 보고 추론할 수 있는 것은?

◎ 입주자격

입주자격별 세부 자격요건은 입주자모집 공고문을 반드시 확인하시기 바랍니다. 신청자격에 따라 임대조건이 달리 적용되오니 입주자모집 공고문의 해당 입주자격별 세부기준(소득, 자산 등)을 확인하신 후 신청하시기 바랍니다.

① 대학생 계층
  - 대학생 : 대학에 재학 중이거나 다음 학기에 입·복학 예정인 혼인 중이 아닌 무주택자
  - 취업준비생 : 대학 또는 고등학교를 졸업(또는 중퇴)한 지 2년 이내인 혼인 중이 아닌 무주택자
② 청년 계층
  - 청년 : 만 19세 이상 만 39세 이하인 혼인 중이 아닌 무주택자
  - 사회초년생 : 소득이 있는 업무에 종사한 기간이 총 5년 이내이며, 아래의 하나에 해당하는 혼인 중이 아닌 무주택자
    1) 소득이 있는 업무에 종사하는 자
    2) 퇴직한 후 1년이 지나지 않은 사람으로서 구직급여 수급자격을 인정받은 자
    3) 예술인
③ 신혼부부·한부모가족 계층
  - 신혼부부 : 혼인 중이며 혼인기간이 7년 이내 또는 만 6세 이하의 자녀를 둔 무주택세대구성원
  - 예비신혼부부 : 혼인을 계획 중이며, 입주 전까지 혼인사실을 증명할 수 있는 자(혼인으로 구성될 세대원 모두 무주택자)
  - 한부모가족 : 만 6세 이하 자녀를 둔 무주택세대구성원인 한부모가족
④ 고령자 : 만 65세 이상 무주택세대구성원
⑤ 주거급여수급자 : 무주택세대 구성원인 주거급여법 제2조 제2호 및 제3호에 따른 수급권자 또는 수급자

◎ 소득 및 자산 기준

신청계층	소득	자산
대학생	• 본인 및 부모 월평균소득 합계가 전년도 도시근로자 가구원수별 가구당 월평균소득의 100% 이하	본인 자산요건 이하 (총자산 10,000만 원, 자동차 미보유)
청년	• 해당세대(세대원은 본인 기준) 월평균소득 합계가 전년도 도시근로자 가구원수별 가구당 월평균소득의 100% 이하	해당세대 자산요건 이하 (총자산 27,300만 원, 자동차 3,708만 원)
신혼부부·한부모가족	• 해당세대 월평균소득 합계가 전년도 도시근로자 가구원수별 가구당 월평균소득의 100% 이하(맞벌이 120% 이하)	해당세대 자산요건 이하 (총자산 34,500만 원, 자동차 3,708만 원)
고령자	• 해당세대 월평균소득 합계가 전년도 도시근로자 가구원수별 가구당 월평균소득의 100% 이하	해당세대 자산요건 이하 (총자산 34,500만 원, 자동차 3,708만 원)
주거급여수급자	−	−

※ 계층별 소득기준에 1인가구는 20%p, 2인가구는 10%p 각각 가산한 소득기준 적용

◎ 가구원수별 가구당 월평균 소득 기준액

가구원수	월평균 소득 100%	월평균 소득 110%	월평균 소득 120%
1인	3,482,964원 이하	3,831,260원 이하	4,179,557원 이하
2인	5,415,712원 이하	5,957,283원 이하	6,498,854원 이하
3인	7,198,649원 이하	7,918,514원 이하	8,638,379원 이하
4인	8,248,467원 이하	9,073,314원 이하	9,898,160원 이하
5인	8,775,071원 이하	9,652,578원 이하	10,530,085원 이하
6인	9,563,282원 이하	10,519,610원 이하	11,475,938원 이하
7인	10,351,493원 이하	11,386,642원 이하	12,421,792원 이하
8인	11,139,704원 이하	12,253,674원 이하	13,367,645원 이하

① 혼자 살고 있는 청년의 월평균소득이 3,800,000원인 경우 행복주택 입주자격을 얻을 수 없다.
② 만 1세의 자녀를 둔 맞벌이 신혼부부의 월평균소득 합계가 880만 원인 경우 행복주택 입주자격을 얻을 수 없다.
③ 갑은 총 자산이 3억 2천만 원이고, 자동차를 소유하지 않은 만 69세인 무주택세대구성원이다. 월평균소득이 450만 원이라면 1인가구나 2인가구에 속한 경우 행복주택 입주자격을 얻을 수 없다.
④ 대학을 졸업한 지 1년 만인 작년에 취업했으며, 미혼이고 무주택자인 만 28세의 을은 대학생 계층에 속한다.
⑤ 병은 만 6세인 딸, 만 2세인 아들과 살고 있는 무주택세대구성원인 싱글맘이다. 병의 월평균소득이 560만 원이고 총 자산이 3억 원, 소유한 자동차가 2,900만 원이라면, 행복주택 입주신청을 할 수 없다.

[32~33] 다음은 L공사 도시계획처 직원들의 어느 날의 업무 일정과, L공사 회의실의 예약 현황이다. 이를 보고 이어지는 물음에 답하시오.

직원별 업무 일정

	부장	과장	계장	대리	주임	사원
09:00~10:00	부서장 회의 참석		신규 사업 기획안 작성	인허가 관련 회의 참석(시청)		인허가 관련 회의 참석(시청)
10:00~11:00		부사장 보고 자료 검토			신도시 관리 방안 부장 보고	
11:00~12:00						
12:00~13:00	점심시간					
13:00~14:00	부사장 보고	군부대 방문 (이전 관련)			군부대 방문 (이전 관련)	인허가 회의 결과 보고서 작성
14:00~15:00						
15:00~16:00	개발지구 공사 관계자 회의 (사내)	신규 후보지 답사	기획안 중간 보고	신규 후보지 답사		
16:00~17:00			제도 개선 회의 참석 (사장 주관)			간담회 참석 (사내)
17:00~18:00						

※ 현장감독 등 회사 밖으로 나가는 업무의 경우 이동에 1시간이 소요된다.

회의실 예약 현황

	제1회의실	제2회의실	제3회의실	제4회의실	제5회의실
09:00~10:00			보수 공사		
10:00~11:00				주택시설처	
11:00~12:00	총무고객처				산업단지처
12:00~13:00		보수 공사			
13:00~14:00			주택기술처		
14:00~15:00	디자인센터				
15:00~16:00				도시기반처	노사협력처
16:00~17:00			해외사업처	도시사업처	
17:00~18:00					기획처

※ 보수 공사 시 회의실을 사용할 수 없다.

32 도시계획처 직원들이 회의실을 예약해 1시간 동안 회의를 하려고 한다. 회의가 가능한 회의실과 시간은?

① 제1회의실, 11시 ② 제3회의실, 11시
③ 제3회의실, 14시 ④ 제4회의실, 17시
⑤ 제5회의실, 17시

33 같은 날 부장은 대리급 이하 사원을 대상으로 면담을 진행하고자 한다. 3명을 면담하는 데 1시간이 소요된다고 할 때, 다음 면담과 관련한 내용 중 옳은 것은? (단, 이전 문제에 주어진 상황들이 그대로 적용된다고 가정한다.)

① 주임의 부장 보고를 1시간 앞당기고 10시에 면담을 한다.
② 11시에 모두의 일정이 비어 있으므로 11시에 면담을 한다.
③ 14시에 모두의 일정이 비어 있으므로 14시에 면담을 한다.
④ 대리의 신규 후보지 답사 업무를 계장에게 맡기고 15시에 면담을 한다.
⑤ 17시에 모두의 일정이 비어 있으므로 17시에 면담을 한다.

[34~35] △△회사에서는 미국 지사에 파견할 직원 2명을 선정하려고 한다. 파견 직원은 다음 평가기준에 따라 평가점수를 매겨 정하고, 파견 지원자는 아래 6명이다. 이를 보고 이어지는 물음에 답하시오.

평가항목	등급	점수
파견시험 성적	A	30
	B	26
	C	22
	D	16
업무성과	A	30
	B	25
	C	20
경력	2년 이상 4년 미만	18
	4년 이상 8년 미만	20
	8년 이상 10년 미만	18
	10년 이상 15년 미만	14
어학성적	A	20
	B	17
	C	14
	D	11

- 4가지 평가항목의 점수 합이 가장 높은 2명을 파견 직원으로 선정한다.
- 파견시험 성적 항목과 어학성적 항목 점수 합이 40점 미만인 경우 파견 대상에서 제외된다.
- 영어권 국가에서 중학교, 고등학교 재학 경험이 3년 이상 있는 경우 가산점 1점이 부여된다. 또한, 영어권 국가에서 학위를 취득한 경우 가산점 2점이 부여된다. (가산점은 중복 적용 불가)

미국 지사 파견 지원자

	갑	을	병	정	무	기
파견시험 성적	B	C	C	B	B	C
업무성과	A	A	B	A	B	B
경력	3년	9년	12년	10년	6년	5년
어학 성적	A	B	A	A	A	B

※ 갑: 영국 대학에서 석사학위 취득, 병: 미국에서 중, 고등학교 졸업(5년 재학) 및 미국에서 학사학위 취득

34 △△회사 미국 지사로 파견되는 직원은?

① 갑, 무   ② 을, 정   ③ 을, 무
④ 병, 정   ⑤ 정, 무

35 파견 조건을 〈보기〉와 같이 추가 및 수정할 때, 미국 지사로 파견되는 직원은?

> 보기
> - 경력이 5년 미만인 직원인 경우 또는 파견시험 성적이 C 미만인 경우 파견 대상에서 제외한다.
> - 영어권 국가에서의 재학 경험이나 학위취득과 관련된 가점을 적용하지 않는다.

① 갑, 을   ② 을, 정   ③ 을, 기
④ 병, 기   ⑤ 정, 무

[36~37] ○○공사의 정 대리는 신입사원 교육에 쓰일 교육 책자의 출간 업무를 맡게 되었다. 책자를 제작하기 위해 조사한 업체별 견적 자료가 다음과 같을 때, 이어지는 물음에 답하시오.

페이지당 인쇄 비용

(단위 : 원)

구분	A사	B사	C사	D사
흑백(단면)	42	41	44	43
컬러(단면)	230	235	210	220
흑백(양면)	40	39	39	41
컬러(양면)	200	210	180	205

제본 가공료(1부 기준)

(단위 : 원)

구분	A사	B사	C사	D사
표지코팅	2,600	3,200	3,500	2,800
무선제본	1,400	1,300	1,600	1,400
스프링제본	5,500	4,500	4,300	4,800

추가사항

구분	내용
A사	• 흑백 300페이지 이상 인쇄 시 인쇄비용 500원 할인 • 컬러 200페이지 이상 인쇄 시 인쇄비용 1,500원 할인 • 흑백 컬러 혼합페이지 250페이지 이상 인쇄 시 인쇄비용 1,000원 할인
B사	100부 이상 제작 시 추가 가공비용 10% 할인
C사	1부 가격 50,000원 초과 시 2,000원 할인
D사	300페이지 이상 인쇄 시 스프링제본 무료

※ 할인은 제작부수 1부당 적용됨

36 컬러 양면 300페이지를 스프링제본하여 150부를 제작하려 할 때, 가장 저렴하게 제작할 수 있는 업체와 비용을 고르면?

① A사, 9,600,000원   ② B사, 10,057,500원   ③ C사, 8,445,000원
④ D사, 9,225,000원   ⑤ A사, 8,460,000원

37 정 대리는 〈보기〉의 상사 지시에 따라 교육 책자를 제작하기로 하였다. 상사에게 보고할 비용은?

> 보기
>
> 이번에 신입사원이 200명이 조금 안 된다고 하니, 책자는 넉넉하게 220부를 제작하도록 하세요. 그림자료가 없으니 흑백 양면으로 인쇄하고, 표지 코팅과 무선제본도 해주세요. 책자가 240페이지 분량이니, 가장 저렴한 곳을 선택해 비용을 산출해 보세요.

① 3,156,000원   ② 3,002,000원   ③ 2,992,000원
④ 2,950,200원   ⑤ 2,802,000원

38 A사는 매년 초 7개 부서(가 ~ 사)의 전용 회의실을 정한다고 한다. 각 회의실의 구조 및 번호, 각 부서의 조건이 다음과 같을 때, '라' 부서의 회의실을 고르면?

<table>
<tr><td colspan="9" align="center">남향</td></tr>
<tr><td>1</td><td>2</td><td>계단</td><td>3</td><td>4</td><td>5</td><td>6</td><td>계단</td><td>7</td></tr>
<tr><td colspan="9" align="center">복도</td></tr>
<tr><td>14</td><td>13</td><td>12</td><td>11</td><td>화장실</td><td>10</td><td>9</td><td>8</td><td></td></tr>
<tr><td colspan="9" align="center">북향</td></tr>
</table>

부서별 조건

가: 계단 옆방, 가장자리에 위치한 방, 화장실에 인접한 방은 선호하지 않는다. 남향을 선호한다.
나: 가장자리에 위치한 방, 화장실과 가까운 방, 북향을 선호한다.
다: 계단 옆방, 화장실에 인접한 방은 선호하지 않는다. 남향을 선호한다.
라: 계단과 인접한 방을 선호한다. 마 부서와의 잦은 교류로 마 부서 회의실과 인접한 방을 선호한다.
마: 계단 옆방은 선호하지 않는다. 인원이 많아 큰 방을 선호한다.
바: 짝수 번호의 방을 선호한다. 가장자리 방과 화장실 옆방을 선호하지 않는다.
사: 북향을 선호한다. 계단이 인접한 방, 화장실과 인접한 방은 기피한다.

회의실 선택 규칙

- '가~사'의 순서대로 회의실을 정하며, 타 부서가 먼저 정한 회의실을 제외한 회의실 중 조건에 맞는 회의실을 고른다.
- 타 부서와의 인접성 등이 조건인 경우, 해당 부서의 회의실 선택권은 자신의 부서 선택권과 동시에 적용된다. 동일한 회의실을 원하는 경우, 기존 순서상 우선선택권을 가진 부서가 해당 회의실을 사용하게 된다.
- 인접한 방이란 해당 방의 양옆의 방과 맞은편의 방을 의미한다. (예를 들면 12번 방은 계단, 3 · 11 · 13번 방과 인접함)
- 1~7번 방은 남향, 8~14번 방은 북향이다.
- 7 · 12번 방 외의 나머지 방들의 크기는 모두 같으며, 7 · 12번 방은 나머지 방들의 1.5배 크기이다.
- 조건에 부합하는 회의실이 복수로 존재할 경우, 방 번호가 가장 큰 방을 선택한다.
- 조건에 맞는 회의실이 없는 경우, 남은 방 중 방 번호가 가장 작은 방을 선택한다.

① 2번 방   ② 3번 방
③ 9번 방   ④ 12번 방
⑤ 13번 방

39 단어 간 관계가 다음과 같은 것을 고르면?

수영 : 물안경

① 회의 : 회의실　　　　　② 식사 : 숟가락
③ 설거지 : 빨래　　　　　④ 강의 : 학생
⑤ 시험 : 학교

40 다음 중 단어 간 관계가 나머지와 다른 하나는?

① 수반 - 동반　　　　　② 추구 - 지양
③ 박해 - 핍박　　　　　④ 작고 - 별세
⑤ 유념 - 주의

LH한국토지주택공사

직업기초능력평가

박문각

LH한국토지주택공사

직업기초능력평가

봉투모의고사

정답 및 해설

박문각

제1회 직업기초능력평가

<table>
<tr><td>01. ④</td><td>02. ①</td><td>03. ①</td><td>04. ③</td><td>05. ④</td></tr>
<tr><td>06. ④</td><td>07. ②</td><td>08. ①</td><td>09. ②</td><td>10. ③</td></tr>
<tr><td>11. ④</td><td>12. ⑤</td><td>13. ①</td><td>14. ①</td><td>15. ③</td></tr>
<tr><td>16. ②</td><td>17. ①</td><td>18. ④</td><td>19. ④</td><td>20. ②</td></tr>
<tr><td>21. ⑤</td><td>22. ①</td><td>23. ④</td><td>24. ⑤</td><td>25. ①</td></tr>
<tr><td>26. ③</td><td>27. ②</td><td>28. ③</td><td>29. ④</td><td>30. ⑤</td></tr>
<tr><td>31. ②</td><td>32. ③</td><td>33. ⑤</td><td>34. ⑤</td><td>35. ①</td></tr>
<tr><td>36. ③</td><td>37. ①</td><td>38. ②</td><td>39. ②</td><td>40. ③</td></tr>
</table>

01 ▸ ④

④ 물체의 원근감을 구현하는 작업은 렌더링에 속한다. 모델링은 물체의 모양과 크기 등 고유의 값을 정하는 작업으로, 삼각형을 활용하고 이 삼각형의 면들에는 물체 고유의 특성이 지정된다.
①, ② 마지막 문단에서 확인할 수 있다.
③ 첫 번째 문단에서 확인할 수 있다.
⑤ 세 번째 문단에서 확인할 수 있다.

02 ▸ ①

① 모델링은 작은 삼각형의 조합으로 이루어진 그물과 같은 형태로 물체 표면을 표현하는 방식으로, 복잡한 굴곡이 있는 표면도 정밀하게 표현할 수 있다고 설명하고 있다.
②, ③ 렌더링에 대한 설명이다.
④ 삼각형의 꼭짓점들은 물체의 모양과 크기를 결정하는 정점이 되는데, 이 정점들의 개수는 물체가 변형되어도 변하지 않는다.
⑤ 물체 표면을 구성하는 각 삼각형 면에는 고유의 색과 질감 등을 나타내는 표면 특성이 하나씩 지정된다.

03 ▸ ①

ⓒ 주택별 침수 위험 수준, 재해 취약 가구 여부(아동·고령자·장애인) 등을 토대로 오는 단계별 이주 지원을 한다고 하였다. 다만, 이에 따라 지원 수준이 달라진다는 언급은 없다.
ⓔ 개보수 비용은 LH와 민간사업자가 공동 분담한다.

04 ▸ ③

(가) 다음에 '즉, 누가, 무엇을 위해, 그리고 어떠한 방향으로 기술을 이용하느냐 하는 점이 중요하다는 것이다.'라는 내용을 볼 때, 기술도 중요하지만 그 사용자와 목적, 방향에 따라 기술의 활용이 달라짐을 언급하고 있다. 따라서 (가)에는 기술은 그 자체가 중립적일 수도 있지만 그 사용자에 따라 목적, 방향이 달라질 수 있다는 내용인 ③이 들어가야 한다.

05 ▸ ④

④ 탈산업 사회론자들은 '재화를 생산하는 경제'보다는 '서비스를 중심으로 하는 경제'가 정보 사회의 특징이 될 것이라고 생각한다.

06 ▸ ④

㉠ 특별법 개정안 시행에 앞서 수도권 지역에 '전세피해지원팀'을 신설하는 등 신속한 사업추진을 위한 기반을 마련했다고 하였으므로, 특별법이 시행된 2024년 11월 11일 이후에 신설된 것이 아니다.
㉡ 피해지원 전담 인력 확대(18명 → 51명)을 추진하고 있다고 하였다. 특별법 시행에 맞춰 인력이 확대된 것은 아니다.
㉣ 피해주택 소재지 관할 LH 지역본부 전세피해지원팀(주택매입팀)을 방문해서 신청하거나, 우편 접수를 하면 된다. 온라인 접수에 관해서는 제시되어 있지 않고 다만 자세한 사항은 LH 청약플러스(apply.lh.or.kr)를 통해 확인할 수 있다고 하였다.
㉢ 개정법은 시행일 이전에 LH가 매입을 완료한 주택의 피해 임차인에게도 소급 적용이 가능하다고 하였다.

07 ▸ ②

② 임차인은 최장 10년 동안 임대료 부담 없이 거주 가능하며, 시세보다 저렴한 임대조건으로 최장 10년간 더 거주할 수 있다. 따라서 최대 10년간은 임대료 부담 없이, 그 뒤 10년간은 저렴한 임대료로 거주할 수 있는 것이다.

08 ▸ ①

① '바로처리 품질관리시스템'을 통해 24시간 비대면으로 하자 접수가 가능하다고 하였으나, 24시간 내에 처리결과를 통보 받는다는 언급은 없다.

09 ▸ ②

(가) 다음에 '같은 사람으로 대우하지 않으며 탄압하기도 한다. 나에게는 중요한 정의가 그들에게는 실현될 필요가 없는 것이라고 생각하기도 한다.'라는 내용을 볼 때, 사람은 비인간화로 인해 불완전한 인식을 가지고 같은 사람을 똑같이 대우하지 않는다는 언급을 하고 있다. 따라서 (가)에는 분명히 같은 사람임에도 불구하고 다양한 이유로 사람을 사람으로 여기지 않는 모습과 태도를 보인다는 내용인 ②가 들어가는 것이 적절하다.

10 ▸ ③

③ 무슬림 집단에 대한 이민을 대폭 축소하거나 더욱더 까다롭고 엄격한 규제를 적용해야 한다거나, 이들을 대상으로 한 잔인한 공격과 고문에도 기꺼이 찬성하였으며 무슬림을 덜 동정해도 무방하다는 생각을 하였다.
① 비인간화는 인간의 잔인성을 설명할 때 자주 동원된다.
② 미국인들은 중국인, 한국인, 멕시코 이민자, 아랍인, 무슬림 등을 미국인보다 덜 진화된 존재라고 생각한다.
④ 나와 내 주변 사람들에게 한없는 사랑을 베풀면서도 누군가에게는 손쉽게 적의와 악의를 드러내며, 심지어 인간 이하의 존재라고 여기는 존재들의 고통을 기뻐하기도 한다.
⑤ 인간의 인식은 완전하지 않으므로 불완전한 우리의 감정과 인식에만 기대어 세상을 살 만하게 만들겠다는 의지는 멀었다고 볼 수 있다.

11 ▸ ④

제2윤창호법은 부상 정도에 따라 1~15년 이하 징역이나 1,000~3,000만 원 이하의 벌금형에 처하며, 사망 사고의 경우 무기 또는 3년 이상의 징역에 처하므로 상황에 따라 징역형이 아닌 벌금형에 처할 수도 있다.

12 ▸ ⑤

⑤ 빅데이터가 가지고 있는 문제점에 대해서는 제시하고 있지 않다.
① 20년 전과 비교해 데이터 크기와 속도 면에서 현재는 비교할 수 없을 만큼 발전했다고 설명하고 있다.
② 빅데이터는 미시적이고, 동적이며, 유연한 특징을 가지고 있다고 특징에 대해 서술하고 있다.
③ 출근길에 길이 자주 막히는 곳에 우회 도로를 마련한다거나 평소 응급환자가 자주 발생하는 곳에 병원을 짓는 등의 사례를 들어 빅데이터 활용 방안을 서술하고 있다.
④ 신용카드 청구서에 내가 관심을 보일 만한 공연 쿠폰이 어떻게 들어있는지를 사례로 들어 빅데이터에 대해 쉽게 이해시키고 있다.

13 ▸ ①

① 개인의 거래 내역, 개인의 소비 품목, 개인의 쇼핑 지역이 모두 데이터 분석을 통해 나온다. 내가 쇼핑한 정보 하나하나가 데이터가 되고, 그 데이터를 분석하면 나에게 꼭 맞는 정보를 도출할 수 있다고 하였다.
② 빅데이터는 미시적이고, 동적이며, 유연한 특징을 가지고 있다고만 설명하였다.
③ 빅데이터는 사회적 차원의 의사결정뿐 아니라 집을 구할 때 교통이 편리한 곳은 어디인지 등 개인의 의사결정에도 도움을 줄 수 있다고 하였다.
④ 빅데이터는 단순히 크기가 큰 데이터가 아닌 개별 행위 주체들의 행위에 관한 각종 기록들이 계속적으로 축적되는 방대한 집합이라고 하였다.
⑤ 데이터는 문서형태로만 존재하지 않았다. 문서, 사진, 동영상 등 기본적인 데이터가 저장체계 및 통신체계의 발달로 상황정보, 지형정보, 결재정보, 이동정보 등으로 다양하게 활용되고 있는 것이다.

14 ▸ ①

주어진 글은 수학의 성과에 대해 이야기하고 있는데, 그다음으로는 이 성과에 대해 부연 설명하고 있는 (나)가 오는 것이 적절하다. 다음으로 이러한 성과가 치른 대가, 즉 수학의 한계에 대해 설명하고 있는 (다), (라)가 차례대로 와야 하고, 한계의 구체적 예를 든 (마)가 이어지는 것이 적절하다. 마지막으로 이러한 한계에도 불구하고 수학은 성공적 지식 체계라는 결론을 내린 (가)가 와야 한다.

15 ▸ ③

출발한 지 x시간 후 甲팀과 乙팀이 만났다면 x시간이 경과하였을 때 두 팀의 이동거리는 같다.
$$5x = 9(x-2)$$
$$5x = 9x - 18$$
$$4x = 18$$
$$\therefore\ x = 4.5$$
즉, 甲팀이 출발한 지 4시간 30분이 경과하였을 때 甲팀과 乙팀이 만나게 된다.
이때 乙팀은 甲팀보다 2시간 늦게 출발하였으므로 출발 후 2시간 30분 동안 $9 \times 2.5 = 22.5$(km)를 이동하였다.
丙팀은 甲팀보다 2시간 30분 늦게 출발하였으므로 출발 후 2시간 동안 $10 \times 2 = 20$(km)를 이동하였다.
따라서 乙팀과 丙팀의 거리 차는 $22.5 - 20 = 2.5$(km)이다.

16 ▸ ②

각 부서에서 2명씩 참석하고 총 3개의 부서가 원탁에서 회의를 하므로 총 6명이 참석한다. 이때, 같은 부서끼리 이웃해서 앉지 않는다고 할 때, 3개의 부서 중 1개의 부서 2명이 먼저 앉은 후, 나머지 자리에 두 자리씩 같은 부서끼리 앉는 경우는 2가지이다. 그 다음 같은 부서끼리 서로 자리를 바꿔 앉는 경우가 각각 2가지이므로 총 경우의 수는 $2 \times 2 \times 2 \times 2 = 16$가지이다.

17 ▸ ①

7% 소금물의 양을 xg, 15% 소금물의 양을 yg라 하면
$$\begin{cases} \dfrac{7}{100}x + \dfrac{15}{100}y = 400 \times \dfrac{10}{100} \\ x + y = 400 \end{cases}$$
$$\therefore x = 250, \ y = 150$$
따라서 15% 농도의 소금물의 양은 150g이다.

18 ▸ ④

4개씩 세면 1개, 5개씩 세면 2개, 6개씩 세면 3개가 남는다는 것은 4개씩 세면 3개, 5개씩 세면 3개, 6개씩 세면 3개가 모자란다는 것과 같다. 즉, 갑이 집에 와서 세어본 사탕의 개수는 4, 5, 6의 최소공배수에서 3이 모자란 수이므로 최소공배수는 60이고 남은 사탕의 개수는 57개이다. 따라서 100개의 사탕을 샀으므로 친구와 나눠 먹은 사탕의 개수는 $100 - 57 = 43$(개)이다.

19 ▸ ④

앞의 수가 x일 때, 그 다음 수는 $2x - 1$이 된다.
$(2 \times 129) - 1 = 257$

20 ▸ ②

|첫 번째 항 − 두 번째 항| = 세 번째 항, |두 번째 항 − 세 번째 항| = 네 번째 항…과 같은 규칙을 만족한다. 따라서 빈칸에 들어갈 수는 $\dfrac{2}{3}$이다.

21 ▸ ⑤

총 장학금 지원율은 $\dfrac{\text{장학금 총액}}{\text{등록금 수입}}$이므로 이를 구하기 위해서는 표 빈칸의 수치를 알아야 한다.
학생규모가 1만 명 이상인 서울 사립대학의 장학금 총액은 $1,708,698 - 56,059 - 202,830 = 1,449,809$(백만 원)이며, 학생규모가 1만 명 이상인 경기 사립대학의 등록금 수입은 $1,318,100 - 225,271 - 393,477 = 699,352$(백만 원)이다.

이를 바탕으로 학생규모가 1만 명 이상인 수도권 사립대학의 총 장학금 지원율을 구하면,

서울의 경우 $\dfrac{1,449,809}{3,769,840} \times 100 ≒ 38(\%)$

경기의 경우 $\dfrac{296,736}{699,352} \times 100 ≒ 42(\%)$

인천의 경우 $\dfrac{71,385}{165,109} \times 100 ≒ 43(\%)$이다.

따라서 이를 높은 순서대로 나열하면 인천, 경기, 서울이다.

22 ▸ ①

① 2021년 전년 대비 GDP 증가액은 甲국이 $19,415 - 18,620 = 795$억 달러, 乙국이 $22,972 - 22,341 = 631$억 달러, 丙국이 $32,450 - 31,341 = 1,109$억 달러로 丙국이 가장 높지만 조세부담률은 3개의 국가 중 가장 낮으므로 옳지 않은 설명이다.
② 乙국의 조세부담률은 2020년 16.1%, 2021년 15.4%, 2022년 14.9%, 2023년 14.1%, 2024년 13.4%로, 매년 감소하는 추이를 보인다.
③ 2021년 지방세 납부액은 乙국이 $\dfrac{3.6 \times 22,972}{100} ≒ 826$억 9,920만 달러이고, 甲국이 $\dfrac{5.5 \times 19,415}{100} ≒ 1,067$억 8,250만 달러이다. 따라서 甲국이 乙국의 $\dfrac{1,067억 \ 8,250만 \ 달러}{826억 \ 9,920만 \ 달러} ≒ 1.3$(배)이다.
④ 2023년 甲국의 국세 납부액은 $\dfrac{19.2 \times 18,394}{100} = 3,531$억 6,480만 달러이고, 丙국의 지방세 납부액은 $\dfrac{2.1 \times 30,301}{100} = 636$억 3,210만 달러로 甲국이 丙국보다 많다.
⑤ 2020~2024년 甲국과 丙국의 조세부담률은 다음과 같다.

	甲국	丙국
2020년	20%	14.7%
2021년	22.1%	13.7%
2022년	23.9%	13.5%
2023년	24.8%	12.4%
2024년	26.1%	11.7%

甲국의 조세부담률은 증가 추이를, 丙국의 조세부담률은 감소 추이를 보이므로 서로 상반됨을 알 수 있다.

23 ▸ ④

2025년 지방세 납부액은
甲국이 $\dfrac{5.6 \times 21,443 \times 1.05}{100} = 1,260$억 8,484만 달러,
乙국이 $\dfrac{3.3 \times 23,607 \times 1.1}{100} = 856$억 9,341만 달러,
丙국이 $\dfrac{1.9 \times 33,444 \times 1.07}{100} ≒ 679$억 9,165만 달러이다.

따라서 甲~丙국의 지방세 납부액 합은 1,260억 8,484만 달러 + 856억 9,341만 달러 + 679억 9,165만 달러 = 2,797억 6,990만 달러이다.

24 ▸ ⑤

ⓛ 전라북도의 밭 면적은 226,112 − 162,445 = 63,667(ha)이고, 경상남도의 밭 면적은 150,529 − 94,384 = 56,145(ha)로 전라북도가 경상남도보다 밭 면적이 크다.

ⓒ 충청남도의 밭 면적은 경지 면적의 $\frac{69,008}{211,167} \times 100$ ≒ 32.7(%)이다.

ⓔ 강원도의 논 면적은 자료에 제시되어 있지 않고, 다만 경상남도 논 면적보다 작음을 알 수 있다. 전라남도의 논 면적의 60%는 215,506 × 0.6 ≒ 129,303(ha)이고, 이는 경상남도 논 면적보다도 크다. 따라서, 강원도의 논 면적은 전라남도 논 면적의 60% 이하이다.

ⓖ 전라남도의 논 면적은 전라남도 밭 면적의 $\frac{215,506}{109,321}$ ≒ 1.97(배)이다.

25 ▸ ①

① 충청남도의 서류 경지 면적은 69,008 × 0.068 ≒ 4,692(ha)이다.
② 경기도의 두류 경지 면적은 66,126 × 0.086 ≒ 5,686(ha)이고, 강원도의 두류 경지 면적은 69,932 × 0.071 ≒ 4,965(ha)로 경기도가 강원도보다 크다.
③ 경상북도의 채소 경지 면적은 128,181 × 0.217 ≒ 27,815(ha)이고, 과수 경지 면적은 128,181 × 0.39 ≒ 49,990(ha)으로 두 면적의 차는 49,990 − 27,815 = 22,175(ha)이다.
④ 경상남도의 과수 경지 면적은 56,145 × 0.266 ≒ 14,934(ha)이고, 전라북도의 과수 경지 면적은 63,667 × 0.126 ≒ 8,022(ha)이다. 따라서 경상남도의 과수 경지 면적은 전라북도 과수 경지 면적의 $\frac{14,934}{8,022}$ ≒ 1.86(배)이다.
⑤ 밭 면적 상위 5개 지역의 잡곡 경지 면적은 다음과 같다.
경상북도 : 128,181 × 0.011 ≒ 1,409(ha)
전라남도 : 109,321 × 0.031 ≒ 3,388(ha)
강원도 : 69,932 × 0.099 ≒ 6,923(ha)
충청남도 : 69,008 × 0.008 ≒ 552(ha)
경기도 : 66,126 × 0.027 ≒ 1,785(ha)
따라서 잡곡 경지 면적이 두 번째로 큰 지역은 전라남도이다.

26 ▸ ③

첫 번째 조건을 보면 음식물 쓰레기 총배출량이 50만 톤 이상인 곳은 A와 B이다. 이 중 1인당 음식물 쓰레기 총배출량이 적은 곳은 $\frac{538,000}{1,020,000}$ ≒ 0.53(톤/명)인 A이다. 따라서 A가 '중구'이다.

두 번째 조건을 보면 '남구'와 '해운대구'의 1인당 음식물 쓰레기 총배출량의 합이 약 1.3톤/명이라고 했다. B, C, D 지역의 1인당 음식물 쓰레기 총배출량은
B는 $\frac{580,000}{360,000}$ ≒ 1.61(톤/명), C는 $\frac{203,000}{300,000}$ ≒ 0.67(톤/명), D는 $\frac{136,000}{220,000}$ ≒ 0.62(톤/명)이다. 이때 총배출량의 합이 약 1.3톤/명인 곳은 C와 D이다. 따라서 B는 '동래구'이다.
세 번째 조건을 보면 주거용 빌딩과 상업용 빌딩의 음식물 쓰레기 배출량의 합은 A가 32만 톤, B가 11.7만 톤, C가 9.3만 톤, D가 7.2만 톤으로 D가 가장 적다. 따라서 D가 '남구'이고, C가 '해운대구'이다.

27 ▸ ②

1인당 음식물 쓰레기 총배출량이 가장 많은 지역은 B, 가장 적은 지역은 A이다.

A지역 : $\frac{538,000}{1,020,000}$ ≒ 0.53, B지역 : $\frac{580,000}{360,000}$ ≒ 1.61

따라서 1.61 − 0.53 = 1.08(톤)이다.

28 ▸ ③

강아지를 A, 고양이를 B, 바다를 C, 산을 D라 했을 때 주어진 명제를 다음과 같이 나타낼 수 있다.
A → B (~B → ~A)
C → ~D (D → ~C)
결론 : ~B → ~C
따라서, ~B → ~A와 D → ~C 사이를 이어줄 수 있는 ~A → D가 와야 한다.
(고양이 좋아하지 않음 → 강아지 좋아하지 않음 → 산 좋아함 → 바다 좋아하지 않음)

29 ▸ ④

C는 1호선을 타고, A는 2, 3, 4호선을 타지 않으므로 5호선을 탄다. B는 3, 4호선을 타지 않으므로 2호선을 탄다. D는 남은 3, 4호선 중 4호선을 타지 않으므로 3호선을 탄다. 따라서 E는 4호선을 탄다.

30 ▸ ⑤

주어진 조건을 정리하면 다음과 정보를 알 수 있다.

	1	2	3	4	5
첫 번째 경우	병		무	정	
두 번째 경우	병		무		정
세 번째 경우		병		무	
네 번째 경우	정		병		무
다섯 번째 경우		정	병		무

세 번째 경우에는 각 빈칸에 갑, 을, 정이 들어가고 세 번째 경우를 제외한 나머지는 각 빈칸에 갑과 을이 들어가게 된다. 따라서 병이 앞에서 세 번째 자리에 서 있는 경우, 무는 반드시 뒤에서 첫 번째 자리에 서 있다는 것만이 반드시 참이라는 사실을 알 수 있다.

31 ▸ ②

② 월평균소득이 전년도 도시근로자 가구원수별 가구당 월평균 소득의 100%(맞벌이)이고 신생아 가구이므로 신혼·신생아Ⅱ 유형 1순위에 해당한다.
① 전세임대사업은 입주대상자로 선정된 자가 거주를 원하는 주택을 직접 물색하고, LH가 직접 보증보험 가입을 진행해 보증금 보호와 보험비용 절감이 가능하다.
③ 자녀가 없는 신혼부부는 신혼·신생아Ⅰ·Ⅱ 유형의 3순위에 해당하므로 전세임대주택을 신청할 수 있다.
④ 자녀가 2명 이상이면 다자녀에 속하므로 2명과 3명인 자녀 수는 우선순위와 상관이 없다. 차상위계층인 A가족은 2순위, 지원대상 한부모가족인 B가족은 1순위이다.
⑤ 신혼·신생아Ⅰ과 신혼·신생아Ⅱ 유형에 공급하는 물량은 각각 5,000호와 2,000호로, 이를 합하면 다자녀 유형 2,250호의 3배 이상이다.

32 ▸ ③

㉠ 신혼·신생아Ⅱ 유형의 전세임대주택 최장 임대기간은 14년으로, 신혼·신생아Ⅰ의 20년보다 짧다.
㉣ 전세임대주택 월 임대료는 보증금 지원 금액의 연 1~2%이다. 360만 원이 지원 금액의 1%라면 지원금액은 3억 6천만 원이고, 지원 금액의 2%라면 1억 8천만 원이다. 즉, 지원금액은 1억 8천만 원~3억 6천만 원 사이이고, 이에 해당하는 유형은 수도권 지원한도액이 2억 4천만 원인 신혼·신생아Ⅱ 유형이다.
㉡ 맞벌이 가구로 월평균소득이 맞벌이로 100%라면 신혼·신생아Ⅱ 유형에 해당하며 광역시 기준 최대 16,000만 원의 지원금액을 받을 수 있다.
㉢ 신혼·신생아Ⅰ·Ⅱ 유형의 소득요건인 맞벌이 기준 전년도 도시근로자 가구원수별 가구당 월평균 소득의 90% 이하에 해당하므로 두 유형 모두 신청 가능하다.

33 ▸ ⑤

⑤ 3개월 단위로 0.1%p씩 감면받으므로, 4년 분할상환조건은 최대 1.6%p 감면 가능하다.
① 새희망 대출은 6개월 이상인 반면, 직장인 우대 대출은 1년 이상의 재직기간이 필요하므로 더 까다롭다고 할 수 있다.
② 연간소득 4천만 원 이상인 자만 신청 가능하다.
③ 새희망 대출은 7년간, 직장인 우대 대출은 10년간 분할상환이 가능하다.

④ 새희망 대출은 중도상환해약금이 없으므로, 원금을 대출 기간 중에 상환하고자 하는 고객에게 유리하다.

34 ▸ ⑤

재직기간과 소득으로 보아 직장인 우대 대출과 새희망 대출 신청이 모두 가능하다.
ⅰ) 직장인 우대 대출
대출한도를 구하면
연소득 × 신용 등급별 가중치 = 5,000만 × 1.35 = 6,750만 원이고,
신용등급별 최고한도는 9,000만 원이므로
둘 중 적은 금액인 6,750만 원이다.
6,750만 원에서 대출금액을 차감하면
6,750만 원 − 2,000만 원 − 200만 원 = 4,550만 원이다.
ⅱ) 새희망 대출
대출한도를 구하면
연소득 × 한도 등급별 가중치 = 5,000만 × 1.1 = 5,500만 원이고,
한도 등급별 최고한도는 8,000만 원이므로
둘 중 적은 금액인 5,500만 원이다.
5,500만 원에서 담보대출을 제외한 신용대출만을 차감하면
5,500만 원 − 200만 원 = 5,300만 원이다.
따라서, 적합한 상품은 새희망 대출이고, 이때 대출 가능한 최대 금액은 5,300만 원이다.

35 ▸ ①

우선 강당이 필수라고 하였으므로, B리조트는 처음부터 제외시킨다. 이후 나머지 네 장소 중 비용적인 측면을 고려하면 다음과 같이 계산할 수 있다.
A호텔 : 강당 10만 원 + 노트북 2대 2만 원 + 식비 14명 14만 원 + 숙박비 70만 원(2인실 × 7) = 96만 원
C호텔 : 강당 5만 원 + 노트북 2대 2만 원 + 식비 14명 14만 원 + 숙박비 91만 원 = 112만 원
D호텔 : 강당 10만 원 + 외부 노트북 1대 3만 원 + 식비 14명 14만 원 + 숙박비 77만 원 = 104만 원
E리조트 : 강당 5만 원 + 외부 노트북 2대 6만 원 + 식비 14명 21만 원 + 숙박비 77만 원 = 109만 원
따라서 이를 토대로 볼 때 가장 저렴하게 사용할 수 있는 A호텔이 가장 적합하다.

36 ▸ ③

참가 인원이 3명 늘어난 17명이 되고, 강당 대여료가 빠지게 되므로 B리조트를 포함해 비용을 계산하면 다음과 같다. (17명이므로 2인실 9개를 사용한다.)
A호텔 : 노트북 2대 2만 원 + 식비 17명 17만 원 + 숙박비 90만 원(2인실 × 9) = 109만 원

B리조트 : 식비 17명 255,000원 + 숙박비 90만 원
      = 1,155,000원
C호텔 : 노트북 2대 2만 원 + 식비 17명 17만 원 + 숙박비
      117만 원 = 136만 원
D호텔 : 외부 노트북 1대 3만 원 + 식비 17명 17만 원 + 숙
      박비 99만 원 = 119만 원
E리조트 : 외부 노트북 2대 6만 원 + 식비 17명 255,000원
      + 숙박비 99만 원 = 1,305,000원
따라서 가장 저렴하게 사용할 수 있는 곳은 A호텔이고, 이
때 비용은 109만 원이다.

37 ▸ ①

① A가 금요일 오전에 '굿모닝 북극대행진'에 출연을 하면
다음과 같이 출연이 가능하다.

요일	매체	프로그램	시간대
월	라디오	북극곰파워	오전
화	TV	북극곰극장	오후
수	라디오	지금은 북극시대	오전
목	TV	북극의 법칙	오후
금	라디오	굿모닝 북극대행진	오전

이때 목요일의 경우 '북극의 법칙'과 '북극곰극장' 모두 가능
하지만 화요일에 가능한 프로그램이 '북극곰극장'뿐이므로
목요일은 '북극의 법칙'이다.
② A가 목요일 오후에 '열시의 북극곰'에 출연을 하면 다음
과 같이 출연이 가능하다.

요일	매체	프로그램	시간대
수	TV	모여라 북극유치원	오전
목	라디오	열시의 북극곰	오후
금	TV	모여라 북극유치원	오전

이때 TV의 경우 오전 시간대에 출연 가능한 프로그램이 '모
여라 북극유치원'뿐인데, 한 번 출연한 프로그램에는 다시
출연할 수 없으므로 옳지 않다.
③ A가 수요일 오후에 '북극의 법칙'에 출연을 하면 다음과
같이 출연이 가능하다.

요일	매체	프로그램	시간대
월	TV	북극의 법칙	오후
화	라디오	북극곰파워 or 굿모닝 북극대행진	오전
수	TV	북극의 법칙	오후
목	라디오	지금은 북극시대	오전

이때 TV의 경우 수요일 오후 시간대에 출연 가능한 프로그
램이 '북극의 법칙'뿐인데, 월요일에 한 번 출연을 했으므로
다시 출연할 수 없다.

④ A가 화요일 오전 '북극곰파워'에 출연을 하면 다음과 같
이 출연이 가능하다.

요일	매체	프로그램	시간대
월	TV	북극의 법칙	오후
화	라디오	북극곰파워	오전
수	TV	북극의 법칙	오후

이때 TV의 경우 수요일 오후 시간대에 출연 가능한 프로그
램이 '북극의 법칙'뿐인데, 월요일에 한 번 출연을 했으므로
다시 출연할 수 없다.
⑤ A가 월요일 오전 '모여라 북극유치원'에 출연을 하면 다
음과 같이 출연이 가능하다.

요일	매체	프로그램	시간대
월	TV	모여라 북극유치원	오전
화	라디오	✕	오후

이때 라디오의 경우 화요일 오후 시간대에 출연 가능한 프
로그램이 없으므로 옳지 않다.

38 ▸ ②

연필은 필기를 위한 도구이다. 실은 바느질을 위한 도구이다.

39 ▸ ②

발레는 춤의 한 장르로, 춤에 포함된다.
돌풍은 갑자기 세게 부는 바람을 이르고, 이는 바람에 포함
된다.

40 ▸ ③

①, ②, ④, ⑤는 시간의 흐름에 따라 변화하는 단어를 나타
낸 것이다.
초등학생은 시간이 지나면 자라서 중학생이 되고, 봄이 오
고 시간이 흐르면 여름이 오며, 올챙이가 자라서 개구리가
되고, 아침이 지나 시간이 흐르면 저녁이 된다.
③은 이러한 관계가 아니다.

제2회 직업기초능력평가

01. ⑤	**02.** ⑤	**03.** ①	**04.** ⑤	**05.** ④
06. ③	**07.** ②	**08.** ⑤	**09.** ①	**10.** ④
11. ⑤	**12.** ③	**13.** ⑤	**14.** ④	**15.** ③
16. ②	**17.** ③	**18.** ⑤	**19.** ③	**20.** ⑤
21. ②	**22.** ①	**23.** ⑤	**24.** ②	**25.** ③
26. ⑤	**27.** ④	**28.** ②	**29.** ③	**30.** ③
31. ⑤	**32.** ①	**33.** ②	**34.** ④	**35.** ④
36. ①	**37.** ②	**38.** ②	**39.** ①	**40.** ⑤

01 ▶ ⑤

제시된 글에서는 일상에서 겪을 수 있는 체험을 묘사하며 어린이에게 강요되는 학습 노동 역시 어린이 노동의 일종으로 파악하고 있다. 이와 같은 어린이 학습 노동의 심각성을 강조하기 위해 산업 사회에서의 어린이 노동과 현재를 비교하고 있다. 이를 토대로 결국 교육 신화의 이면에는 산업 사회의 어린이 노동과 똑같은 메커니즘이 작용하고 있음을 비판적인 시각으로 보고 있다. 따라서 ⑤가 가장 적절하다.

02 ▶ ⑤

⑤ 글의 핵심 요지와 오히려 대립되는 이야기를 하고 있으므로 적절하지 않다.
①, ② 첫 번째 문단을 통해 예상할 수 있다.
③, ④ 이 글에서는 결국 '교육 신화'라는 것이 어린이의 판단과는 전혀 상관없이 어른들의 판단에 따라 어린이의 행복을 재단·평가하는 것이라고 보고 있으므로 적절한 반응이라 할 수 있다.

03 ▶ ①

(나)에서 역사가 과거의 모든 사실들의 단순한 결합이 아니라 특정하게 선택된 사실들의 의미를 인과적으로 연결한 논리적 구성물이라고 하였고, (라)에서는 역사 서술의 과정에서 자료가 새롭게 선택될 수 있고 역사적 의미 또한 바뀐다는 것을 말해 주며, 이는 소설과는 다르다고 말하고 있다. 또한 (가)에서는 소설이 하나의 사건이나 사물이 갖는 의미를 좁고 깊게 파고든다면, 역사는 개별적 사건을 전체적 맥락에서 접근한다는 차이점이 있다고 언급하고 있다. 마지막으로 (다)에서는 역사는 언제나 새롭게 서술될 수 있고, 어떻게 역사를 기억하고 기록하느냐에 따라 과거 사실의 의미와 깊이가 변할 수 있다고 말하고 있다.

04 ▶ ⑤

⑤ 역사 소설은 선택된 사실을 바탕으로 상상력에 근거한 '문학적 허구'를 펼쳐가지만, 역사는 사실을 조사한 후 탐구하고 검증하는 작업을 거친다.
① 역사는 개별적 사건을 전체적 맥락에서 접근하는 것이다.
② 과거의 모든 사실이 역사가 되지는 않는다. 역사는 과거의 모든 사실들의 단순한 결합이 아니라 특정하게 선택된 사실들의 의미를 인과적으로 연결한 논리적 구성물이다.
③ 역사가는 자신의 역사관을 바탕으로 역사를 서술하므로 역사는 언제나 새롭게 서술될 수 있다.
④ 조선 왕조의 창건에 대해서 새로운 사실이나 사물이 발견되고, 이를 통해 조선 개국의 과정이 다른 방향에서 설득력 있게 설명될 수 있다면 위화도 회군의 역사적 의미는 달라질 수 있다.

05 ▶ ④

㉠ 1순위에서 낙찰자가 정해지면 2순위 접수는 받지 않는다고 하였다.
㉢ 올림픽대로, 여의대방로, 원효대교 등에서 진입이 편리해 우수한 교통여건을 갖추고 있고, 대중교통 접근성도 높다고 하였다.
㉡ 1, 2회차 공급 때보다 이번 공급의 대금 납부조건이 대폭 완화되었다는 언급에서, 1, 2회차 공급 때 대금 납부조건이 까다로웠다는 사실을 알 수 있다. 하지만 이로 인해 실수요자들의 입찰 참여가 전혀 없었는지는 제시된 자료만으로는 알 수 없다.
㉣ '여의도 금융중심 지구단위계획(안)'이 서울시 도시건축공동심의회에서 가결된 뒤 최종 확정을 앞두었다고 하였다. 아직 확정된 것은 아니다.

06 ▶ ③

③ 마지막 문단에서 법률에 의하여 누구든 고의나 과실에 의해 타인에게 피해를 끼치는 행위를 하고 그 행위의 위법성이 인정되면 불법행위 책임이 성립한다고 했으므로 계약 당사자 사이에 국한된다는 설명과 일치하지 않는다.
① 세 번째 문단에서 확인할 수 있다.
② 두 번째 문단에서 확인할 수 있다.
④ 첫 번째 문단에서 확인할 수 있다.
⑤ 네 번째 문단에서 확인할 수 있다.

07 ▸ ②

ⓒ의 '받았다'는 '다른 사람이 주거나 보내오는 물건 따위를 가지다.'의 의미로 쓰였으므로 ②와 유사하다.

08 ▸ ⑤

⑤ 과거 OSC 방식은 프로젝트 위주의 단발성 시범사업으로 시행돼 경제성이 떨어지고 공사기간 단축 효과도 미흡했다고 하였다. 장기 프로젝트로 진행되었다는 설명은 자료의 내용과 일치하지 않는다.
① 450세대의 모듈러주택을 통합공공임대로 건설한다고 하였고, 통합공공임대가 1,327호라고 하였으므로 통합공공임대 주택은 모듈러주택을 포함해 1,327호이다.
③ 세종 5−1생활권 L5블록에 국내 최초 공동주택 스마트 턴키 방식 사업을 적용하여 주택을 건설할 예정이라고 하였으므로, 아직 국내에는 스마트 턴키 방식을 적용하여 건설한 공동주택이 없음을 알 수 있다.

09 ▸ ①

① 공사기간 단축과 친환경 건설 등 모듈러주택의 장점에 대해서만 제시되어 있다. 단점에 관한 언급은 없다.

10 ▸ ④

④ 2024년 10월 28일부터 행복주택, 매입임대, 영구임대, 국민임대 유형 청약 신청 시 'MyMy서비스'를 활용할 수 있다. 다만 전세임대와 통합공공임대 유형은 시스템 구축 후 시범사업을 거쳐 2025년 적용될 예정이라고 하였으므로, 2024년 12월에 전세임대 청약을 신청할 때는 'MyMy서비스'를 이용할 수 없다.

11 ▸ ⑤

⑤ 유연근무제를 실시한다면 인력을 유동적으로 활용해 비용 절감 및 생산성 향상을 이룰 수 있지만 비정규직의 확대로 고용 불안정성도 증가할 수 있다.
① 유연근무제를 시행한다면 개인의 근무시간은 감소할 수 있지만 부족한 시간만큼 새로운 인력 충원 등을 통해 채워 나갈 수 있으며, 오히려 업무의 효율성이 증가하여 생산성을 증대시킬 수 있다.
② 주당 15시간을 근무하는 시간 선택제 근무를 선택한다고 하더라도 매일 3시간씩 근무해야 하는 것은 아니다. 제시문에서도 언급하고 있듯이 주당 15시간의 근무만 하면 될 뿐 매일 같은 시간을 근무해야 하는 것은 아니기 때문이다.
③ 시차 출퇴근형은 출퇴근 시간만 자율적으로 결정하고 하루에 근무하는 시간은 8시간으로 동일하다. 예를 들어 10시에 출근한다면 19시에 퇴근하는 것을 의미한다.
④ 유연근무제는 개인의 사정에 맞게 업무를 실시할 수 있도록 함으로써 오히려 업무의 효율성을 증대시킬 수 있다.

12 ▸ ③

ⓒ 근무시간 조정으로 인해 함께 일하는 동료의 업무 부담이 증가할 수 있다.

13 ▸ ⑤

⑤ 옳고 그름에 관한 교회의 규범은 존재하는 모든 것에 똑같이 적용되었다는 점, 국왕 역시 교회의 규범 아래에 놓였다는 점에서 이를 추론할 수 있다.
① 중세 초기에는 이자가 금지되었다는 점에서 '이자'라는 개념이 있었음을 알 수 있다. 그 이전에 '이자' 개념이 없었는지는 알 수 없다.
② '선량한 기독교인은 이익을 생각하지 않고 이웃을 도와야 한다'라는 것을 알 수 있다. 즉 이익을 생각하지 않고 이웃을 돕는 행위는 선량한 기독교인이 되기 위한 필요조건이며, 그 역도 성립한다는 문장은 지문 어디에서도 찾을 수 없다. 따라서 해당 선지는 후건긍정의 오류를 범하고 있어 옳지 않다.
③ 이자의 높고 낮음과 관계없이 이자를 받고 돈을 빌려주는 것이 곧 고리대금이며, 고리대금은 곧 죄로써 금지되었다는 점에서 옳지 않다.
④ 도시정부와 국가정부가 고리대금을 금지하는 법을 제정한 것은 맞다. 하지만 이것이 교회의 요구 때문인지는 제시되어 있지 않아 알 수 없다.

14 ▸ ④

허블상수로 우주의 나이를 구하는 방법을 설명하는 (마)가 맨 앞에 온 뒤, 다음에는 우주의 나이를 측정할 수 있는 다른 방법을 제시하고 있는 (다)가 와야 한다. (다)의 후반부에서 '우주의 나이 문제'를 언급하고 있으므로, 그 다음으로는 이 문제의 해결 방법에 대한 내용을 담고 있는 (라)가 와야 한다. 이후 현대 우주론의 화두인 은하의 생성 과정과 이에 대한 실험 결과인 (가)와 (나)가 차례대로 오는 것이 자연스럽다.

15 ▸ ③

농도가 25%인 설탕물의 양을 xg이라고 하면
$$x \times \frac{25}{100} = (x - 100) \times \frac{30}{100}$$
$$\therefore x = 600$$
이때 물을 증발시키지 않고 넣은 설탕의 양을 yg이라 하면
$$600 \times \frac{25}{100} + y = (600 + y) \times \frac{30}{100}$$
$$150 + y = 180 + 0.3y$$
$$\therefore y = \frac{30}{0.7} = \frac{300}{7}$$
따라서 넣어야 하는 설탕의 양은 $\frac{300}{7}$g이다.

16 ▸ ②

동호회의 남성회원 수를 구하면 $(90 \div 15) \times 8 = 48$(명)이다. 정기 연습에 마지막까지 남은 남성회원을 a명이라 하면 다음과 같이 나타낼 수 있다.

$a : 18 = 3 : 2$

$a = 27$(명)

여기에 중간에 떠난 남성회원 9명을 고려하면 참가한 남성회원은 36명이다.

따라서 정기 연습에 완전히 불참한 남성회원 수는 $48 - 36 = 12$(명)이다.

17 ▸ ③

C모둠의 학생 수를 x명, 한 사람당 나누어 가진 사탕 수를 y개라 하면

B모둠의 학생 수는 $(x+3)$명, 한 사람당 나누어 가진 사탕 수는 $(y-2)$개이고

A모둠의 학생 수는 $(x+6)$명, 한 사람당 나누어 가진 사탕 수는 $(y-5)$개이다.

$$\begin{cases} (x+6)(y-5) - xy = -18+5 \\ (x+3)(y-2) - xy = 5 \end{cases}$$

$$\begin{cases} -5x + 6y = 17 & \cdots\cdots \ \text{㉠} \\ -2x + 3y = 11 & \cdots\cdots \ \text{㉡} \end{cases}$$

㉠, ㉡을 연립하여 풀면 $x = 5$, $y = 7$

따라서 세 모둠 학생들에게 나누어 준 사탕 수는 모두

$(5 \times 7) + (8 \times 5) + (11 \times 2) = 97$(개)이다.

18 ▸ ⑤

수도관 A로 1분 동안 수조에 받은 물의 양은 $\dfrac{1}{15}$이고 수도관 B로 1분 동안 수조에 받은 물의 양은 $\dfrac{1}{20}$이다.

이때 수도관 A, B를 함께 이용하여 5분 동안 물을 받다가 A로만 x분을 더 받는다면

$$\left(\frac{1}{15} + \frac{1}{20} \right) \times 5 + \frac{1}{15} \times x = 1$$

$$\frac{7}{60} \times 5 + \frac{1}{15} \times x = 1$$

$$35 + 4x = 60$$

$$\therefore x = 6.25$$

따라서 수조 물을 가득 채우려면 수도관 A로 물을 6분 15초 더 받아야 한다.

19 ▸ ③

$\times 3$, -3, $\times 3$, -3, $\times 3$, -3이 반복되는 유형이다.

$45 - 3 = 42$이다.

20 ▸ ⑤

앞 두 수의 합에서 -1을 하면 그 다음 수가 되는 규칙이다.

$(6 + 5) - 1 = 10$, $(5 + 10) - 1 = 14$, $\cdots\cdots$

$58 + 93 - 1 = 150$이다.

21 ▸ ②

② 2020년 전체 지원자 수 대비 2023년 전체 지원자 수 비율은 다음과 같다.

국어국문학과 : $\dfrac{2,638}{3,075} \times 100 ≒ 85.8(\%)$

화학공학과 : $\dfrac{8,183}{11,383} \times 100 ≒ 71.9(\%)$

신소재공학과 : $\dfrac{3,796}{6,907} \times 100 ≒ 55.0(\%)$

건축학과 : $\dfrac{5,325}{10,977} \times 100 ≒ 48.5(\%)$

실용예술학과 : $\dfrac{2,499}{4,403} \times 100 ≒ 56.8(\%)$

따라서 2020년 전체 지원자 수 대비 2023년 전체 지원자 수 비율이 가장 낮은 과는 건축학과이다.

① Y대학교 전체 지원자 수의 합이 가장 많은 연도는 $3,503 + 14,766 + 3,511 + 12,516 + 4,095 = 38,391$(명)이 지원한 2021년이다.

③ 실용예술학과는 매년 남성보다 여성 지원자가 많다.

④ 국어국문학과의 남성 지원자 수와 여성 지원자 수의 전년 대비 증감률은 다음과 같다.

2021년 : $\dfrac{2,215 - 2,117}{2,117} \times 100 ≒ 4.6(\%) \leftarrow$ 남성

$\dfrac{1,288 - 958}{958} \times 100 ≒ 34.4(\%) \leftarrow$ 여성

2022년 : $\dfrac{1,725 - 2,215}{2,215} \times 100 ≒ -22.1(\%) \leftarrow$ 남성

$\dfrac{1,042 - 1,288}{1,288} \times 100 ≒ -19.1(\%) \leftarrow$ 여성

2023년 : $\dfrac{1,578 - 1,725}{1,725} \times 100 ≒ -8.5(\%) \leftarrow$ 남성

$\dfrac{1,060 - 1,042}{1,042} \times 100 ≒ 1.7(\%) \leftarrow$ 여성

따라서 국어국문학과 남성 지원자 수의 전년 대비 증감률이 가장 큰 연도는 2022년이고, 여성 지원자 수의 전년 대비 증감률이 가장 큰 연도는 2021년이다.

⑤ 화학공학과와 신소재공학과의 여성 지원자 수 대비 여성 입학정원 비율을 차례대로 나타내면 다음과 같다.

2020년 : $\dfrac{45}{3,224} \times 100 ≒ 1.4(\%)$,

$\dfrac{31}{2,073} \times 100 ≒ 1.5(\%)$

2021년 : $\dfrac{45}{4,548} \times 100 ≒ 1.0(\%)$,

$\dfrac{31}{1,067} \times 100 ≒ 2.9(\%)$

2022년 : $\dfrac{45}{2,716} \times 100 ≒ 1.7(\%)$,

$\dfrac{31}{1,306} \times 100 ≒ 2.4(\%)$

2023년 : $\dfrac{45}{2,460} \times 100 ≒ 1.8(\%)$,

$\dfrac{31}{1,280} \times 100 ≒ 2.4(\%)$

화학공학과에서 여성 지원자 수 대비 여성 입학정원비율이 가장 높은 연도는 2023년이고, 신소재공학과에서 이 비율이 가장 높은 연도는 2021년으로 동일하지 않다.

22 ▸ ①

2023년 국어국문학과의 여성 지원자 수 대비 여성 모집정원 비율은 $\dfrac{65}{1,060} \times 100 ≒ 6.1(\%)$이고, 건축학과의 남성 지원자 수 대비 남성 모집정원 비율은 $\dfrac{209}{3,493} \times 100 ≒ 6.0(\%)$이다.

따라서 국어국문학과의 여성 모집정원 대비 여성 지원자 수 비율과 건축학과의 남성 모집정원 대비 남성 지원자 수 비율의 차는 6.1 − 6.0 = 0.1(%p)이다.

23 ▸ ⑤

⑤ 2020년 B지역 무역 규모는 9,869 + 21,294 = 31,163(천 원), 같은 해 A지역 무역 규모는 2,244 + 19,065 = 21,309(천 원)이다.

따라서, B지역의 무역 규모는 A지역의 무역 규모보다 31,163 − 21,309 = 9,854(천 원), 약 985만 원 많다. 천만 원 이상 많은 것은 아니다.

① 첫 번째 표를 보면, '수출 및 이출'이 매년 증가하고 있고, '수입 및 이입'도 2018년을 제외하고 매년 증가하고 있으므로, 이들의 합인 무역 규모도 매년 증가하고 있음을 확인할 수 있다.(2018년 '수입 및 이입' 감소분은 전년대비 약 400만 원이고, '수출 및 이출' 증가분은 전년대비 약 1,500만 원이므로 규모는 매년 증가한다고 할 수 있다.)

② 2022년 수출은 22,099천 원, 이출은 199,849천 원이므로 이출이 차지하는 비중이 더 크다.

③ 2018년 전국 수입 및 이입은 59,694천 원이고, A와 B지역의 수입 및 이익은 11,445 + 12,833 = 24,278천 원이다. $\dfrac{59,694}{24,278} ≒ 2.46$이므로 2배 이상 많다.

④ 갑 국가 내에서 일어난 수출과 수입은 이출, 이입액을 보면 된다. 둘 다 가장 많은 해는 2022년이고, 이때 이출액과 이입액의 차이는 199,849 − 184,918 = 14,931(천 원)으로 1,500만 원을 넘지 않는다.

24 ▸ ②

ⓛ 일본의 1인당 부동산 중개소 방문 횟수가 가장 많은 해는 13.1회인 2012년이고, 그 해 한국의 자가 주택 보유 비중은 100 − 30 − 15 = 55(%)로 50% 이상이다.

ⓒ 조사 기간 동안 월세의 비중은 꾸준하게 증가한 반면, 전세의 비중은 2018년을 제외하고 모두 감소 추이를 보이고 있다.

ⓐ 한국의 전세 비중이 가장 낮은 해는 26.7%인 2019년이고, 그해 월세 비중의 전년 대비 증가 폭은 18.3 − 18 = 0.3(%p)이다.

ⓔ 2015~2019년 스웨덴과 프랑스의 1인당 부동산 중개소 방문 횟수 합은 2015년 9.3회, 2016년 9.2회, 2017년 9.1회, 2018년 8.9회, 2019년 8.9회로, 독일의 방문 횟수가 항상 더 많다.

25 ▸ ③

한국의 전·월세 비중의 차이가 가장 큰 해는 30 − 15 = 15(%p)인 2012년이고, 가장 작은 해는 26.7 − 18.3 = 8.4(%p)인 2019년이다.

따라서, 두 해의 부동산 중개소 방문 횟수의 합은 13.5 + 16.6 = 30.1(회)이다.

26 ▸ ⑤

⑤ 개별난방 비중이 가장 높은 지역은 서울(64.3%)이 아닌 인천(78.7%)이다.

27 ▸ ④

구분	2016년	2017년	2018년	2019년
총 고정투자액	440	464	470	513
총 고정투자율	22	20	25	27
실질 GDP	$\dfrac{440}{22} \times 100$ $= 2,000$	$\dfrac{464}{20} \times 100$ $= 2,320$	$\dfrac{470}{25} \times 100$ $= 1,880$	$\dfrac{513}{27} \times 100$ $= 1,900$

④ $\dfrac{27}{22} ≒ 1.22$로 1.2배 이상이며, 2019년의 실질 GDP는 2016년의 실질 GDP보다 낮다.

① 2017년과 2018년을 보면 건설투자액과 설비투자액이 모두 2018년보다 적은 2017년이 실질 GDP는 더 높은 것을 알 수 있으므로, 무조건 감소한다고 볼 수 없다.

② 2017년의 총 고정투자율은 가장 낮지만 실질 GDP는 2,320조 원으로 가장 높다.

③ 2018년의 실질 GDP는 1,880조 원이다.

⑤ 총 고정투자액은 매년 증가하나 실질 GDP는 증감을 반복한다.

28 ▸ ②

주어진 조건을 정리하면 다음과 같다.

구분	A	B	C	D	E
A의 진술	흰		빨		
B의 진술		흰		검	
C의 진술			빨		흰
D의 진술	흰			빨	
E의 진술	빨				검

'A에 대한 진술'을 먼저 살펴보면 'A가 흰색 펜을 갖고 있다'
고 진술한 A와 D, 'A가 빨간색 펜을 갖고 있다'고 진술한 E가
있다. A/D 또는 E 중의 한 쪽은 거짓말을 하고 있는 것이다.
이때 표에서 'D에 관한 진술'의 경우 B와 D의 진술이 다르므
로 한 쪽이 거짓말을 하고 있고, 'E에 관한 진술'의 경우에도
C와 E의 진술이 다르므로 한 쪽이 거짓말을 하고 있는 것
이다.
'C에 관한 진술'의 경우, A와 C의 진술이 일치하므로 둘 다
참 또는 거짓을 진술하고 있다. 이때 A와 C의 진술이 거짓
일 경우, B와 D 중 한 명도 거짓을 진술했으므로 거짓 진술
인원(2명)을 초과하게 된다.
따라서 A와 C의 진술은 참이다.
A, C, D의 진술이 참이므로 A − 흰색 펜, B − 검은색 펜,
C − 빨간색 펜, D − 빨간색 펜, E − 흰색 펜이 된다.

29 ▸ ③

우선 확정된 조건에 따라 B는 1팀, C와 F는 2팀에 배치한다.
A와 I가 같은 팀이므로 1팀 혹은 3팀이 될 수 있는데, A와
I가 1팀이면 H는 두 명의 대리와 같은 팀이 될 수 없으므로
A와 I는 3팀이다.
H가 두 명의 대리와 같은 팀이 되려면 D와 같이 1팀이어야
한다.
E는 F와 같은 팀이 아니므로 3팀이다. 따라서 다음과 같은
팀 배치가 된다.
1팀: B, D, H
2팀: C, F, G
3팀: A, E, I

30 ▸ ③

소금이 들어간 음식은 짜다.
(↔ 짜지 않은 음식에는 소금이 들어가지 않는다.)
소금이 들어가지 않은 모든 음식에는 설탕이 들어간다.
(↔ 설탕이 들어가지 않은 음식에는 소금이 들어간다.)
따라서 짜지 않은 음식에는 설탕이 들어간다.

31 ▸ ⑤

주어진 명제를 다음과 같이 나타낼 수 있다.
A > B
D > C > B > F
D > E
따라서 D회사는 B, C, E, F회사보다 월급이 많지만 A회사
보다 많은지 적은지는 알 수 없다.

32 ▸ ①

월임대료를 최소로 하는 경우를 계산하면 아래와 같다.
갑 : 1억 3천만 원까지 지원 가능하므로, 1억 원 모두를 지원
받을 수 있다. 따라서 전세지원액 1억 원의 5%인 500
만 원을 제외한 9,500만 원에 연 1% 금리를 적용하면
연 95만 원이고, 950,000원 ÷ 12 ≒ 79,000원이다.
을 : 광역시 지원한도인 9천 만 원을 지원받을 수 있다. 전
세지원액 9천만 원의 5%인 450만 원을 제외한 8,550
만 원에 연 1%의 금리를 적용하면 연 855,000원이고,
855,000원 ÷ 12 ≒ 71,000원이다.
병 : 기타 지역 주택이므로 최대 7천만 원이 지원한도이고,
전세금액 6천만 원을 지원받을 수 있다. 전세지원액 6천
만 원의 5%인 300만 원을 제외한 5,700만 원에 연 1%
의 금리를 적용하면 연 570,000원이고, 570,000원 ÷
12 ≒ 47,000원이다.
따라서, 최소로 산정한 세 가구의 월임대료의 합은
79,000원 + 71,000원 + 47,000원 = 197,000원이다.

33 ▸ ②

김 과장과 이사의 교통비, 식비, 숙박비, 일비를 계산해보면
다음과 같다.
ⅰ) 교통비
예외 없이 실비로 지급하고, 2명이 함께 이동하므로
(23,000 + 19,000 + 43,000) × 2 = 170,000(원)이 나온다.
ⅱ) 식비
1일 차에 75,000원이 발생하였는데, 임원의 경우 실비처리
되므로 모두 지급받고, 과장의 식비는 1일 36,000원으로
36,000원 × 2 = 72,000(원)을 받게 되므로 모두 합하면
147,000원이다.
ⅲ) 숙박비
1인당 90,000원을 사용하였는데, 과장의 경우 70,000원이
한도이므로 총 160,000원이 지급된다.
ⅲ) 일비
이사는 20,000원 × 2 = 40,000(원), 과장은 15,000원 × 2
= 30,000(원)을 지급받는다.
교통비, 식비, 숙박비, 일비를 모두 합하면
170,000 + 147,000 + 160,000 + 70,000 = 547,000(원)이다.

34 ▸ ④

300명 이상 수용이 가능해야 하므로 수용인원이 250명인 A호텔은 제외한다.

B호텔, C호텔, D리조트를 이용했을 때의 비용을 계산해 보면, 다음과 같다.

B호텔 : 평일 대관료 70만 원 + 장비 대여료(노트북 30대 × 1,500원 + 빔 3대 × 3,000원 + 통역기 300대 × 500원) = 90만 4천 원

C호텔 : 평일 대관료 65만 원 + 장비 대여료(노트북 30대 × 3,000원 + 빔 3대 × 0원 + 통역기 300대 × 0원) = 74만 원

D리조트 : 평일 대관료 60만 원 + 장비 대여료(노트북 30대 × 2,000원 + 빔 3대 × 0원 + 통역기 300대 × 600원) = 84만 원

필요한 조건을 충족시키며 비용을 가장 많이 줄일 수 있는 선택은 C호텔의 세미나실을 예약하는 것이다.

C호텔 연간회원 가입의 경우, 대관료 할인혜택이 13만 원으로 회원 가입비보다 작아 가입하는 것이 비용을 줄이는 데 도움이 되지 못한다.

35 ▸ ④

전년도 대비 온실가스 감축률을 항목별로 구하면 아래와 같다.

전기 : $\dfrac{460-400}{460} \times 100 ≒ 13.0(\%)$

상수도 : 전년 대비 사용량이 증가했으므로 감축률을 구할 수 없다.

도시가스 : $\dfrac{85-67}{85} \times 100 ≒ 21.2(\%)$

전기 감축률은 10% 이상~15% 미만이므로 10,000포인트, 도시가스 감축률은 15% 이상이므로 8,000포인트로 모두 18,000포인트를 받게 된다.

36 ▸ ①

2021~2024년 법인 A와 B가 받을 수 있는 탄소포인트를 계산해 보자.

ⅰ) 법인 A

• 전기 : 2022년에만 $\dfrac{12,000-10,000}{12,000} \times 100 ≒ 16.6(\%)$ 감축하였다.

따라서, 2022년에 60,000P를 받을 수 있다.

• 상수도 : 2022년에는 전년 대비 20%, 2023년에는 20%, 2024년에는 6.25%를 감축하였다.

2022년 8,000P, 2023년 8,000P, 2024년 3,000P를 받을 수 있다.

• 도시가스 : 2023년에 전년 대비 9.1%, 2024년에 10% 감축하였다.

2023년에 12,000P, 2024년에 24,000P를 받을 수 있다.

받게 되는 탄소포인트의 총합은 60,000 + 19,000 + 36,000 = 115,000P이다.

ⅱ) 법인 B

• 전기 : 2023년에는 전년 대비 6.7%, 2024년에는 14.3%를 감축하였다.

2023년에는 20,000P, 2024년에는 40,000P를 받을 수 있다.

• 상수도 : 제시된 기간 동안 감축한 바가 없으므로 탄소포인트를 받을 수 없다.

• 도시가스 : 2022년에는 전년 대비 13.2%, 2023년에는 9.1%를 감축하였다.

2022년에는 24,000P, 2023년에는 12,000P를 받을 수 있다.

받게 되는 탄소포인트의 총합은 60,000 + 36,000 = 96,000P이다.

㉠ 법인 A는 총 100,000P 이상의 탄소포인트를 받을 수 있다.

㉡ 법인 B는 탄소포인트 96,000P를 받게 된다.

㉢ 유지 인센티브는 4회 이상 연속으로 5% 이상 감축하여야 받을 수 있다. 법인 A는 전기 사용량을 2022년에만 전년 대비 감축하였으므로 이를 받을 수 없다.

37 ▸ ②

제시된 정보로 평가기준을 반영해 총점을 구하면 다음과 같다.

구분	계량평가(점)				총점
	신용등급	가격평가		사업실적	
		납부 비율	기간		
갑	70	42	30	30	172
을	70	47	44	30	191
병	65	50	26	20	161
정	60	35	32	25	152
무	65	42	50	25	182

따라서, 우선협상 대상자가 될 수 있는 업체는 총점이 가장 높은 을 업체이다.

38 ▸ ②

37번 문제에서 신용등급 점수는 그대로이고, 가격평가와 사업실적 점수를 다시 매겨야 한다. 수정된 기준을 반영해 총점을 구하면 다음과 같다.

구분	계량평가(점)			총점
	신용등급	가격평가	사업실적	
갑	70	65	50	185
을	70	70	45	185
병	65	65	35	165
정	60	65	40	165
무	65	80	35	180

갑과 을의 총점이 185점으로 가장 높은데, 이 중 평가항목의 배점이 가장 높은 가격평가 항목의 점수가 높은 업체는 을이다. 따라서, 우선협상 대상자가 되는 업체는 을이다.

39 ▸ ①

경제활동의 대상은 재화와 용역으로 구성된다. 재화는 옷, 컴퓨터, 휴대폰, 운동화 등 누군가에 의해 만들어진 것 중 눈에 보이는 물건을 뜻한다. 용역(서비스)은 공장의 제조 노동력, 의사의 진찰과 같이 생산과 소비에 필요한 노무를 제공하는 것을 의미한다.
① 경제활동의 대상이 재화와 용역으로 구성되는 것과 같이 인간은 남자와 여자로 구성된다.
② 진화론적 관점에서 보면 원숭이가 진화하여 사람이 되는 진행 흐름을 보여준다.
③ 인간은 동물에 포함된다. (인간 < 동물)
④ 경제학은 사회과학의 일부분이다. (사회과학 > 경제학)
⑤ 학생은 학교에 간다. 학생들이 주로 있는 장소가 학교이다.

40 ▸ ⑤

①, ②, ③, ④는 유의어 관계, ⑤는 반의어 관계이다.

제3회 직업기초능력평가

01. ③	02. ②	03. ④	04. ①	05. ①
06. ②	07. ④	08. ④	09. ②	10. ⑤
11. ⑤	12. ④	13. ④	14. ②	15. ②
16. ②	17. ③	18. ③	19. ⑤	20. ③
21. ④	22. ⑤	23. ⑤	24. ②	25. ③
26. ③	27. ⑤	28. ③	29. ④	30. ③
31. ④	32. ①	33. ③	34. ⑤	35. ①
36. ②	37. ②	38. ③	39. ⑤	40. ①

01 ▸ ③

㉠ 앞에서 미란다의 원칙은 '수사 기관이 피의자를 체포할 때 피의자에게 묵비권을 행사할 수 있고 불리한 진술을 하지 않을 권리가 있으며 변호사를 선임할 권리가 있음을 알려야 한다.'라고 했으므로 피해자가 아니고 피의자로 기소되어 법정에 서야 한다.
㉡ 수사 기관과 피의자 사이에 힘의 균형은 이루어지기 어렵다고 했으므로 수사 절차가 본질적으로 하고 싶은 대로 하기 힘든 강제성을 띤다는 것을 알 수 있다.

02 ▸ ②

② 경찰관이 고문과 같은 가혹 행위로 받아낸 자백은 미란다 원칙 확립 이전에도 효력이 없었다.

03 ▸ ④

롤즈와 같은 수정 자유주의자들은 개인의 자유와 존재의 가치를 인정하면서 그로 인해 생긴 불평등을 상쇄하기 위해 누진세, 무거운 상속세, 광범위한 공공 교육 등을 포함하는 복지 정책과 복지 제도의 필요성을 강하게 주장한다. 즉 자유주의를 기본으로 하되, 복지국가적 개입에 의한 사회 정의와 평등의 실현을 옹호한다.

04 ▸ ①

롤즈는 "진리가 사상 체계의 첫째 덕목이듯이, 정의는 사회 제도의 첫째 덕목이다."라고 하였다. 즉, 롤즈의 사회 정의론에서는 자유와 평등도 중요하지만 정의보다는 하위 개념이다. 정의란 고전적 자유주의자들이 생각하는 것처럼 개인적 차원의 문제가 아니라 사회적 차원의 문제로서 바람직한 사회의 기본 구조와 제도를 규제하는 원칙이라는 것이다.

05 ▸ ①

자유주의는 평등과 정의의 문제를 모든 개인의 자유와 권리를 똑같이 보장하는 것으로 보았고, 이를 수행하기 위한 최소한의 국가를 주장한다. 즉, 최소한의 제약으로 최대한의 자유를 추구한다.

06 ▸ ②

② 공공임대주택은 다세대·연립·오피스텔 등 신축주택과 아파트를 LH가 매입해 시세보다 저렴한 조건으로 임대한다.
① 935호 중 수도권에서 610호를 모집하므로, 수도권 지역에서 절반 이상을 모집한다.
③ 정확한 일정은 LH청약센터에 게시된 공고문을 확인해야 한다.
④ 내부 VR, 평면 등 주택에 대한 정보를 확인할 수 있다.
⑤ 가구원 수가 2인 이하인 경우 2순위로 신청하면 된다.

07 ▸ ④

① 욕실에서 나는 소음은 양변기와 샤워기에서 배출되는 용수가 아래층 천장 내부에 설치된 배관으로 내려가면서 발생한다.
② 당해층배관 공법을 사용할 경우 화장실 배수소음이 기존 46dB에서 38dB로 8데시벨 저감된다.
③ LH는 당해층 배기방식을 2023년에는 분양지구 욕실과 주방, 임대지구 욕실에 적용을 완료했다고 하였다. 2023년부터 적용한 것은 아니다.
⑤ 욕실배관에 당해층배관 공법을 적용할 경우, 욕실면적이 증가한다.

08 ▸ ④

④ 콜센터 전화상담 후 담당자 연결 요청 시 지자체 등 담당자를 연결하고 추가 면담요청 시 예약이 진행된다. 별도의 요청 없이 콜센터 상담사가 담당자를 연결해주는 것은 아니다.

09 ▸ ②

㉢ 분당, 일산, 평촌, 산본, 중동 등 모든 1기 신도시에는 2024년 1월 30일 센터가 개소되었고, 2024년 상반기까지 지자체별로 사무실 확장 등을 할 예정이다.

10 ▸ ⑤

공유농업 이전 단계에서 소비자는 생산자인 농촌 측에서 일방적으로 제공하는 프로그램을 골라 농촌 활동에 참여하는 식으로 소극적인 참여를 했으나, 공유농업 개념의 도입으로 중재자인 활동가가 생산자와 소비자의 니즈를 모두 효율적으로 반영하여 조율하고 프로젝트를 개발하는 등 소비자의 요구가 더욱 적극적으로 반영되는 구조이기 때문에 소비자의 역할이 축소된다고 보는 것은 적절치 않다.

11 ▸ ⑤

이 글은 폐쇄적인 계급사회인 영국의 학벌주의에 관한 내용을 담고 있다. 빈칸의 바로 뒤에 이어지는 문장에서 영국의 학벌주의가 미국으로 건너간 뒤 전 세계로 전파되었다는 이야기를 하고 있으므로 그 앞 문장인 (가)에는 영국이 학벌주의의 시발점이라는 내용이 들어가는 것이 문맥상 적절하다. 따라서 (가)에는 '영국 사람들이야말로 학벌주의를 탄생시킨 장본인일 것이다.'라는 문장이 오는 것이 적절하다.

12 ▸ ④

④ '다이나모 이론'은 지구 내부의 '철의 바다'로 이루어진 외핵이 지구 자전으로 전류를 만들면서 지구 자기장을 생성한다고 설명하고 있다.

13 ▸ ④

제시된 글에서는 최하부 단위에서의 설계나 수리가 어렵다는 점을 말하고 있다. 그 다음으로는 변속기, 시동장치, 냉각기 등으로 구분해야 진단 및 유지·보수가 쉬워진다는 내용의 (라)가 와야 한다. 이어서 특정 목적을 수행하는 의미 있는 구성단위를 설명하는 (가)가 연결되어야 한다. 다음으로 이러한 원리를 소프트웨어에도 도입했다는 내용의 (다)와 이것이 소프트웨어 발전의 중요한 열쇠가 될 수 있다는 내용의 (나)가 차례대로 오면 된다.

14 ▸ ②

② 정부의 과다한 세금 징수가 시민 혁명이나 민중 봉기의 원인 중 하나인 것은 맞지만 가장 큰 원인이라고 하지는 않았다.

15 ▸ ②

과자의 원가를 x원이라고 하면

$(1.4x - 800) - x = 0.08x$

$0.32x = 800$

$\therefore x = 2,500$

따라서 이 물건의 원가는 2,500원이다.

16 ▸ ②

주머니 A에서 흰 구슬이 적어도 1개 이상 나올 확률 :

$1 - (두 구슬 모두 검은 구슬일 확률) = 1 - \dfrac{3}{5} \times \dfrac{2}{4} = \dfrac{7}{10}$

주머니 B에서 흰 구슬이 적어도 1개 이상 나올 확률 :

$1 - (두 구슬 모두 검은 구슬일 확률) = 1 - \dfrac{3}{5} \times \dfrac{3}{5} = \dfrac{16}{25}$

따라서 흰 구슬이 적어도 1개 이상 나올 확률은 주머니 A가 더 크고, 이때의 확률은 $\dfrac{7}{10}$이다.

17 ▸ ③

6% 소금물의 양을 xg이라 하면,

14% 소금물의 양은 $300 + x - 100 = 200 + x$이고

소금의 양은 $\dfrac{12}{100} \times 300 + \dfrac{6}{100}x = 36 + \dfrac{6}{100}x$이다.

$$\dfrac{36 + \dfrac{6}{100}x}{200 + x} \times 100 = 14$$

$3,600 + 6x = 2,800 + 14x$

$800 = 8x$

$\therefore x = 100$

따라서 6% 소금물의 양은 100g이다.

18 ▸ ③

30분 늦게 출발하여 3분 일찍 학교에 도착했으므로, 지우가 자전거를 탄 날은 평소보다 이동 시간이 33분 줄어들었음을 알 수 있다.

집에서 학교까지의 거리를 $x$km라 하면

$\dfrac{x}{4} - \dfrac{33}{60} = \dfrac{x}{15}$

$15x - 4x = 33$

$\therefore x = 3$

따라서 집에서 학교까지의 거리는 3km이다.

19 ▸ ⑤

이전 수를 x라 할 때, $3x - 1$의 규칙을 따른다.

따라서 $(365 \times 3) - 1 = 1094$이다.

20 ▸ ③

$+10$, -2가 반복되는 규칙이다.

$31 + 10 = 41$이다.

21 ▸ ④

㉠ 55~64세 인구 비율은 계속해서 증가하는 추세를 보이고, 2030년에는 2005년 대비 $\frac{16.4}{8.9}$ ≒ 1.8(배) 증가할 것으로 전망된다.

㉡ 2030년 25~54세 인구비율은 15~24세 인구비율보다 $\frac{39.6}{8.6}$ ≒ 4.6(배) 많을 것으로 전망된다.

㉢ 2020년 전체 인구수는 $\frac{4,680}{0.9}$ = 5,200(만 명)이다.

2020년 75세 이상 인구수는 5,200 × 0.066 = 343.2(만 명)이고, 2030년 75세 이상 인구수는 4,680 × 0.098 ≒ 458.6(만 명)이므로 차이는 458.6 − 343.2 = 115.4(만 명)으로 옳은 설명이다.

㉣ 65세 이상 인구비율과 15~24세 인구비율 차이는 2005년에 14.4 − 9.3 = 5.1(%p)이고, 2030년에는 24.1 − 8.6 = 15.5(%p)로 전망되므로 옳지 않은 설명이다.

22 ▸ ⑤

⑤ 업체별로 가중치를 적용한 점수는 다음과 같다.
A사 : 0.9 + 1.2 + 1.5 + 0.8 = 4.4(점)
B사 : 0.8 + 1.2 + 1.35 + 1 = 4.35(점)
C사 : 0.6 + 1.2 + 1.2 + 0.7 = 3.7(점)
D사 : 0.8 + 1.35 + 1.35 + 1 = 4.5(점)
E사 : 0.9 + 1.2 + 1.2 + 0.6 = 3.9(점)
가중치를 부여해도 총점이 가장 높은 업체는 D가 되므로 달라지지 않는다.
① A사 17.5점, B사 17.5점으로 총점이 같다.
② B사와 C사의 안전성 점수 합은 8.5점이고, D사와 E사의 정시성 점수 합은 8.0점으로 전자가 더 높다.
③ 업체별 총점을 구하면, A사 17.5점, B사 17.5점, C사 14.5점, D사 18점, E사 15.5점이다. 따라서 C사가 가장 낮고 D사가 가장 높다.
④ '소비자 보호 조치 충실성' 점수는 D사가 4.5점으로 가장 높다.

23 ▸ ⑤

⑤ 국내외 노선 수 대비 총 운항 횟수는 다음과 같다.

D항공 : $\frac{771}{134}$ ≒ 5.75, A항공 : $\frac{594}{93}$ ≒ 6.39,

K항공 : $\frac{14}{11}$ ≒ 1.27, B항공 : $\frac{33}{12}$ = 2.75,

P항공 : $\frac{7}{4}$ = 1.75, N항공 : $\frac{8}{3}$ ≒ 2.67,

S항공 : $\frac{22}{3}$ ≒ 7.33, L항공 : $\frac{8}{10}$ = 0.8,

R항공 : $\frac{5}{8}$ ≒ 0.63, E항공 : $\frac{41}{6}$ ≒ 6.83,

T항공 : $\frac{63}{16}$ ≒ 3.94, U항공 : $\frac{24}{4}$ = 6

따라서 국내외에서 노선 수 대비 총 운항 횟수가 가장 많은 항공사는 S항공이다.

① 국외 항공사 여객지수는 다음과 같다.

K항공 : $\frac{11}{14}$ ≒ 0.79, B항공 : $\frac{22}{33}$ ≒ 0.67,

P항공 : $\frac{1}{7}$ ≒ 0.14, N항공 : $\frac{2}{8}$ = 0.25,

S항공 : $\frac{13}{22}$ ≒ 0.59, L항공 : $\frac{5}{8}$ ≒ 0.63,

R항공 : $\frac{2}{5}$ = 0.4, E항공 : $\frac{19}{41}$ ≒ 0.46,

T항공 : $\frac{23}{63}$ ≒ 0.37, U항공 : $\frac{9}{24}$ ≒ 0.38

따라서 국외 항공사중 여객지수가 세 번째로 높은 곳은 L항공이다.

② 국내 D항공의 여객지수는 $\frac{635}{771}$ ≒ 0.82로 D항공보다 여객지수가 높은 국외 항공은 없다.
③ 국외 항공사 중 여객지수가 낮은 순서대로 나열하면 P항공, N항공, T항공이다.
④ 화물지수와 여객 운항 횟수는 반비례한다.

24 ▸ ②

2025년 2분기 D항공의 총 운항 횟수는 771 × 3 = 2,313이고, A항공의 여객 운항 횟수는 512 × 0.5 = 256이다.
따라서 2025년 2분기 D항공의 총 운항 횟수와 A항공의 여객 운항 횟수의 차는 2,313 − 256 = 2,057이다.

25 ▸ ③

③ 2월의 사고건수당 부상자수를 구하면 주간이 $\frac{11,440}{7,241}$ ≒ 1.58(명)이고, 야간이 $\frac{10,215}{6,946}$ ≒ 1.47(명)으로, 주간이 더 많다.

① 월별 사고건수와 부상자수는 모두 주간이 야간보다 많다.
② 사망자수는 1월 389명, 2월 335명, 3월 409명, 4월 380명, 5월 420명, 6월 436명으로, 사망자수가 가장 많은 달인 6월과 가장 적은 달인 2월의 사망자수 차이는 436 − 335 = 101(명)이다.
④ 야간의 사고건수당 부상자수는 1월 약 1.57명, 2월 약 1.47명, 3월 약 1.53명, 4월 약 1.55명, 5월 약 1.52명, 6월 약 1.50명으로 두 번째로 많은 달은 4월이다.
⑤ 전월 대비 주간 교통사고 사망자수의 변화율을 구하면 2월 약 −28.4%, 3월 약 45.6%, 4월 약 −17.2%, 5월 약 31.1%, 6월 약 −9.3%로 3월 증감률이 가장 크다.

26 ▶ ③

ⓒ 자료에 제시되지 않은 업종별 기술인력 비중을 구하면 다음과 같다.

음반녹음시설 운영업 : $\frac{50,100}{61,855} \times 100 ≒ 81.0(\%)$

음반 복제업 : $\frac{92,873}{178,734} \times 100 ≒ 52.0(\%)$

음반도매업 : $\frac{36,197}{131,485} \times 100 ≒ 27.5(\%)$

음반소매업 : $\frac{118,524}{325,461} \times 100 ≒ 36.4(\%)$

인터넷/모바일 음악서비스업 : $\frac{203,988}{416,111} \times 100 ≒ 49.0(\%)$

음악공연 기획 : $\frac{65,289}{122,066} \times 100 ≒ 53.5(\%)$

음악 오디오물 출판업 : $\frac{139,454}{234,940} \times 100 ≒ 59.4(\%)$

따라서 기술인력 비중이 50% 이상인 업종은 음악 기획업, 음반녹음시설 운영업, 음반 복제업, 음원대리중개업, 음악공연 기획, 음악 오디오물 출판업으로 총 6개이다.

ⓒ 음악 오디오물 출판업의 기술인력 부족률은 $\frac{6,205}{145,659} \times 100 ≒ 4.3\%$로 5% 미만이다.

㉠ 음악녹음시설 운영업의 기술인력 비중은 81%로 80% 이상이다.

㉣ 자료에 제시되지 않은 업종별 기술인력 부족률을 구하면 다음과 같다.

음악 기획업 : $\frac{4,097}{157,778} \times 100 ≒ 2.6(\%)$

음반녹음시설 운영업 : $\frac{256}{50,356} \times 100 ≒ 0.5(\%)$

음반 배급업 : $\frac{1,061}{32,633} \times 100 ≒ 3.3(\%)$

음원대리중개업 : $\frac{651}{60,952} \times 100 ≒ 1.1(\%)$

음악 오디오물 출판업 : $4.3(\%)$

음악 오디오물 제작업 : $\frac{405}{23,525} \times 100 ≒ 1.7(\%)$

따라서 기술인력 부족률이 두 번째로 낮은 업종은 1.1%인 음원대리중개업이다.

27 ▶ ⑤

총산업인력이 두 번째로 많은 업종은 기타음악공연서비스업이고, 세 번째로 적은 업종은 음원대리중개업이다. 이때 기술인력 비중의 차이는 56.2 − 36.9 = 19.3(%p)이고, 기술인력 부족률의 차이는 3.3 − 1.1 = 2.2(%p)이다.

28 ▶ ③

첫 번째 술래인 A가 3이므로 반시계 방향으로 A 옆에 있는 B가 4, C가 5, D가 1, E가 2를 배정받는다.

4−1−1의 순서로 숫자가 호명된다고 하였으므로 두 번째 술래는 4를 배정받은 B가 된다.

두 번째 게임에서 새롭게 술래가 된 B가 3이 되고 C가 4, D가 5, E가 1, A가 2를 배정받으며, 세 번째 술래는 1을 배정받은 E가 된다.

세 번째 게임에서는 술래인 E가 3이 되고, A가 4, B가 5, C가 1, D가 2를 배정받으므로 네 번째 술래는 1을 배정받은 C가 된다.

29 ▶ ④

환율이 상승하면 국내 수출기업의 해외시장에서의 가격경쟁력이 강화되고, 가격경쟁력이 강화되면 수출이 증가하여 경상수지가 개선된다. 즉, 환율이 상승하면 경상수지가 개선된다. 이의 대우명제를 이용하여 경상수지가 악화되면 환율이 하락한다는 결론을 도출할 수 있다.

30 ▶ ③

A~G의 의견을 정리하여 나타내면 다음과 같다.

일식	한식	중식	양식
A, C	D B 또는 E	B 또는 E	D

양식 식당에 가기 위해서는 D가 양식, B와 E는 각각 한식 또는 중식, F와 G 중 하나는 반드시 양식을 선택해야 한다. 그렇게 되면 득표수가 2명인 음식 종류가 3개가 되는데, E가 싫어하는 음식은 피해야 하므로 양식 식당에는 갈 수 없다.

31 ▶ ④

ⓒ 최소 게임 횟수로 최종 승리자를 결정하기 위해서는 한 사람이 연속해서 계속 승리를 해야 한다. 이때 甲이 계속해서 승리를 할 경우는 다음과 같다.

첫 번째 게임	두 번째 게임	세 번째 게임
14개(甲) : 6개(乙)	18개(甲) : 2개(乙)	20개(甲) : 0개(乙)

규칙에 따르면 주어야 할 사탕이 부족하면 가진 사탕을 모두 주어야 하므로 乙은 마지막 게임에서 가지고 있는 사탕 2개를 모두 甲에게 준다. 따라서 최종 승리자를 결정하기 위한 최소 게임 횟수는 3회이다.

㉣ 甲이 첫 번째 게임에서 사탕을 9개 쥐어 이기면 두 번째 게임을 시작할 때 甲은 19개, 乙은 1개의 사탕을 지니고 있게 된다. 이때 乙은 두 번째 게임에서 사탕은 1개 이상을 무조건 쥐어야 하므로 나올 수 있는 경우는 홀수뿐이다. 따라서 甲이 최종 승리자가 된다.

㉠ 甲이 첫 게임에서 사탕을 7개 쥐어 진다면 두 번째 게임을 시작할 때 甲은 3개, 乙은 17개의 사탕을 지니고 있게 된다. 이때 甲이 두 번째 게임에서도 질 경우 최종으로 가지게 되는 사탕 수는 다음과 같다.

甲이 가지고 있는 사탕 수	0개	1개	2개
乙이 가지고 있는 사탕 수	20개	19개	18개

따라서 甲이 세 번째 게임에서 乙의 사탕을 가지고 올 가능성이 있으므로 乙이 반드시 승리자가 된다고 할 수는 없다.
㉢ 최소 게임 횟수로 최종 승리자를 결정하기 위해서는 한 사람이 연속해서 계속 승리를 해야 한다. 이때 甲이 계속해서 승리를 할 경우는 다음과 같다.

첫 번째 게임	두 번째 게임	세 번째 게임	네 번째 게임
13개(甲) : 7개(乙)	16개(甲) : 4개(乙)	19개(甲) : 1개(乙)	20개(甲) : 0개(乙)

규칙에 따르면 마지막 주어야 할 사탕이 부족하다면 가진 사탕을 모두 주어야 하므로 乙은 마지막 게임에서 가지고 있는 사탕 1개를 모두 甲에게 준다. 따라서 최종 승리자를 결정하기 위한 최소 게임 횟수는 4회이다.

32 ▸ ①

① 생애최초의 경우 3억 원까지 대출 가능하다.
② 부부합산 연소득 6천만 원 이하여야 대출이 가능하나, 2자녀가구라면 연소득 7천만 원 이하까지 가능하다.
③ 소유권이전등기 접수일로부터 3개월 이내까지 신청해야 한다. 3개월 이내이므로 대출 신청이 가능하다.
④ 주거 전용면적이 $85m^2$ 이하 주택이어야 한다.
⑤ 가입기간이 3년 이상이고 36회차 이상 납입한 경우에는 연 0.2%p 금리우대가 가능하다.

33 ▸ ③

(가) 기본 대출금리는 소득수준 2천만 원 초과~4천만 원 이하에 속하고 대출기간 15년이므로 연 2.10%이다. 연소득 6천만 원 이하 한부모가구이므로 연 0.5%p의 금리우대를 받는다. 또한 1자녀가구이므로 추가금리우대 연 0.3%p를 받는다. 따라서 2.10%에서 0.8%p 우대금리를 적용하면 최종금리는 연 1.3%이다. 단, 우대금리 적용 후 최종금리가 연 1.5% 미만이므로, 연 1.5%로 적용한다.
(나) 기본 대출금리는 소득수준 4천만 원 초과~7천만 원 이하에 속하고 대출기간 30년이므로 연 2.40%이다. 2자녀가구이므로 연 0.5%p, 청약저축 가입자이므로 연 0.2%p의 금리우대를 받는다. 따라서 2.40%에서 0.7%p 우대금리를 적용하면 최종금리는 연 1.7%이다.
(다) 기본 대출금리는 소득수준 4천만 원 초과~7천만 원 이하에 속하고 대출기간 10년이므로 연 2.15%이다. 생애최초 주택구입자이므로 연 0.2%p의 금리우대를 받고(장애인가구로 연 0.2%p의 금리우대에도 해당하나, 중복 적용되지 않으므로 한 개 항목만 적용), 청약저축 가입자이므로 연 0.1%p

의 추가금리우대를 받는다. 따라서 2.15%에서 0.3%p 우대금리를 적용하면 최종금리는 연 1.85%이다.
(라) 기본 대출금리는 소득수준 4천만 원 초과~7천만 원 이하에 속하고 대출기간 15년이므로 연 2.25%이다. 생애최초 주택구입자이므로 연 0.2%p의 금리우대와, 1자녀가구이므로 연 0.3%p의 추가금리우대를 받는다. 따라서 2.25%에서 0.5%p 우대금리를 적용하면 최종금리는 연 1.75%이다.
대출금리가 가장 높은 경우는 (다), 가장 낮은 경우는 (가)이다.

34 ▸ ⑤

B업체의 학습내용 점수는 업체들 중 가장 높으므로 ㉠에 들어갈 점수는 29 또는 30이다.
E업체의 교수법 점수는 C업체보다는 높고 B업체보다는 낮으므로 ㉡에 들어갈 점수는 15 또는 16이다.
이를 적용하여 A ~ E 업체의 평가점수 총합을 구하면 다음과 같다.
A : 28 + 23 + 19 + 10 + 7 = 87
B : 29(30) + 25 + 17 + 8 + 10 = 89(90)
C : 24 + 30 + 14 + 9 + 9 = 86
D : 22 + 26 + 20 + 6 + 9 = 83
E : 21 + 20 + 15(16) + 9 + 8 = 73(74)
평가점수 총합이 가장 높은 2개 업체는 A업체(87점), B업체(89점 또는 90점)이다.
여기에 제시된 기준에 따라 가점을 부여한 최종 평가점수는 다음과 같다.
A : 사업기간이 17년이므로 2점 가점, 공사 기준 제시가격 수준이 95%로 3점 가점, 연평균 실적건수가 업계평균보다 높은 37건이므로 1점 가점이므로 총 6점의 가점이 부여되어 최종 평가점수는 93점이 된다.
B : 사업기간이 23년이므로 2점 가점, 공사 기준 제시가격 수준이 90%로 1점 가점이므로 총 3점의 가점이 부여되어 최종 평가점수는 92점 또는 93점이 된다.
⑤ ㉠에 들어갈 점수가 30점이라면 최종 평가점수는 A업체와 B업체 모두 동일하게 93점이 된다. 이 경우 '학습내용' 평가항목의 점수가 높은 업체의 시안을 선택하므로, '학습내용' 항목 점수가 30점인 B업체의 시안을 선택하게 된다.
① 학습체계 점수가 가장 높은 C업체 시안은 채택되지 않는다.
② ㉠에 들어갈 점수는 29 또는 30, ㉡에 들어갈 점수는 15 또는 16이므로, ㉠, ㉡에 들어갈 점수의 합은 44 이상 46 이하이다.
③ 6점 또는 3점의 가점을 부여받는다.
④ ㉡에 들어갈 점수가 '16'일 경우 E업체의 최종 평가점수는 74점으로, 5개 업체 중 평가점수가 가장 낮다.

35 ▸ ①

A ~ E 업체의 평가점수 총합을 구하면 다음과 같다.
A : 28 + 23 + 19 + 10 + 7 = 87
B : 20 + 25 + 17 + 8 + 10 = 80

C : 24 + 30 + 14 + 9 + 9 = 86
D : 22 + 26 + 20 + 6 + 9 = 83
E : 21 + 20 + 17 + 9 + 8 = 75
평가점수 총합이 가장 높은 2개 업체는 A업체(87점), C업체(86점)이고, 가점을 부여한 최종 평가점수는 다음과 같다.
A : 총 6점의 가점이 부여되어 최종 평가점수는 93점이 된다.
C : 사업기간이 12년이므로 2점 가점, 공사 기준 제시가격 수준이 98%로 3점 가점. 연평균 실적건수가 업계평균보다 높은 34건이므로 1점 가점이므로 총 6점의 가점이 부여되어 최종 평가점수는 92점이 된다.
따라서, 최종 평가점수가 가장 높은 A업체의 시안이 채택된다.

36 ▸ ②

ⓒ 생계·주거·의료수급자 가구는 자산기준과 상관없이 청년 매입임대주택 입주자격 1순위이다.
㉠ 기숙사형 청년주택의 경우 자산기준이 없으므로 입주할 수 없다고 말할 수 없다.
ⓛ 지원대상 한부모가족은 두 공급유형 모두에서 입주순위 1순위이므로 어느 유형이 입주확률이 더 높다고 말할 수 없다.
ⓔ 자산기준인 자동차 가격 3,708만 원 이하이므로 입주 3순위가 되는 것이 가능하다.

37 ▸ ②

제시된 점수를 모두 더하면 다음과 같다.
갑 : 14 + 13 + 15 + 22 = 64(점)
을 : 13 + 10 + 16 + 27 = 66(점)
병 : 14 + 19 + 11 + 18 = 62(점)
정 : 15 + 14 + 10 + 19 = 58(점)
무 : 12 + 13 + 11 + 13 = 49(점)
따라서 총점이 가장 높은 을이 승진자가 된다.

38 ▸ ③

갑~무의 업무능률과 업무태도 점수를 계산하면 다음과 같다.

구분	갑	을	병	정	무
총점	64	66	62	58	49
가산 총점	−	−	71.3	66.7	−
업무능률	14	13	14	15	12
업무태도	13	10	19	14	13

병과 정이 각각 업무능률과 업무태도 점수가 가장 높으므로 두 사람의 총점에서 15%를 가산해야 한다. 이 경우 병의 총점이 71.3점으로 가장 높아 상여금을 받게 된다.

39 ▸ ⑤

외투는 옷장에 보관하고, 그릇은 찬장에 보관한다.

40 ▸ ①

'긍지'는 자신의 능력을 믿음으로써 가지는 당당함을 의미하며, '자부심'은 자신과 관련 있는 것에 대해 스스로 그 가치나 능력을 믿고 당당히 여김을 의미한다. 이 두 단어는 유의어 관계이다. 이와 같은 관계인 것은 '갹출 : 추렴'이다.
갹출 : 같은 목적을 위하여 여러 사람이 돈을 나누어 냄
추렴 : 모임이나 놀이 또는 잔치 따위의 비용으로 여럿이 각각 얼마씩의 돈을 내어 거둠

제4회 직업기초능력평가

<table>
<tr><td>01. ②</td><td>02. ①</td><td>03. ③</td><td>04. ⑤</td><td>05. ④</td></tr>
<tr><td>06. ①</td><td>07. ⑤</td><td>08. ③</td><td>09. ④</td><td>10. ④</td></tr>
<tr><td>11. ①</td><td>12. ④</td><td>13. ②</td><td>14. ③</td><td>15. ⑤</td></tr>
<tr><td>16. ③</td><td>17. ④</td><td>18. ②</td><td>19. ②</td><td>20. ④</td></tr>
<tr><td>21. ③</td><td>22. ②</td><td>23. ④</td><td>24. ①</td><td>25. ⑤</td></tr>
<tr><td>26. ④</td><td>27. ③</td><td>28. ①</td><td>29. ①</td><td>30. ③</td></tr>
<tr><td>31. ①</td><td>32. ①</td><td>33. ④</td><td>34. ②</td><td>35. ③</td></tr>
<tr><td>36. ②</td><td>37. ⑤</td><td>38. ③</td><td>39. ⑤</td><td>40. ④</td></tr>
</table>

01 ▸ ②

(가)의 뒷부분에는 햇빛 공급으로 실내 에너지를 유지하기 위해서는 얇은 유리나 창호가 필요하고, 이로 인해 에너지 손실이 발생함을 언급하고 있다. 이것들을 많이 사용하면 에너지가 손실되고, 사용하지 않으면 실내 에너지를 유지하기 힘들다는 모순된 현상이 발생할 수 있는 것이다. 따라서 (가)에는 창호나 얇은 유리를 통해 햇빛 공급을 받는 것과 에너지 손실 사이에 모순이 있음을 의미하는 ②가 들어가는 것이 적절하다.

02 ▸ ①

일반적인 건물은 창문을 열거나 환풍기를 돌려서 신선한 공기를 공급받지만, 패시브 하우스에서는 그렇게 할 수 없다. 왜냐하면 외부 공기가 공급되면 실내 에너지가 빠져 나가기 때문이다. 따라서 액티브 하우스와 달리 패시브 하우스에는 열 교환 환기 장치 같은 특별한 장치가 필요하다.

03 ▸ ③

글의 마지막 문단에서 "주자가 말한 '공으로 사를 극복하라'는 말은 사람들로 하여금 내 안에 타고난 도심이 인심에 가려 흐려지는 일이 없도록, 자신의 생각과 욕망을 바로잡는 수양을 강조하는 것으로 이해할 수 있다."라고 하였으므로 주제로는 ③이 적절하다.

04 ▸ ⑤

⑤ '유교의 공사(公私) 개념은 타고난 순수한 품성에서 기인한 도심(道心)을 지니고 살아가고자 하면서도 한편으로는 사적 욕망에서 기인한 인심(人心)을 지닐 수밖에 없는 복합적 욕망의 주체로서의 인간을 규정하는 개념이다.'라고 주어진 글에서 설명하고 있다.

05 ▸ ④

① 취업상담 및 컨설팅과 함께 직업훈련 연계서비스, 복지 서비스 지원 등을 종합적으로 제공한다.
② 전문 상담사들이 LH 임대주택 단지에 직접 방문해 상담을 진행한다.
③ 개인별 맞춤 상담을 제공하는 것은 맞으나, 사업 추진 예산을 2배 이상 확대한 것은 2022년의 경우이다. 2023년에도 사업을 지속적으로 추진한다고 하였으나 예산에 관한 언급은 없다.
⑤ LH 사장상은 많은 입주민의 취업을 도운 10개 임대주택 단지에 대해 수여했다.

06 ▸ ①

㉠ '청년 1순위' 전세임대 전세보증금 최대 지원액은 수도권인 경우 1억 2,000만 원이다.
㉡ '자립준비청년' 전세임대는 혼인 중이 아닌 무주택자이면서 아동복지시설에서 퇴소한 지 5년 이내인 경우 신청할 수 있다. 을은 혼인을 했으므로 신청이 불가하다.
㉢ '자립준비청년' 전세임대는 시 월 임대료가 50% 감면 적용되는 경우는 전세임대주택 거주 5년 이내이다. 만 22세 이하는 무이자가 적용된다.
㉣ '자립준비청년' 전세임대 최대 30년 거주가 가능하나, '청년 1순위' 전세임대는 최대 10년 거주가 가능하다.

07 ▸ ⑤

⑤ 월요일~일요일까지 운영한다고 하였으므로, 자료의 내용과 일치하지 않는다.
① 주택도시역사관 3존에는 1기 신도시 및 개성공단, 산업단지, 경제자유구역 등의 조성 과정이 담겨 있다.
② 4존에서는 세종시와 혁신도시, 2기·3기 신도시, 도시재생, 다양한 주거복지 사업에 대해 전시하고 있고. LH 출범에 관한 내용도 담겨 있다.
③ 존 패널은 전시 내용을 1분 분량의 그림 영상으로 제작해 어린이들도 쉽게 이해할 수 있도록 한 것이다.
④ 주택도시역사관에 전시된 529점의 유물은 LH가 사사 자료 공모전을 개최하고, 관련 기관에서 유물을 기증받는 등 자료 수집을 위해 전사적인 노력을 기울여 모은 것들이다.

08 ▸ ③

마지막 문단에서 전자책이 미디어 지형에 어떤 변화를 초래할지 예측이 어렵다고 하였다. 다만 전자책이 책 읽기를 부활시키고 종이 매체와 연관된 산업을 활성화시키는 것은 확실하다고 하였으며 전자책이 죽은 종이 미디어를 부활시킬 수 있는 가능성을 보여준다고 하였다. 따라서 전체 미디어 산업의 활성화를 견인하였다는 내용은 적절하지 않다.

09 ▸ ④

④ 마지막 문단에서 상황 1에서 잃어버린 금액은 심적 회계에 따라 오락비에 포함하지 않는다고 하였다. 따라서 잃어버린 금액이 더 커진다고 하여도 오락비는 여전히 만 원으로 상황 2에 비해 적은 금액이기 때문에 사람들의 선택이 달라진다고 보기 어렵다. 또한 설령 그것이 사람들의 마음에 영향을 준다고 하더라도, 금액의 변화가 사람들의 생각을 바꾼다는 내용은 제시문에 나타나 있지 않으므로 선택이 바뀔지 여부는 추론할 수 없다.
① 첫 번째 문단에서 행동경제학은 기존 경제학이 인간의 비합리적인 행동을 설명할 수 없다는 점을 보완하기 위해 등장한 것임을 알 수 있다. 두 번째 문단에서 이러한 행동경제학의 뼈대를 이루는 것은 기대이론이며, 상황 1과 상황 2에서 질문에 대한 답변이 차이가 나는 이유는 기대 이론의 요소 중 심적 회계에 의한 것이다. 따라서 기존 경제학으로는 설명할 수 없는 현상이다. 마지막 문단에서도 '이 현상은 기존 경제학의 시각과 대립된다'고 하였다.
② 행동경제학은 인간이 제한적인 합리성을 가진다고 주장하며, 그 근거로 기대 이론을 제시한다. 손실회피성과 심적 회계는 기대 이론의 특징 중 하나이므로 옳은 추론이다.
③ 첫 번째 문단에서 행동경제학은 기존 경제학이 인간의 비합리성을 설명하지 못하는 점을 보완하기 위해 만들어졌다고 하였으므로 옳은 추론이다.
⑤ 두 번째 문단에서 손실회피성은 '똑같은 금액의 이익과 손실이 있을 때 이익보다도 손실을 더 크게 평가하는 경향'이라고 하였다. 따라서 원안을 포기했을 때의 손실을 수정안 선택 시의 이익보다 더 크게 평가할 것이고, 이에 기반하여 사람들은 원안을 포기하고 수정안을 선택하기보다 원안을 유지하는 방향을 선택할 것임을 예측할 수 있다.

10 ▸ ④

복수의 기술이 서로 경쟁하여 그중 하나가 사회에서 주도권을 잡는 과정을 분석해 본 결과, 이 과정에서 중요한 역할을 하는 것은 기술적 우수성이나 사회적 유용성이 아닌, 관련된 사회집단들의 정치적·경제적 영향력인 것으로 드러났다고 하였다. 결국 현재에 이르는 기술 발전의 궤적은 결코 필연적이고 단일한 것이 아니며, '다르게' 될 수도 있었음을 암시하고 있는 것이다.

11 ▸ ①

글의 흐름을 고려할 때, 2천 명이 넘는 인구를 수용한 마을은 거의 발견되지 않았다는 뒷 문장을 통해 앞 문장에는 2천 명이 넘는 인구를 수용한 마을이 발견되어야 한다는 내용이 들어가야 한다.

12 ▸ ④

④ 제2차 세계대전 이후 복지국가 개념이 쇠퇴한 것은 맞으나, 이는 선진국들이 사회주의 국가와의 대결 과정에서 복지에 과다한 지출을 해 복지병에 시달린 경험이 있기 때문이다. 전쟁 이후의 경제적 어려움이 복지국가 쇠퇴의 원인이 된 것이라고 볼 수는 없다.

13 ▸ ②

(가)의 앞 문장을 보면, "복지 재원 조달방식이 스스로 노력하는 자들을 역차별할 정도로 지나치게 고율이어서는 안 된다"고 했고, "복지제도가 음지에 있는 사람들을 양지로 이끌어내는 데 그 근본 목적을 두어야 한다"고 하였다. 즉 음지에 있는 사람들이 스스로 노력하도록 이끄는 것이 중요하다는 내용이 들어가야 한다. 이에 부합하는 것은 ②이다.

14 ▸ ③

알코올 도수 40%인 보드카 80mL에 들어 있는 알코올의 양은 $80 \times 0.4 = 32$(mL)이고, 알코올 도수 15%인 리큐르 xmL에 들어 있는 알코올의 양은 $0.15x$mL이다. 두 주류를 섞은 칵테일의 도수가 20% 이하가 되려면

$$\frac{32 + 0.15x}{80 + x} \times 100 \leq 20$$

$$3,200 + 15x \leq 1,600 + 20x$$

$$\therefore x \geq 320$$

따라서 리큐르는 320mL 이상 넣어야 한다.

15 ▸ ⑤

차량 대수를 x대라고 하면, 워크숍에 참여하는 직원 수는 $(5x + 4)$명이다.

$$6(x - 2) - 5 \leq 5x + 4 \leq 6(x - 2)$$

$$\begin{cases} 6(x - 2) - 5 \leq 5x + 4 \\ 5x + 4 \leq 6(x - 2) \end{cases}$$

$$16 \leq x \leq 21$$

워크숍에 대절하는 차량은 최대 21대이고, 그때의 참여 인원은 $5 \times 21 + 4 = 109$(명)이다.

16 ▸ ③

강을 따라 내려가는 시간은 강을 거슬러 올라가는 시간보다 5분 짧고, 왕복하는 데 55분이 걸리므로, 강을 따라 내려가는 데 25분, 강을 거슬러 올라가는 데 30분이 걸린다는 것을 알 수 있다.

유람선의 속력을 $x$km/h, 강물의 속력(유속)을 $y$km/h로 놓고 거리에 대한 식을 세우면

$$\begin{cases} 10 = \dfrac{25}{60}(x+y) \\ 10 = \dfrac{30}{60}(x-y) \end{cases}$$

$$\begin{cases} x+y = 24 \\ x-y = 20 \end{cases}$$

$$\therefore x = 22,\ y = 2$$

따라서 한강 유람선의 속력은 22km/h이다.

17 ▸ ④

시간 $= \dfrac{거리}{속력}$ 이라는 공식을 이용하여 풀 수 있는 문제이다.

A와 B는 동시에 출발하여 달리다가 한 지점에서 만났기 때문에 운동장을 달리는 데 소요된 시간은 둘이 동일하다. 두 사람이 달린 시간이 동일하다고 하면,

$$\dfrac{A가\ 달린\ 거리}{A의\ 속력} = \dfrac{B가\ 달린\ 거리}{B의\ 속력}$$ 이며 A가 운동장에서 총 달린 거리가 x(km)라고 한다면, B가 운동장에서 달린 거리는 $18 - x$(km)라고 할 수 있다.

따라서, $\dfrac{x}{5} = \dfrac{18-x}{7}$ 라는 식을 세울 수 있고 $x = 7.5$라는 값을 구할 수 있다.

$\dfrac{x}{5}$ 에 x의 값을 대입하면, 두 사람은 각각 1시간 30분을 달렸음을 알 수 있고, A는 7.5km, B는 10.5km의 거리를 달렸다. 따라서 정답은 3km, 1시간 30분이다.

18 ▸ ②

$$3 \xrightarrow{+3} 6 \xrightarrow{\times 2} 12 \xrightarrow{+3} 15 \xrightarrow{\times 2} 30 \xrightarrow{+3} 33 \xrightarrow{\times 2} 66 \xrightarrow{+3} (69)$$

19 ▸ ②

이전 수를 x라 할 때, $\dfrac{x}{2} + 4$를 따른다.

$$\dfrac{88}{2} + 4 = 48,\ \dfrac{48}{2} + 4 = 28,\ \cdots$$

따라서, $\dfrac{x}{2} + 4 = 88$이고 $x = 168$이다.

20 ▸ ④

④ 매년 40대 남자 관객 수가 증가한 뮤지컬은 N작품과 H작품인데, H작품은 매년 여자 관객 수가 감소하는 추이를 보이고 있다.

① H작품의 경우 2020년에 남자 관객 수보다 여자 관객 수가 많다.

② 조사기간 동안 뮤지컬 세 작품의 총 40대 남자 관객 수를 살펴보면 2020년에 898,000명, 2021년에 935,000명, 2022년에 973,000명, 2023년에 979,000명 그리고 2024년에 981,000명으로 2024년에 가장 많다. 이때 Y작품의 남자 관객 수는 전년 대비 감소하였다.

③ 2020년 뮤지컬 세 작품의 총 관객 수는 3,508,000명에서 2023년에는 3,583,000명으로 증가하였다.

⑤ Y작품 남자 관객 중 40대 비중은 $\dfrac{265}{621} \times 100 ≒ 42.7(\%)$

이고, N작품 남자 관객 중 40대 비중은 $\dfrac{423}{859} \times 100 ≒ 49.2(\%)$이다.

21 ▸ ③

③ 2024년 전자집적회로와 기계류의 수출액 비중은 전체 대인도 수출액의 $\dfrac{4,453,123 + 1,123,507}{9,010,039} \times 100 ≒ 61.9(\%)$를 차지한다.

① 전년도 대비 증감률을 이용하여 2023년 수출품의 수출액을 계산해보면 철강제품이 약 229,237,000달러, 석유화학제품이 약 200,657,000달러이다. 따라서 2023년 수출액이 가장 낮았던 품목은 석유화학제품이다.

② 2023년 대인도 수출액은 3년 전인 2020년에 비해 $\dfrac{8,213 - 7,012}{7,012} \times 100 ≒ 17.1(\%)$ 증가했다. 20% 이상 증가한 것은 아니다.

④ 2024년 대인도 스마트폰 수출액은 전년 대비 1.9% 감소한 900,457천 달러이므로, 전년도 수출액을 계산하면 $\dfrac{900,457}{0.981} ≒ 917,897(천\ 달러)$이다. $917,897 - 900,457 = 17,440(천\ 달러)$ 감소했으므로 2,000만 달러 이상 감소한 것은 아니다.

⑤ 2019년도 대인도 수출액은 2020년의 전년 대비 수출액 증감률로 구할 수 있다. 계산하면 $\dfrac{7,012}{1.323} ≒ 5,300(백만\ 달러)$이다. 이는 2023년도 대인도 수출액 8,213백만 달러의 $\dfrac{5,300}{8,213} \times 100 ≒ 64.5(\%)$에 해당한다.

22 ▸ ②

ⓒ 2020년 대비 2023년 만족도 점수의 증감량은 다음과 같다.

블렌디드 : $5.1 - 6.8 = -1.7$

에스프레소 : $7.2 - 4.0 = 3.2$

콜드 브루 : $7.5 - 3.3 = 4.2$

블론드 : $7.7 - 6.1 = 1.6$

디카페인 커피 : $6.9 - 4.6 = 2.3$

프라푸치노 : $6.4 - 6.8 = -0.4$

논 커피 : $6.7 - 4.6 = 2.1$

따라서 2020년 대비 2023년 만족도 증감량이 가장 큰 커피 종류는 콜드 브루이다.

ⓒ 커피 만족도 점수가 매해 상승한 커피 종류는 에스프레소, 콜드 브루, 디카페인 커피뿐이다. 따라서 R카페의 서비스가 전체적으로 발전했다고 볼 수 없다.

ⓔ 2023년 설문조사에 응답한 고객 수가 12,600명이라고 하면 커피를 구입할 때 가격을 최우선으로 고려한 고객은 22.5%이므로, $12,600 \times 0.225 = 2,835$(명)이다.

23 ▸ ③

2022년 커피 구입 시 고려사항 중 두 번째로 많은 비중을 차지하는 항목은 '브랜드'로 $a = 30.1$이다. 커피 종류별 만족도에서 가장 높은 점수를 차지하는 항목은 '블론드'로 $b = 8.3$이고, 브라질이 순위에 들어가는 해는 2020년, 2021년, 2023년으로 $c = 3$이다.

따라서 $\dfrac{10a + 100b}{c} = \dfrac{(10 \times 30.1) + (100 \times 8.3)}{3}$

$= \dfrac{301 + 830}{3} = 377$이다.

24 ▸ ①

2023년 설문조사에 응답한 고객이 10,000명이고, 커피 구입 시 최우선 고려사항이 원산지인 사람은 15.5%이므로 $10,000 \times 0.155 = 1,550$명이다.

이때 고객이 선호하는 커피 원두 생산지가 브라질, 인도네시아, 멕시코인 비율이 $4 : 3 : 2 : 1$이라고 했으므로 인도네시아산 원두를 선호하는 고객 수는 $1,550 \times \dfrac{3}{4+3+2+1}$ $= 465$(명)이다.

25 ▸ ⑤

⑤ 청소년 환자 수가 가장 많았던 질병은 2018년 급성기관지염 520명, 2023년 인플루엔자 582명이다. $582 - 520 = 62$(명) 차이가 나므로 옳지 않은 설명이다.

① 2018년 급성인두염과 알러지성 비염 환자 수의 합은 $226 + 315 = 541$(명)이고, 2023년 급성편도염 환자수는 567명이므로 옳은 설명이다.

② 청소년 환자 다빈도 질병 1~3위는 2018년 급성기관지염, 인플루엔자, 알러지성 비염 순이고, 2023년에는 인플루엔자, 급성편도염, 급성기관지염 순으로 동일하지 않다.

③ 막대 그래프의 높이 차이로 볼 때, 급성편도염 다음으로 높이 차이가 나는 질병은 급성인두염이고 두 연도의 환자 수 차이는 5배가 넘지 않는다. 따라서 환자 수 차이가 5배 이상 나는 질병은 급성편도염뿐임을 알 수 있다.

④ 2018년 대비 2023년 골절의 환자 수 변화는 $127 - 109 = 18$(명)으로 환자 수 변화가 가장 적다.

26 ▸ ④

2023년 청소년 환자가 가장 많은 3개 질병은 인플루엔자, 급성편도염, 급성기관지염이고 환자 수는 $582 + 567 + 428 = 1,577$(명)이다. 2028년에는 10% 늘어난다고 했으므로 $1,577 \times 1.1 ≒ 1,734$(명)이 된다.

2018년 위 3개 질병의 환자 수는 $485 + 82 + 520 = 1,087$(명)이므로, 2028년에는 2018년에 비해 3개 질병의 환자 수가 $\dfrac{1,734 - 1,087}{1,087} \times 100 ≒ 59.5$(%) 늘어난다.

27 ▸ ③

조건 4와 조건 6을 통해서 丁이 4층 1호에 살며 판사라는 것을 알 수 있다. 조건 2에서는 乙의 현관문이 검은색이고 아래층에는 아무도 살지 않는다고 했으므로 乙이 4층 2호에서 살며 3층의 1호, 2호가 모두 비어 있다는 것을 알 수 있다. (조건 6에서 1층과 2층에는 거주자가 있음을 알 수 있으므로 비어 있는 층은 3층만 가능)

구분	1호	2호
4층	丁(판사)	乙(검은색)
3층		
2층		
1층		

조건 1과 조건 6을 통해 甲과 丙이 2층에 산다는 것과 甲이 교사라는 것을 알 수 있다. 1호에 사는 사람들의 현관문은 초록색과 파란색뿐이므로 1층 1호가 비어 있고, 1층 2호에는 연구원인 戊가 살고 현관문이 주황색인 것을 알 수 있다. 그리고 丙의 바로 아랫집에서 고양이를 키운다고 했으므로 丙은 2층 2호에 산다는 것을 알 수 있다.

구분	1호	2호
4층	丁(판사)	乙(검은색)
3층		
2층	甲(교사)	丙
1층		戊(연구원, 주황색)

이제 현관문의 색깔과 직업을 조합해보면 된다. 먼저 1호에 사는 사람들의 현관문은 초록색과 파란색뿐이라고 했는데, 판사의 현관문은 초록색이 아니라고 했으므로 판사는 파란색, 교사는 초록색이다. 그리고 남은 색깔은 보라색이므로

丙의 현관문은 보라색이고 의사라는 것을 알 수 있다. 또한 乙이 승무원이 된다.

구분	1호	2호
4층	丁(판사, 파란색)	乙(승무원, 검은색)
3층		
2층	甲(교사, 초록색)	丙(의사, 보라색)
1층		戊(연구원, 주황색)

따라서 옳지 않은 것은 ③이다.

28 ▸ ①

주어진 조건들을 나타내면
아이 < 청소년
어른 < 청소년
노인 = 어른 < 청소년
이므로, 이를 정리하면 '노인 = 어른 < 아이 < 청소년'이라는 것을 알 수 있다.
따라서 어른은 아이보다 식욕이 강하지 않으므로 A는 옳고, 청소년이 가장 식욕이 강하기 때문에 B도 옳으므로 답은 ①이다.

29 ▸ ①

6시에 퇴근: p, 서울주민: q, 8시 이후에 집에 도착함: r, 지하철을 탐: s라고 했을 때, 제시된 명제는 다음과 같이 나타낼 수 있다.
6시에 퇴근하는 사람은 서울주민이 아니다.
(p → ~q ↔ q → ~p)
8시 이후에 집에 도착한 사람은 지하철을 탄 사람이다.
(r → s ↔ ~s → ~r)
그러므로 서울주민이면 8시 이후에 집에 도착하지 않는다.
(q → ~r)
따라서 q → ~r의 결론이 위 두 명제에서 나오려면, q → ~p → ( ) → ~s → ~r에서 ~p → ~s에 해당하는 명제인 '6시에 퇴근하지 않으면 지하철을 타지 않는다.'가 밑줄 친 부분에 들어가야 한다.

30 ▸ ③

주어진 조건(명제)과 그 대우 명제를 정리하면 다음과 같이 나타낼 수 있다.
영국을 여행하지 않으면 독일을 여행하지 않는다.
(~영국 → ~독일 ↔ 독일 → 영국)
스위스를 여행하면 영국을 여행하지 않는다.
(스위스 → ~영국 ↔ 영국 → ~스위스)
이탈리아를 여행하지 않으면 프랑스를 여행한다.
(~이탈리아 → 프랑스 ↔ ~프랑스 → 이탈리아)
프랑스를 여행하면 독일을 여행한다.
(프랑스 → 독일 ↔ ~독일 → ~프랑스)

이를 정리하면 '~이탈리아 → 프랑스 → 독일 → 영국 → ~스위스'가 성립하고, 대우 명제도 성립한다.
따라서 정답은 ③이다.

31 ▸ ①

① A의 ㉒ 항목 점수가 15점일 때 A의 최종심사 점수를 구하면,
20 + 23 + 17 + 15 − (2 × 3) − (0.5 × 6) = 66(점)이다.
60점 이상 70점 미만이므로 '허가 정지'로 판정한다.
② B의 ㉒ 항목 점수가 18점이라고 가정하고 B의 최종심사 점수를 구하면,
18 + 21 + 18 + 18 − (2 × 5) − (1.5 × 3) − (0.5 × 2) = 59.5(점)이다.
60점 미만이므로 '허가 취소'로 판정한다.
③ C의 최종심사 점수를 구하면,
23 + 18 + 21 + 16 − (2 × 4) − (3 × 1) − (1.5 × 2) = 64(점)으로 '허가 정지'에 해당한다.
만약 과태료를 부과받은 적이 없다면, 4회의 과태료 부과로 인해 감점당한 8점을 더 받게 되므로 64 + 8 = 72(점)을 받게 돼 '재허가'로 판정된다.
④ D의 최종심사 점수를 구하면,
20 + 24 + 15 + 18 − (2 × 1) − (3 × 1) − (1.5 × 1) − (0.5 × 4) = 68.5(점)이다.
C의 최종심사 점수가 64점이므로, C와 D 모두 '허가 정지'에 해당돼 심사 결과가 동일하다.
⑤ D의 제재 조치 중 경고와 주의 횟수를 2회씩 더하여 최종심사 점수를 다시 구하면,
기존 점수에서 감점 9점(경고 −6점, 주의 −3점)을 하면 된다.
68.5 − 9 = 59.5(점)이고, '허가 취소'가 되어 심사 결과가 달라진다.

32 ▸ ①

변경된 감점 점수를 반영하여 사업자 C와 D의 최종심사 점수를 구하면 다음과 같다.
C : 23 + 18 + 21 + 16 − (5 × 4) − (3 × 1) − (2 × 2) = 51(점)
D : 20 + 24 + 15 + 18 − (5 × 1) − (3 × 1) − (2 × 1) − (0.5 × 4) = 65(점)
㉠ C의 최종심사 점수는 51점으로 '허가 취소'로 판정된다. 감점 점수가 변경되기 전에는 '허가 정지' 판정이었으므로, 심사 결과에 변화가 있다.
㉡ C와 D의 최종심사 점수는 감점 점수가 변경되기 전보다 각각 13점, 3.5점 낮아졌으므로 모두 5점 이상 낮아진 것은 아니다.
㉢ D의 최종심사 점수는 65점으로 '허가 정지'로 판정된다. 감점 점수가 변경되기 전과 변화가 없다.

㉣ D의 ㉮와 ㉰ 항목 점수가 각각 3점씩 올라가면 최종심사 점수는 65 + 6 = 71(점)이 되어 '재허가'로 판정되므로, 심사 결과가 달라짐을 알 수 있다.

33 ▶ ④

직급이 차장 이상인 부장 갑과 차장 을의 성과급을 계산하면 다음과 같다.

구분	성과급
갑	(1,200만 원×0.25 + 700만 원×0.3)×1.05 = 535.5만 원
을	(1,200만 원×0.25 + 500만 원×0.4)×1.05 = 525만 원

갑과 을의 성과급 합은
5,355,000원 + 5,250,000원 = 10,605,000원이다.

34 ▶ ②

성과급 직급 가중치를 적용한 최종 성과급을 계산하면 다음과 같다.

구분	성과급
갑	(1,200만 원×0.25 + 700만 원×0.3)×1.05 = 535.5만 원
을	(1,200만 원×0.25 + 500만 원×0.4)×1.02 = 510만 원
병	(1,200만 원×0.25 + 500만 원×0.35)×1.02 = 484.5만 원
정	(1,200만 원×0.15 + 700만 원×0.25) − 20만 원 − 20만 원 = 315만 원
무	1,200만 원×0.1 + 700만 원×0.25 = 295만 원
기	700만 원×0.2 = 140만 원
경	500만 원×0.25 = 125만 원

② 병의 성과급은 4,845,000원이다.

35 ▶ ③

지원자 A~F의 총점을 나타내면 다음과 같다.
A : 40 + 30 + 32 + 38 + 8.7 = 148.7(점)
B : 50 + 25 + 32 + 37 + 6.4 = 150.4(점)
C : 45 + 30 + 28 + 31 + 7.2 = 141.2(점)
D : 45 + 20 + 37 + 29 + 6.9 = 137.9(점)
E : 50 + 20 + 31 + 34 + 8.9 = 143.9(점)
F : 40 + 25 + 34 + 37 + 9.1 = 145.1(점)
㉡ 총점이 높은 상위 2명은 A, B이므로 B는 채용된다.
㉢ 최종면접 점수를 4배로 하여 총점을 구하면, A 174.8점, B 169.6점, C 162.8점, D 158.6점, E 170.6점, F 172.4점이다. 총점이 두 번째로 높은 사람은 F이다.
㉠ 총점이 가장 높은 사람은 150.4점인 B이다.

㉣ 입사시험 점수가 하위 2명에 포함되는 사람은 D, E이고, PT면접 점수가 하위 2명에 포함되는 사람은 C, D이므로 D는 탈락한다.

36 ▶ ②

지원자 A~F의 총점을 나타내면 다음과 같다.
A : 5 + 96 + 32 + 38 + 8.7 = 179.7(점)
B : 10 + 89 + 32 + 37 + 6.4 = 174.4(점)
C : 7 + 94 + 28 + 31 + 7.2 = 167.2(점)
D : 7 + 86 + 37 + 29 + 6.9 = 165.9(점)
E : 10 + 84 + 31 + 34 + 8.9 = 167.9(점)
F : 5 + 92 + 34 + 37 + 9.1 = 177.1(점)
총점이 높은 상위 2명인 A, F가 채용된다.

37 ▶ ⑤

이동순서는 회사→A→B→C→D이다.
ⅰ) 회사 → A : 도보 15분
ⅱ) A → B
   지하철 이용 : 10분 이동 + 4정거장×3분 + 8분 이동 = 30분
   버스 이용 : 5분 이동 + 6정거장×2분 + 10분 이동 = 27분
   → 버스를 이용하여 이동한다.
ⅲ) B → C
   지하철 이용 : 8분 이동 + 5정거장×3분 + 10분 이동 = 33분
   버스 이용 : 10분 이동 + 10정거장×2분 + 6분 이동 = 36분
   → 지하철을 이용하여 이동한다.
ⅳ) C → D
   지하철 이용 : 10분 이동 + 1정거장×3분 + 8분 이동 = 21분
   버스 이용 : 6분 이동 + 4정거장×2분 + 3분 이동 = 17분
   → 버스를 이용하여 이동한다.
이동 시간 + 머문 시간 = 총 걸린 시간이므로
(15분 + 27분 + 33분 + 17분) + (20분×4) = 172분(2시간 52분)이다.

38 ▶ ③

ⅰ) 회사 → A : 도보 15분
ⅱ) A → B
   버스 이용 시 대기시간 5분이 추가돼 32분이 걸린다.
ⅲ) B → C
   지하철 이용 시 대기시간 10분이 추가돼 43분이 걸린다. 버스 이용 시 대기시간 5분이 추가돼 41분이 걸리므로 버스를 이용한다.

ⅳ) C → D

　　버스 이용 시 대기시간 5분이 추가돼 22분이 걸린다.
이동 시간 + 머문 시간을 계산하면,
(15분 + 32분 + 41분 + 22분) + (20분 × 4) = 190분(3시간
10분)이다.
오후 2시에 회사에서 출발하였으므로, D업체 방문을 마치고
나온 시각은 5시 10분이다.

39 ▸ ⑤

폭탄은 무기에 포함되는 관계이다. 구리는 금속에 포함된다.

40 ▸ ④

'신장'은 세력이나 권리 따위가 늘어나는 것을, '수축'은 부피
나 규모가 줄어드는 것을 의미하는 것으로 반의어 관계이다.
①, ②, ③, ⑤는 유의어 관계이다.

제5회 직업기초능력평가

01. ④	02. ④	03. ②	04. ④	05. ①
06. ⑤	07. ④	08. ③	09. ②	10. ①
11. ②	12. ③	13. ③	14. ①	15. ①
16. ①	17. ③	18. ⑤	19. ①	20. ③
21. ①	22. ④	23. ②	24. ②	25. ③
26. ⑤	27. ④	28. ④	29. ③	30. ①
31. ②	32. ④	33. ②	34. ①	35. ⑤
36. ③	37. ④	38. ②	39. ②	40. ②

01 ▶ ④

④ 다른 보험과 마찬가지로 예금보험도 도덕적 해이 문제가 발생한다고 하였다.

① 은행이 도덕적 해이를 보이면 오히려 파산이 증가할 수 있다.

② 대마불사주의를 보이면, 대형 은행은 고위험 자산을 더 많이 보유하려는 유인을 가진다. 작은 은행의 행태에는 어떤 영향을 미치는지 알 수 없다.

③ 기금의 관리자가 예금자에게 보험금을 지급하는 것을 예금보험이라고 한다.

⑤ 개인이 보호한도를 넘어서 예금이 보호된다는 기대를 가지는지는 추론할 수 없다.

02 ▶ ④

(가)에서는 물질의 부피를 최소화하기 위해 입자들을 어떤 식으로 배열해야 하는지에 대해 언급하고 있고, (다)와 (라)에서는 이 문제를 해결하기 위한 케플러의 배열 방법 세 가지를 제시하고 있다. 마지막으로 (나)에서는 언급한 배열 방법 중 인접입방격자 방식이 가장 효율이 높은 방식이라고 주장하고 있다.

03 ▶ ②

② 물질을 구성하는 입자들이 구형일 경우 어떻게 쌓아도 빈틈은 생긴다. 따라서 입자 배열 시 빈틈이 없어야 하는 것이 아니고 이 빈틈을 최소한으로 줄여서 쌓인 공이 차지하는 부피를 줄여야 한다.

04 ▶ ④

(다)에서는 조선 시대 죄인의 자백을 받을 수 있는 심문의 종류인 '평문'과 '형문'에 관해 언급하고 있고, (나)에서는 죄인이 자백을 하여 범죄 사실이 확정된 이후 형을 집행하는 본형의 종류인 '태형'과 '장형'에 관해 설명하고 있다. 그리고 (라)에서는 형을 집행하다가 죄인이 죽을 경우 책임자가 지는 책임에 대해 언급하고 있다. 마지막으로 (가)에서는 남의 재물을 강탈한 사람들이 처벌받는 정도를 예로 들어서 설명하고 있다.

05 ▶ ①

(가)를 보면, 남의 재물을 강탈할 경우 형문과 본형에서 처벌하는 매의 종류가 같다고 되어 있다.

06 ▶ ⑤

⑤ LH는 과제를 최대 4건 선정할 수 있다고 하였고 협약 체결 후 완료과제를 최종평가하고 사업비를 정산한다.

① 과제평가 결과 실패 시에는 개발비 지원이 환수 조치된다고 하였다. 50%만 환수 조치된다고 하지 않았으므로, 개발비 지원금 전액이 환수 조치된다고 이해할 수 있다.

② 자율주행은 '특화' 공모분야에 속한다.

③ 설비, 연구장비 등 사업화 비용 사용 시에는 사전허가가 필요하다.

④ 접수는 온라인 COTIS에서 가능하며, 접수기간은 2월 10일부터 12일까지 3일간이다.

07 ▶ ④

④ 프레젠테이션 순서에 대한 언급은 없다. 2차 평가에서 고득점자 순서로 기업이 선정된다는 언급만 있다.

① 1차 평가는 검토위원회가, 2차 평가는 심의위원회가 한다.

② 특화공모 부문에는 가점이 부여되므로, 이에 속하는 로봇, AIoT 분야에 공모한 기업에는 가점이 부여된다.

③ 2차 평가는 종합평가(평점 + 가점) 80점 이상 기업을 대상으로 한다고 하였다.

⑤ 동점자가 나올 경우, 개발 필요성 > 현장 적용성 > 사업화 가능성 > 사업비 적정성 고득점자 순서로 선정한다.

08 ▸ ③

① 접수된 민원은 법정처리기간을 기다리지 않고 최대한 신속히 처리한다.
② 지연사유 및 중간처리상황을 사전에 알린다.
④ 문의사항은 가급적 처음 받는 직원이 답변하도록 한다.
⑤ 행정정보 공개 여부는 청구를 받은 날부터 10일 이내로 결정한다.

09 ▸ ②

② 첫 번째 문단을 보면, 2023년 7월 지구 표면 평균 기온이 이전 역대 최고 기록이었던 2019년 7월 기온보다 높다고 하였다. 따라서, 2019년 7월의 기온은 당시에는 관측 이래 최고치였음을 추론할 수 있다. 하지만, 1991년부터 2020년까지의 평균 기온보다 0.72도 높은 것은 2023년 7월 평균기온이다. 2023년 7월 평균기온이 2019년 7월 평균 기온보다 0.33도 높다고 하였으므로, 2019년 7월 평균 기온은 1991~2020년 평균기온과 비교하였을 때, 0.72 − 0.33 = 0.39도 높음을 알 수 있다.
① 세 번째 문단에서 찾을 수 있는 내용이다.
③ 두 번째 문단을 보면, 폭염이 홍수나 태풍과 달리 피해가 가시화되기 어렵고 취약계층에 주로 발생한다고 기술하고 있다.
④ 마지막 문단을 보면, 세계기상기구는 향후 5년 내에 지구 평균 기온이 산업화 이전 시기보다 1.5도 이상 높아질 확률이 66%라고 예상하고 있다. 비슷한 수준으로 유지되는 것이 아닌 이보다 높은 수준이 될 것이라고 보고 있는 것이다.
⑤ 마지막 문단에서, 당사국총회가 큰 관심을 받았으나 모호한 결론만을 남겼다고 했으므로, 기후변화와 관련해 정책에 영향을 끼칠 정도의 결론이나 합의를 끌어내지 못했다는 점을 추론할 수 있다.

10 ▸ ①

(가) 정부나 중앙은행에서 거래 내역을 관리하지 않고 블록체인 기술을 기반으로 유통된다고 하였으므로, 정부가 여기에 관여하지 않는다는 내용이 들어가야 한다. 즉, 정부가 보장하지 않는다는 것이 가상자산의 특징이다.
(나)에는 프라이빗 블록체인의 특징에 대한 내용이 들어가야 한다. 문장의 앞부분에 '반면'이라는 접속사가 쓰였으므로, '퍼블릭 블록체인'과 상반되는 내용이 들어가는 것이 알맞다. 이에 따라, '불특정 다수가 참여'하고, '규칙을 바꾸기 어렵고 속도가 느리다'는 것과 반대되는 내용인 '제한된 사람이 참여'하고, '속도가 빠르다'는 내용이 들어가야 한다.

11 ▸ ②

아랍어 성서인 '탈굼'은 구전으로는 기원전 6세기 말엽부터 나오기 시작했고, '느헤미야'는 약 300년 후인 기원전 3세기에 편집되었다. 따라서 '탈굼'은 이미 존재하고 있었다.

12 ▸ ③

③ 거래 당사자가 높은 거래 비용 수준의 역치를 가지게 되면 상대적으로 높은 거래 비용 수준에서도 교섭이 성공할 것으로 믿을 것이기 때문에 틀린 설명이다. 낮은 거래 비용 수준에서 역치를 갖는 사람은 보다 낮은 거래 비용 수준에서만 교섭이 이루어질 수 있다고 판단하게 되고 따라서 그는 보다 많은 상황에서 법의 개입을 선호하게 된다.

13 ▸ ③

윤봉길 의거는 중국인들에게 단순한 한국인의 항일운동을 넘어서 중국 본토를 침범하는 일본 제국주의에 항거하는 중국 항일투쟁으로 받아들여졌다. 이러한 인식은 중국인들로 하여금 일본이라는 동일한 적을 둔 한국과 중국을 결속시키는 역할을 하였으며, 일본에 대항하는 동지라는 인식을 심어주게 되었다. ③ '시혜적 관점'은 우위에 있는 이가 하위에 있는 이를 내려다보는 관점으로, 동지의식과는 어긋난다.

14 ▸ ①

완희의 속력을 초속 xm, 지은이의 속력을 초속 ym라 하면
$$\begin{cases} 100(x-y) = 300 \\ 60(x+y) = 300 \end{cases}$$
$$\begin{cases} x-y = 3 \\ x+y = 5 \end{cases}$$
$$\therefore\ x = 4,\ y = 1$$
따라서 완희는 1초에 4m를 간다.

15 ▸ ①

A종목에서 상을 받은 사람을 x명, B종목에서 상을 받은 사람을 y명이라 하면
$$\begin{cases} x+y-10 = 20 & \cdots\cdots\ \bigcirc \\ x = y+2 & \cdots\cdots\ \bigcirc\!\!\!\bigcirc \end{cases}$$
ⓛ에서 $y = x-2$이므로 ⊙에 대입하면
$$x+x-2-10 = 20$$
$$\therefore\ x = 16$$
따라서 A종목에서 상을 받은 사람은 16명이다.

16 ▸ ①

주스의 양을 $x$ml라고 가정하고 알코올의 양으로 식을 세우면 다음과 같다.
$$\frac{40}{100} \times 50 + \frac{30}{100} \times 100 + \frac{20}{100} \times 50 + 0$$
$$= \frac{15}{100} \times (50+100+50+x)$$
$$6,000 = 3,000 + 15x$$
$$x = 200$$

17 ▸ ③

하루에 만들 수 있는 지갑의 개수는 도윤이는 15개, 서윤이는 20개이고, 두 사람이 같이 일하면 35개를 만들 수 있다. 도윤이가 혼자 작업한 날수를 x일이라 하고 식을 세우면 다음과 같다.

$15x + 35(12-x) = 300$

$420 - 300 = 35x - 15x$

$120 = 20x$

$x = 6$

따라서 도윤이는 6일간 혼자 작업하였고, 전체 12일 만에 작업을 끝냈으므로 서윤이와 도윤이는 6일간 함께 작업하였다.

18 ▸ ⑤

$$5 \underset{\times 1}{\to} 5 \underset{\times 2}{\to} 10 \underset{\times 3}{\to} 30 \underset{\times 4}{\to} 120 \underset{\times 5}{\to} 600 \underset{\times 6}{\to} (3600)$$

19 ▸ ①

$+2$, $\times 2$가 반복되는 규칙이다.

$52 + 2 = 54$이다.

20 ▸ ③

㉠ 2019년 대비 2024년 불연성 폐기물 발생량 증가율은 다음과 같다.

폐토사류 : $\dfrac{92.2 - 30.9}{30.9} \times 100 ≒ 198.4(\%)$

연탄재 : 발생량을 구해야 한다. 2024년 폐토사류가 전체 불연성 폐기물 발생량의 23.1%라고 했으므로 전체 발생량 $\times$ 0.231 = 92.2(만 톤)이고, 이를 통해 전체 발생량을 구하면, $\dfrac{92.2}{0.231} ≒ 399.1$(만 톤)이 된다. 연탄재는 전체 발생량의 3.7%이므로, 399.1 $\times$ 0.037 ≒ 14.8(만 톤)이다.

증가율을 구하면, $\dfrac{14.8 - 7.2}{7.2} \times 100 ≒ 105.6(\%)$

폐유리류 : $\dfrac{56.3 - 50.4}{50.4} ≒ 11.7(\%)$

폐타일 및 도자기류 : $\dfrac{63.1 - 22.7}{22.7} \times 100 ≒ 178.0(\%)$

폐금속류 : $\dfrac{87.4 - 41.4}{41.4} \times 100 ≒ 111.1(\%)$

따라서 가장 큰 비율로 증가한 불연성 폐기물은 폐토사류이다.

㉣ 전체 발생량 중 폐토사류 발생량의 비중은 2024년이 23.1%, 2022년이 $\dfrac{38.6}{251.7} \times 100 ≒ 15.3(\%)$로 2024년의 비중이 더 크다.

㉡ '기타'를 제외하고 2019~2024년 동안 발생량이 매년 증가한 불연성 폐기물은 폐타일 및 도자기류, 폐금속류 2개이다.

㉢ 2023년 폐금속류 발생량은 2023년 연탄재 발생량의 $\dfrac{76.0}{12.8} ≒ 5.9(배)$이다.

21 ▸ ①

2025년 연탄재 발생량은 $14.8 \times 1.2 ≒ 17.8$(만 톤)이고, 폐금속류 발생량은 $76.0 \times 1.25 = 95.0$(만 톤)이다. 따라서 두 값의 합은 17.8 + 95.0 = 112.8(만 톤)이다.

22 ▸ ④

④ 고등학교 여성 교장 수와 비율은 2002년이 180명, 8%, 2008년은 206명, 8.8%이다.

따라서, 고등학교 수를 구하면 2002년은 $\dfrac{180}{0.08} = 2,250$(개), 2008년은 $\dfrac{206}{0.088} ≒ 2,341$(개)이다.

고등학교 남성 교장 수는 2002년 2,250 − 180 = 2,070(명), 2008년 2,341 − 206 = 2,135(명)으로 2008년이 2002년보다 많다.

① 2005년 이후 중학교 여성 교장 비율은 매년 증가하고 있음을 알 수 있다.

② 2011년 초등학교 여성 교장 수는 2,084명이고 비율이 28.7%이므로, 이때의 초등학교 수는 $\dfrac{2,084}{0.287} ≒ 7,261$(개)이다.

2014년 초등학교 여성 교장 수는 2,132명이고 비율은 31%이므로, 이때의 초등학교 수는 $\dfrac{2,132}{0.31} ≒ 6,877$(개)이다.

따라서, 2011년 초등학교 수가 더 많다.

③ 중학교 여성 교장 수는 2023년이 897명, 2002년이 398명이다. $\dfrac{897}{398} ≒ 2.25$이므로, 2023년 중학교 여성 교장 수는 2002년의 약 2.25배이다. 2.5배가 채 되지 않는다.

⑤ 2023년 초등학교, 중학교, 고등학교 수를 구하면,

초등학교 : $\dfrac{2,488}{0.402} ≒ 6,189$(개)

중학교 : $\dfrac{897}{0.284} ≒ 3,158$(개)

고등학교 : $\dfrac{322}{0.124} ≒ 2,597$(개)

3,158 + 2,597 = 5,755(개)이므로, 초등학교 수(6,189개)는 중학교 수와 고등학교 수의 합보다 많다.

23 ▶ ②

조건 1 : 2024년 특허출원접수 건수 대비 특허등록 건수 비율이 높은 상위 두 국가는 D(79%), B(73%)이다. 따라서 프랑스와 오스트레일리아는 B 또는 D이다.

조건 2 : 2023년 대비 2024년 특허등록건수가 증가한 국가는 A~D 중 C뿐이다. 증가율이 약 12.7%로, C는 영국이다.

조건 3 : 2023년 대비 2024년 특허출원접수 건수의 변동폭은 C, B, A 순으로 작으며, 따라서 세 번째로 변동폭이 작은 A가 일본이다.

따라서 조건에 부합하는 것은 ②이다.

24 ▶ ②

(A) = 166, (B) = 74, (C) = 46이므로 총합은 166 + 74 + 46 = 286이다.

25 ▶ ③

③ 여행의 목적을 휴식이라고 생각하는 응답자의 비율은 전체의 $\frac{196}{600} \times 100 ≒ 32.7(\%)$이다.

① 20대와 40대 모두 인터넷 검색을 통해 여행지 관련 정보를 얻는다고 응답한 사람이 가장 많다.

② 40대는 일본이 아닌 동남아를 가장 인기 있는 여행지라고 생각한다.(74명 응답)

④ 여행사 홈페이지를 통해 여행지 관련 정보를 얻는다고 응답한 사람은 $\frac{72}{600} \times 100 = 12(\%)$이고,

SNS를 통해 여행지 관련 정보를 얻는다고 응답한 사람의 비율은 $\frac{138}{600} \times 100 = 23(\%)$이다.

따라서 두 비율의 차이는 23 − 12 = 11(%p)이다.

⑤ 20대가 고른 두 번째로 인기 있는 여행지는 국내이고, 30대가 고른 두 번째로 인기 있는 여행지는 동남아이며, 40대가 고른 두 번째로 인기 있는 여행지는 일본이다. 따라서 이 여행지들을 고른 응답자 수 총합은 54 + 60 + 70 = 184(명)이고 전체의 $\frac{184}{600} \times 100 ≒ 30.7(\%)$이다.

26 ▶ ⑤

⑤ 2023년 12대 주요업종 가맹점 수 순위는 편의점, 한식, 치킨, 커피·비알코올음료, 생맥주·기타주점, 김밥·간이음식, 피자·햄버거, 제과점, 외국식, 의약품, 두발미용, 안경·렌즈 순이다.

2024년 12대 주요업종 가맹점 수의 순위는 편의점, 한식, 치킨, 커피·비알코올음료, 김밥·간이음식, 생맥주·기타주점, 피자·햄버거, 외국식, 제과점, 두발미용, 의약품, 안경·렌즈 순으로 2023년 순위와 일치하지 않는다.

① 2024년 12대 주요업종 중 구성비가 가장 높은 세 곳은 편의점(19.8%), 한식($\frac{29,209}{208,618} \times 100 ≒ 14.0\%$), 치킨(12.0%)이다. 따라서 12대 주요업종 중 구성비가 가장 높은 세 곳이 차지하는 비율은 전체의 19.8 + 14.0 + 12.0 = 45.8(%)로 50% 이하이다.

② 2024년 전체 업종에서 12대 주요업종을 제외한 비율은 100 − (19.8 + 1.7 + 1.5 + 14.0 + 3.6 + 3.5 + 5.5 + 12.0 + 6.3 + 5.6 + 8.4 + 1.9) = 16.2(%)이다.

③ 2023년 대비 2024년의 의약품 가맹점 수의 감소율은 $\frac{3,893 - 3,632}{3,893} \times 100 ≒ 6.7(\%)$, 제과점 가맹점 수의 감소율은 $\frac{7,815 - 7,354}{7,815} \times 100 ≒ 5.9(\%)$로 의약품 가맹점 수의 감소율이 더 크다.

④ 2024년 12대 주요업종 중 전년 대비 증감률이 큰 순서는 외국식, 두발미용, 김밥·간이음식 순이다. 따라서 2024년 12대 주요업종 중 전년 대비 증감률이 세 번째로 큰 업종은 김밥·간이음식이다.

27 ▶ ④

주어진 명제를 정리하면 명준이는 경제학을 전공으로 하고 정치학을 부전공하거나, 경제학 전공에 철학 부전공, 정치학 전공에 철학 부전공을 하였음을 알 수 있다. 경제학 전공에 정치학 부전공의 경우 명준이는 반드시 거시경제학을 수강하였고, 국제정치학은 수강하지 않았다. 경제학 전공에 철학 부전공의 경우에는 거시경제학을 수강하였으며, 국제정치학은 수강하지 않았다. 정치학 전공에 철학 부전공의 경우에는 거시경제학과 국제정치학 수강 여부는 확인할 수 없다.

따라서 명준이가 정치학을 전공이나 부전공으로 선택하지 않았다면 경제학 전공에 철학 부전공의 경우에 해당하므로 반드시 국제정치학을 수강하지 않았을 것이라는 추론은 반드시 옳다.

28 ▶ ④

먼저 48마리 강아지를 8개 조로 나눠 예선 경기를 하면 6마리의 강아지가 결승에 올라가게 되고 이때 실시한 예선 경기의 수는 8경기가 된다. 결승에서는 6마리의 강아지를 1조에 넣어 1, 2위를 결정하면 되는데, 결승에서 1위를 한 강아지가 속했던 예선 조에 있는 2위 강아지가 결승 조 2위를 한 강아지보다 더 빠를 수 있으므로 1경기를 더 하여 최종 2위를 결정해야 한다. 따라서 최소 10경기를 하여야 한다.

29 ▶ ③

'영화를 좋아하는 사람'을 A, '햄버거를 좋아하는 사람'을 B, '감자튀김을 좋아하는 사람'을 C, '게임을 좋아하는 사람'을 D로 놓았을 때 본 명제 내에서 확인할 수 있는 사항은
A → B(~B → ~A), ~C → ~D(D → C)이고
결론은 A → C가 된다.
따라서 A → B와 D → C 사이를 이어줄 수 있는 B → D 혹은 ~D → ~B가 와야 한다. 이에 해당하는 문장은 ③이다.

30 ▶ ①

유정이 진술한 C가 떡볶이가 맞는 경우와 아닐 경우로 나눠 보면 다음과 같다.
ⅰ) C가 떡볶이가 맞는 경우
유정이 진술한 C가 떡볶이면 D는 짜장면이 아니다.
슬기가 진술한 C가 초밥이 아니므로 D는 구절판이다.
성태가 진술한 B는 구절판이 아니므로 E는 짜장면이다.
정민이 진술한 E가 짜장면이므로 A는 스테이크가 아니다.
민지가 진술한 A는 스테이크가 아니므로 B는 떡볶이다.
그러나 C가 떡볶이이므로 B가 떡볶이라는 진술은 모순이다.
ⅱ) C가 떡볶이가 아닐 경우
유정이 진술한 C가 떡볶이가 아니라면 D는 짜장면이다.
슬기가 진술한 D가 구절판이 아니므로 C는 초밥이다.
성태가 진술한 E가 짜장면이 아니므로 B는 구절판이다.
민지가 진술한 B가 떡볶이가 아니므로 A는 스테이크이다.
정민이 진술한 A가 스테이크이므로 E는 짜장면이 아니다.
따라서 A는 스테이크, B는 구절판, C는 초밥, D는 짜장면, E는 떡볶이가 된다.
음식을 바르게 짝지은 것은 ①이다.

31 ▶ ②

② 맞벌이의 경우 월평균소득 합계가 전년도 도시근로자 가구원수별 가구당 월평균소득의 120% 이하여야 한다. 3인가구 기준 120%는 8,638,379원이므로 이를 초과한다. 따라서 선택지의 신혼부부는 입주자격을 얻을 수 없다.
① '소득 및 자산 기준' 표 아래 조건을 보면, 계층별 소득기준에 1인가구 20%p, 2인가구 10%p 각각 가산한 소득기준을 적용한다고 하였다. 따라서, 전년도 1인가구 월평균소득의 120%인 4,179,557원을 초과하지 않으므로, 입주자격을 얻을 수 있다.
③ 갑이 속한 세대의 가구원 수를 알 수 없고, 만약 1인가구라면 20%p 가산하여 월평균소득이 4,179,557원 이하여야 하기 때문에 요건이 되지 않는다. 하지만 2인가구라면 10%p 가산한 110%에 해당하는 5,957,283원 이하이기 때문에 입주신청이 가능하다.
④ 취업준비생이 아니라 취업했으므로 대학생 계층이 아닌 청년 계층에 속한다.
⑤ 월평균소득이 3인가구 월평균소득 7,198,649원 이하이고, 자산요건도 충족하므로 가능하다.

32 ▶ ④

1시간 동안 회의를 해야 하므로 직원들의 업무 일정에서 1시간이 빈 곳을 찾아야 한다. 11시, 14시, 17시가 해당되는데, 회사 밖으로 가서 업무를 하는 경우 이동에 1시간이 소요된다고 했으므로 13~14시에 과장과 주임이 군부대를 방문하는 14시 시간대에는 회의를 할 수 없다.
따라서 11시 또는 17시에 회의를 해야 하는데 11시 시간대는 제1회의실, 제4회의실, 제5회의실 모두 예약이 되어 있고 제2회의실과 제3회의실은 보수 공사가 있어 회의실 사용이 불가능하다. 따라서 17시에 회의실을 예약해야 하는데, 가능한 회의실은 제1회의실과 제4회의실이다.

33 ▶ ②

② 11시에는 대리 이하 모든 사원의 일정이 비어 있고, 다른 제약이 없으므로 가능하다.
① 대리와 사원이 시청에서 복귀하지 않아 면담을 할 수 없다.
③ 주임이 복귀하지 않아 면담을 할 수 없다.
④ 계장은 16시에 회의에 참석해야 하므로 15시에 외부로 나가는 업무를 맡을 수 없다.
⑤ 이전 문제의 상황들이 그대로 적용된다고 했으므로 17시에는 전 부서원이 회의를 해야 한다. 따라서 면담을 할 수 없다.

34 ▶ ①

파견시험 성적 항목과 어학성적 항목 점수 합이 40점 미만인 경우 파견 대상에서 제외된다고 하였다. 갑~기의 파견시험 성적과 어학성적 점수 합은 순서대로 46, 39, 42, 46, 46, 39점이므로 을과 기는 제외한다.
갑, 병, 정, 무의 점수 합을 구하면 아래와 같다.
갑 : 26 + 30 + 18 + 20 + 2(가산점) = 96(점)
병 : 22 + 25 + 14 + 20 + 2(가산점) = 83(점)
정 : 26 + 30 + 14 + 20 = 90(점)
무 : 26 + 25 + 20 + 20 = 91(점)
미국 지사로 파견되는 직원은 갑과 무이다.

35 ▶ ⑤

경력이 5년 미만인 갑은 파견대상에서 제외된다. 파견시험 성적이 C 미만인 직원은 아무도 없으므로, 을~기의 점수 합을 구하면 아래와 같다.
을 : 22 + 30 + 18 + 17 = 87(점)
병 : 22 + 25 + 14 + 20 = 81(점)
정 : 26 + 30 + 14 + 20 = 90(점)
무 : 26 + 25 + 20 + 20 = 91(점)
기 : 22 + 25 + 20 + 17 = 84(점)
미국 지사로 파견되는 직원은 정과 무이다.

36 ▸ ③

A사	(300페이지 × 200원 − 1,500원 + 5,500원) × 150부 = 9,600,000원
B사	[(300페이지 × 210원) + (4,500원 × 0.9)] × 150부 = 10,057,500원
C사	[(300페이지 × 180원 + 4,300원) − 2,000원] × 150부 = 8,445,000원
D사	(300페이지 × 205원) × 150부 = 9,225,000원

37 ▸ ④

A사	(240페이지 × 40원 + 2,600 + 1,400) × 220부 = 2,992,000원
B사	[(240페이지 × 39원) + (3,200 + 1,300) × 0.9] × 220부 = 2,950,200원
C사	(240페이지 × 39원 + 3,500 + 1,600) × 220부 = 3,181,200원
D사	[(240페이지 × 41원) + 2,800 + 1,400] × 220부 = 3,088,800원

가장 저렴한 곳은 B사이고, 이때 산출된 비용은 2,950,200원이다.

38 ▸ ②

각 부서의 회의실로 가능한 방은 다음과 같다.
가: 계단 옆방(2・3・6・7), 가장자리 방(1・7・8・14), 화장실과 인접한 방(5・10・11)을 제외한 남향인 방은 4번 방 하나이므로 가 부서의 회의실은 '4번 방'이 된다.
나: 가장자리 방(1・7・8・14) 중, 북향인 방은 8・14번 방이고, 이 중 화장실과 가까운 방은 8번 방이므로 나 부서의 회의실은 '8번 방'이 된다.
다: 계단 옆방, 화장실과 인접한 방을 제외한 남향인 방은 1・4번 방이고 4번 방은 가 부서 회의실이므로 다 부서의 회의실은 '1번 방'이 된다.
라, 마: 라 부서의 조건으로 보아 계단과 인접한 방인 2・3・6・7・9・12번 방 중 마 부서의 방과 인접한 방을 선택해야 한다. 마 부서의 경우 큰 방(7・12) 중 계단 옆이 아닌 방은 12번 방이므로 마 부서의 회의실은 '12번 방'이 된다. 이와 인접한 방은 3번 방이므로 라 부서의 회의실은 '3번 방'이 된다.
따라서, '라 부서'의 회의실은 '3번 방'이다.

39 ▸ ②

수영할 때 필요한 것이 물안경이다. 식사할 때 필요한 것이 숟가락이다.(도구 관계)

40 ▸ ②

'추구'는 목적을 이룰 때까지 뒤좇아 구하는 것을, '지양'은 어떠한 것을 하지 아니하는 것을 의미하는 것으로 반의어 관계이다. '지향'이 '추구'와 유의어 관계라고 할 수 있다. ①, ③, ④, ⑤는 유의어 관계이다.

LH한국토지주택공사

직업기초능력평가

박문각

LH한국토지주택공사 직업기초능력평가 (1회)

생 년 월 일

이 름

응 시 번 호

1	① ② ③ ④ ⑤	16	① ② ③ ④ ⑤	31	① ② ③ ④ ⑤
2	① ② ③ ④ ⑤	17	① ② ③ ④ ⑤	32	① ② ③ ④ ⑤
3	① ② ③ ④ ⑤	18	① ② ③ ④ ⑤	33	① ② ③ ④ ⑤
4	① ② ③ ④ ⑤	19	① ② ③ ④ ⑤	34	① ② ③ ④ ⑤
5	① ② ③ ④ ⑤	20	① ② ③ ④ ⑤	35	① ② ③ ④ ⑤
6	① ② ③ ④ ⑤	21	① ② ③ ④ ⑤	36	① ② ③ ④ ⑤
7	① ② ③ ④ ⑤	22	① ② ③ ④ ⑤	37	① ② ③ ④ ⑤
8	① ② ③ ④ ⑤	23	① ② ③ ④ ⑤	38	① ② ③ ④ ⑤
9	① ② ③ ④ ⑤	24	① ② ③ ④ ⑤	39	① ② ③ ④ ⑤
10	① ② ③ ④ ⑤	25	① ② ③ ④ ⑤	40	① ② ③ ④ ⑤
11	① ② ③ ④ ⑤	26	① ② ③ ④ ⑤		
12	① ② ③ ④ ⑤	27	① ② ③ ④ ⑤		
13	① ② ③ ④ ⑤	28	① ② ③ ④ ⑤		
14	① ② ③ ④ ⑤	29	① ② ③ ④ ⑤		
15	① ② ③ ④ ⑤	30	① ② ③ ④ ⑤		

LH한국토지주택공사 직업기초능력평가 (2회)

LH한국토지주택공사 직업기초능력평가 (3회)

생 년 월 일

이 름

응 시 번 호

박문각

LH한국토지주택공사 직업기초능력평가 (4회)

생 년 월 일

이 름

응 시 번 호

박문각

LH한국토지주택공사 직업기초능력평가 (5회)

생 년 월 일

이 름

응 시 번 호